불혹의 페미니즘

HUWAKU NO FEMINISM
by Chizuko Ueno
ⓒ 2011 by Chizuko Ueno
Originally published in 2011 by Iwanami Shoten, Publishers, Tokyo.

Supplementary text for the Korean Edition
The University of Tokyo 2019 Matriculation Ceremony Congratulatory Address
Copyright ⓒ 2019 by Chizuko Ueno / The University of Tokyo.

This Korean edition published 2020
By Sphinx Publisher
by arrangement with Iwanami Shoten, Publishers, Tokyo.

불혹의 페미니즘

우에노 지즈코
지음

정경진
옮김

스핑크스

일러두기

- 1~3장의 각 논고는 기본적으로 발표 연도순으로 수록했습니다.
- 당시의 글을 그대로 수록하는 것을 원칙으로 하고, 그 위에 문장을 약간 다듬거나 중복된 내용을 정리했습니다.
- 현시점에서 설명이 필요한 부분은 [ ]안에 보충했습니다.
- 신문, 주간지, 월간지 등 저널은 《 》로, 단행본은 『 』로 묶었습니다.
- 책 끝의 '특별 부록-2019 도쿄대학교 입학식 축사'는 일본어판에는 없는 내용으로, 저자의 동의를 얻어 한국어판에 수록하였습니다.
- 역자 주는 작은 고딕자로 병기하였습니다.

들어가며

1970년 일본에서 우먼리브Women's Liberation가 일어나고 42년.

일본의 제2파第二波 페미니즘도 불혹의 나이를 맞이했다. 약 40년 전, 우먼리브도, 제2파 페미니즘도 이 세상에는 없었다. 굳이 '제2파 페미니즘'이라고 말하는 것은 이미 한 세기 전에 제1파 페미니즘이 역사상에 존재했기 때문이다. 우먼리브로 상징되는 제2파 페미니즘과 제1파第一波 페미니즘이 어떻게 연결되고, 어떻게 다른지는 뒤에서 차차 설명하겠다.

『논어』에 "삼십에 이립, 사십에 불혹, 오십에 지천명……"이라는 말이 있다. 페미니즘도 청년기를 지나 성숙의 시기에 접어든 것으로 보인다.

20대에 우먼리브와 페미니즘에 입문한 후 쉬지 않고 달려온 내가 환갑을 넘겼다. 20대부터 60대까지의 내 40년 세월은 일본 페미니즘의 40년 역사와 포개진다.

그동안 나는 우먼리브와 페미니즘 사상에 많은 영향을 받았지만, 동시에 그 움직임을 일으키고 이끄는 역할도 했다. 거기에는 약간의 자부심을 느낀다. 나를 포함한 여러 세대의 여성들이 저마다의 처지에서 하나의 조류처럼 만들어온 거스를 수 없는 역사적인 변화가 페미니즘인 것이다.

페미니즘은 순풍과 역풍을 모두 겪었다. 처음에 페미니즘은 몰이해와 편견에 맞서야 했다. 당연한 일이었다. 보수 세력으로서는 이해할 수 없는 사상이었기 때문이다. 이윽고 바람의 방향이 서서히 바뀌었고, 어느새 순풍이 되었다. 정부가 국제조약(유엔여성차별철폐협약)을 비준하고, 남녀고용기회균등법이나 남녀공동참여사회기본법 등의 법률을 잇달아 정비했으며, 지방에서는 남녀평등 조례가 제정되거나 여성회관 건립이 추진되었다. 페미니즘은 국가의 보증 아래 국가 정책으로 격상하는 듯싶었으나, 이내 그것을 달가워하지 않는 뿌리 깊은 보수파의 반격에 직면해야 했다. 그 집요한 공격이 2000년대 이후의 역풍이다. 지금 페미니즘을 둘러싼 바람은 어떤 바람일까?

나는 장래가 불투명한 대학원생 시절에 여성학을 만나, 맨땅에 헤딩하는 벤처 창업자처럼 여성학이라는 새로운 학문 분야를 개척하는 역군이 되었다. 오해와 편견에 부딪치면서 여성학의 지반을 다지고, 학문 분야에서 시민권을 획득하고, 그러다 어언간 대학에서 여성학과 젠더 연구를 가르치는 전문가에 이르렀다. 사방에서 돌도 많이 날아왔다. 적도 있고 아군도 있는 투쟁의 현장이었다.

그사이에 페미니즘을 둘러싼 환경도 격변했다. 처음에는 일부 여성들의 튀는 행동으로 여겨졌던 것이 깊고 조용하게 많은 여성들의 공감을 낳았고, 동호회며 네트워크가 우후죽순으로 생겨났다. 젊은 여성들 사이에서 페미니즘을 기피하는 현상도 나타났다. 하지만 그런 그녀들 역시 페미니즘의 영향을 크게 받고 있었다. 그리고 페미니즘도 젠더도 모르지만, 남녀평등을 공기처럼 당연하게 받아들이는 세대가 성장했다. 그럼에도 여성을 둘러싼 환경은 결코 나아지지 않았다.

이 책은 그 40년 가까운 시간 동안 내가 때때로 언론에 발표했던 글들을 모아 엮은 이른바 '시국 발언집'이다. 당시의 현장감을 느낄 수 있을 것이다. 그리고 페미니즘이 무엇과 싸워서, 무엇을 얻었고, 무엇에 실패했는지를 검증할 수 있을 것이다. 동시에 내 예측에서 무엇이 맞았고 무엇이 빗나갔으며, 어떻게 일관성이 있었고 또 변해왔는지도 확인하게 될 것이다.

과거의 묵은 증서를 모아서 공판하는 것은 역사의 법정에 증거물을 제출하는 것과 다름없다. 약간의 망설임과 함께 이 책의 간행에 동의한 까닭은, 모든 역사는 한 사람 한 사람의 생각과 실천으로 만들어진다는 사실을 증명하고 싶었기 때문이다.

페미니즘은 불혹의 나이를 맞았는가?

아니다. 페미니즘은 아직도 설렘 속에 계속 성장하고 있다. 변화하는 것, 움직이는 것에 뛰어들어 그 속에서 이리저리 치이면서 또 그 속에서 새로운 물결을 일으키는 것은 가슴 뛰는 경험이다.

나는 이렇게 달려왔다. 당신에게 바통을 넘겨주고 싶다.

2011년 4월

2장 _ 젠더 평등의 지각 변동—1990년대

3장 _ 백래시에 맞서—2000년대

4장 _ 여성학을 만든다, 여성학을 넘겨준다

페미니즘 40년

페미니즘
—— 2002

20세기 전반을 뒤흔든 사상이 마르크스주의였다고 한다면, 20세기 후반을 뒤흔든 사상은 페미니즘이었다. 결코 과장이 아니다. 대체 그 이전에 누가 '여자'가 사상이 될 것이라고 상상이나 했을까? 차별 중의 차별, 너무나도 당연시되고 고착화되어 차별이라고 느끼지도 못했던 최후의 차별이 문제화되기 시작했던 것이다. 고마샤쿠 기미근대문학 연구자, 여성학자는 이것을 "구별이 차별로 승격했다"라고 표현했다. 여자는 남자와 다른 생물이므로 다르게 취급해 마땅하고, 여자에게 선거권을 주는 것은 돼지에게 선거권을 주는 것이나 마찬가지…… 이런 살벌한 구별이, 문제를 품은 '차별'로 간주되게 되었다. 근대가 '개인'과 '인권'이라는 개념을 만들어냈을 때, 동시에 싹튼 여성해방사상을 페미니즘이라고 부른다. 페미니즘은 근대가 낳은 '미운 자식'으로서 동시대에 세계 각지에서 다양한 형태를 띠고 성립했다.

일본의 페미니즘을 지금도 외래 사상이나 서양에서 차용한 이론으로 보는 이들이 있다. 외국인으로부터도 "일본에 페미니즘이란 게 있어?"라고 좌절감을 느끼게 하는 질문을 받을 때가 있다. 이것은 첫째 사실이 아니고, 둘째 편견의 산물이다.

페미니즘이라는 말이 일본에서 처음 사용된 것은 20세기 초의 일이다. 여기에 많은 이들이 놀랄지도 모른다. 1970년대 이후의 새로운 여성해방운동을 제2파 페미니즘이라고 명명한 것을 바탕으로 후에 제1파 페미니즘이라고 불리게 된 20세기 전환기의 움직임 속에서, 《세이토青鞜》1911~1916년 발행한 여성에 의한 여성 잡지를 중심으로 모인 여성들은 이미 페미니즘이라는 말을 사용하고 있었다. 이 제1파 페미니즘에 확실한 육성을 실어준 인물은 히라쓰카 라이초일본을 대표하는 여성해방운동가. 여성 잡지 《세이토》 창간나 요사노 아키코시인이자 사상가와 같은 여성들이었다.

제2파 페미니즘은, 1970년대 이후의 Women's Liberation이나 Women's Emancipation이라고 불렸던 여성해방운동에 대해 훗날 붙여진 이름이다. '우먼리브'라고 불린 운동이 일본에서 첫울음을 터뜨린 것은, 1970년. 10월 21일 국제 반전의 날에 '그룹 투쟁하는 여성'에 의한 여자들만의 시위가 있었다. 이때 여성해방운동의 선언문이라고도 할 수 있는 다나카 미쓰의 유명한 '변소로부터의 해방'이 작성되었다. 이걸 가리켜 "미국의 우먼리브가 일본에도 상륙했다"라고 하는 것은 사실에 반하는 것이고, 또 "우먼리브는 페미니즘과는 다르다"라고 주장하는 것도 역사적인 관점에서 볼 때 적절하다고는 할 수 없다. 이 시점에서 그 당사자들은 '우먼리브'를 자칭하지 않았기 때문이다. 그녀들이 '우먼리브'라는 세간의 비난을 사는 이름을 스스로 입에 올리게 되는 것은 그보다 후의 일이다. 이것은 《세이토》의 여성들이 자신들의 메시지에 대한 매스컴의 반발과 야유를 받으면서도, 문제적 '신여성'이라는 명칭을 스스로 끌어안고 간 사정과 닮았다. 페미니즘이라는 용어는 1970년대 후반에 일본에 정착해 보급뇌기 시작했시만, 페미니즘이 《세이도》의 후계자임은 자각하고 있었고 이미 그 영향은 매스컴의 다양한 공격과 왜곡에도 불구하고 일반 대중 속에 깊숙이 스며들어 있었다.

소급하여 생각하면, 제1파 페미니즘은 근대의 형성기에, 제2파 페미니즘은 근대의 해체기에 성립했다고 할 수 있다. 최근 '제1파 페미니즘이란 무엇인가'에 대한 역사 연구가 한창인데, 이 또한 제2파 페미니즘을 거쳐서 '근대란 무엇인가'에 대한 재검토가 이뤄졌기 때문에 비로소 가능해졌다고 생각할 수 있다. 제1파 페미니즘도 제2파 페미니즘도 그 안에 큰 다양성을 품고 있었지만, 제1파 페미니즘이 결과적으로 아직 경험하지 못한 근대를 완성하는 방향으로 여성을 몰아붙였던 것에 대해, 제2파 페미니즘은 무엇보다도 근대 비판에서 출발했다. 그런 의미에서 나는 페미니즘을 '여권확장론'이 아니라 '여성해방사상'이라고 번역하고 싶다.

1970년대까지 법적인 남녀평등은 이미 자명한 것이었다. 형식적인 평등만으로는 충분하지 않음을 자각했을 때, '남자만의 권리를 여자에게도'라는 '여권확장론'의 논리를 대신해 '여성해방'의 목소리가 흘러나오기 시작했다. 그리고 근대가 모든 개인에게 약속한 '인권'이 '남자의 권리'만을 의미하며 '여자도 인간'이라고 하는 것만으로는 충분하지 않음을 깨달았을 때, '여성해방'의 봉화가 올랐던 것이다.

역사학자 가노 마사나오鹿野政直의 저서 『부인, 여성, 여자婦人·女性·おんな』岩波新書, 1989는 제목 안에 '여자'를 둘러싼 패러다임 전환을 훌륭하게 담아내고 있다. 우먼리브의 역군들은 멸시 어린 '여자'라는 호칭을 몸소 떠안았다. 근대의 완성을 추구한 제1파 페미니스트들이 "여자이기 전

에 인간이고 싶다"라고 주장했던 것에 대해, 제2파 페미니스트들은 '여자'가 '여자'인 채로 해방되기를 바라며 근대의 인간, 곧 남성중심주의를 공격했다. 아울러 여자가 벗어나야 하는 '적'은 눈에 보이는 제도나 권력 이상으로 자신을 속박하는 규범과 가치임을 바르집었다. '개인적인 것이 정치적인 것Personal is Political'이라는 제2파 페미니즘의 구호는 성애性愛나 일상 그 자체를 미시적인 정치의 장에서의 '투쟁'으로 바꿔놓았다.

1970년대에 세계사적 조류가 되어 일어난 여성해방운동은, 1975년 국제여성의 해를 계기로 유엔여성차별철폐협약이라는 형태로 결실을 맺었고, 1975년 멕시코시티, 1980년 코펜하겐, 1985년 나이로비, 그리고 1995년 베이징 세계회의를 거쳐 젠더생물학적인 성(sex)에 대비되는 사회적인 성을 이르는 말로 이 세계회의에서 '섹스' 대신 사용하기로 결정했다 정책 주류화를 실현시켰다. 일본에서는 1999년에 남녀공동참여사회기본법이 성립되었다. 앞서 1980년대에 유엔여성차별철폐협약 비준을 계기로 부계주의 국적법이 개정되고, 남녀고용기회균등법이 제정되었다. 매춘賣春, 돈을 받고 몸을 팖을 '매춘買春, 돈을 내고 몸을 삼'으로 바꿔 쓰거나 섹슈얼 해러스먼트sexual harassment를 문제화하는 등, 공기처럼 당연시되던 차별적인 성문화에 이의를 제기함으로써 '여성 문제'를 '남성 문제'로 전환시켜버렸다. 1990년대에는 '위안부' 문제에 대한 역사의 재심을 둘러싸고 내셔널리즘 문제로까지 손을 뻗쳤다. 여성의 문제는 이미 여성만의 문제일 수 없으며, 젠더라는 변수를 빼놓고는 이제 아무것도 논할 수 없을 만큼 페미니즘의 영향력은 확대되었다. 그리고 그에 대한 반발로 백래시backlash를 초래하는 데까지 이르렀다.

하지만 그와 동시에 '강해진 여성'에 대해 도대체 어떻게 해주길 바라는 건가 하는 짜증 섞인 목소리가 쏟아진다. 여자에게도 남자와 동등한 능력이 있다. 당연히 예스. 남자가 할 수 있는 일은 여자도 할 수 있다. 예스. 여자에게도 남자와 동등한 권리와 기회를. 예스. ……이것이 페미니즘이 요구한 대답이었을까? 공식 페미니즘은 '모든 분야에 남녀 공동 참여'와 여성의 과소대표성을 적정 수준으로 끌어올리는 것을 목표로 하지만, 기존의 사회 질서와 룰을 그대로 유지한 채 '남자와 똑같아지는' 것을 페미니즘은 지향하지 않는다. 근대 비판에서 출발한 제2파 페미니즘은 무엇보다 인간의 범형範型이 오직 남자인 것을 문제 삼아왔다. 남자와 똑같은 룰 위에서 여자에게도 경쟁에 참가할 권리, 바꿔 말하면 '기회 균등'이라는 이름 아래 패자가 될 권리를 요구했던 것이 아니라, 룰 자체를 바꾸라고 기존 사회에 날카로운 '노No'를 외쳐왔던 것이다.

페미니즘의 영향으로 학문 분야에서는 여성학이 탄생했고 젠더 연구로 발전했다. 젠더 연구는 '여성'이라는 국지적 영역에 머무는 것을 거부하고, 거슬러 학문의 카논canon(규범, 정전) 그 자체에 도전하기에 이르렀다. 무엇이 진리인지 누가 정하는가? 젠더 연구는 남성에 의해 만들어진 학문의 진리성을 단지 여성이라는 '시각視角=사각死角'에서 보완하는 것이 아니다. 여자란 무엇인가, 여자인 것을 누가 결정하는가를 끈질기게 물음으로써 지知의 정치성을 파헤쳐왔다.

1990년대 이후, '여자'라는 기호도 다시금 내부로부터의 해체를 요구받고 있다. 페미니즘은 인종이나 섹슈얼리티 등의 차이를 아우르는 장치가 되었다. 당연한 일이다. '여자라는 사상'은 차이와 평등의 딜레마를 파헤침으로써 근대가 낳은 '인간'의 보편성을 해체하려고 하는 것이니까.

여자의 운동론
—— 1988

계몽은 싫다

나는 계몽이 싫다. 타인에게 계몽당할 만큼 우둔하지도 않고, 타인을 계몽할 만큼 오만하지도 않다. 페미니즘 운동은 자기 해방에서 출발한 것인데, 어느덧 '앞선 내'가 '뒤선 너'를 계몽한다는 억압으로 바뀌어버렸다. 페미니즘 계몽주의에는 해방의 정도에 따라 여성을 '앞섬'에서부터 '뒤섬'으로 서열을 매기는 권위주의가 있다. 앞선 자는 뒤선 자에게 정의正義를 강요하고, 심지어 페미니즘 십자군이나 되는 것처럼 정의를 '수출'하기조차 한다. 페미니즘 선진국과 후진국의 관계는, 예컨대 '미국의 정의'를 강요하는 억압적인 식민지주의와 다르지 않다. 쓸데없는 참견이다. 무엇이 해방인지는 우리가 결정한다. 타인이 규정한 정의定義는 사양한다. 그것이 페미니즘의 출발점이었다.

여성 운동은 억압적인 남권사회에 대한 대항문화로서 탄생했지만, 성립하자마자 '대항적 가치'의 척도가 만들어진다. 법률혼을 했는지 안 했는지. 화장을 하는지 안 하는지. 다양한 척도가 '후미에에도 시대에 기독교인을 색출하기 위해 밟게 했던 예수나 마리아의 이미지를 새긴 널쪽'가 된다. 자신들이 비판했던 왜곡된 그 사회 체제를 그대로 모방하고 나아가 더욱 왜곡된 형태로 재현해버림으로써 운동은 퇴폐하기 시작한다.

정론正論은 시시하다

정론은 시시하다. 말해봤자 소득 없이 끝나기 때문이다. 성차별은 악이다. 매춘은 나쁘다. 그렇다. 그래서, 뭐?

정론을 아무리 떠들어도 바뀌는 것은 없다. 정론으로 세상은 바뀌지 않고, 정론으로 인간은 움직이지 않는다. 정론대로만 된다면 세상에 힘들 게 없을 것이다. 정론이 시시한 까닭은, 정론으로 왜 인간이 움직이지 않는가를 이해하지 못하는 무지와 오만함에 있다.

대항문화나 반체제운동은 정론이 통하지 않는 현실 구조를 파악하지 못한 태만함에서 퇴조하기 시작한다. 지난 10년, 세상이 변한 것에 비해 반체제운동이 과거에 머물러 있는 것은 대항 가치를 내세우는 '정의'에 매달려 현실의 변화를 따라가지 못했기 때문이다. 현실의 변화에 바로바로 대응했던 것은 오히려 이념 없이 미조정을 거듭했던 '보수' 쪽이었다. 지금은 '진보적인 보수'와 '보수적인 진보'라는 아이러니한 보혁 역전의 시대인 것이다.

이런 시대에 대항 가치를 내세우는 운동이 정론의 틀에서 벗어나기 위해서는 정론이 통하지 않는 현재의 시스템을 철저하게 이해하는 것, 즉 적을 아는 길밖에 없다. 적 이상으로 적을 분석하고 적의 약점을 잡아 역공격하지 않으면 힘이 약한 쪽은 이길 수가 없다. 매춘(賣春)은 나쁘다고 외칠 시간에, 그럼에도 남자는 왜 계속 매춘(買春)을 하는가(대체 그들은 무슨 생각일까?)를 연구하는 편이 훨씬 도움이 된다.

자립의 덫

여성해방의 목표가 자립이라고 해서 거기에 얽매인 나머지 자립 신경 기능이상에 걸린 사람들이 많은 것 같다. 자립은 자유로운 커리어우먼의 싱글라이프라고 그들은 생각한다. 자립이 경제적인 자립으로 인식된 결과, 경제적 자립을 이룬 여성들은 혼자 쓸쓸히 불 꺼진 집에 돌아와 레토르트 식품을 데워 먹는다, 라는 부정적인 이미지가 선전되었다. 이런 분위기 속에서 여성 잡지는 일제히, 여성들이여, 자립의 덫에 빠져 '여자의 행복'을 잃는 어리석은 선택은 하지 마십시오, 라고 충고하기 시작했다.

자립이 고립이라면, 사랑을 버리고 가족을 버리고 얻는 그런 쓸쓸한 고독의 이미지는 여성들을 위협한다. 당연하다. 자립이 그런 빈약한 것이라면, 어느 정도의 속박을 감수하고 남자에게 의존하는 편이 훨씬 낫다고 여성들은 생각하기 마련이다.

자립이 이토록 빈약한 이미지를 가지게 된 것은 물론 매스컴의 악의적인 역선전에 기인한다. 아울러 페미니즘도 이를 악물고 견디는 '자립하는 여자'의 이미지를 고지식하게 신봉해왔다. 말하자면 '오싱_{여주인공 '오싱'의 파란만장한 생애를 그린 TV 드라마, 1983년에 방영}적인 이미지다. 그런 자립이라면 누구나 손사래를 칠 것이다.

페미니즘이 운동 안에서 발견한 것은, 자립은 공립이라는 것이다. 인간이 인간으로서 자립해나가는 힘은 집단의 지지 속에서만 길러진다. 동료가 있기 때문에 비로소 안심하고 자립할 수 있는 것이다. 자립은 고립이 아니다.

여성 운동을 뒷받침해온 것은 사실 '자립'이 아니라 '협력'이다. 자립한 개인들이기 때문에 서로 도울 수 있다. 의지되는 존재가 있음을 알기에 안심하고 혼자가 될 수 있다. 자립한 여성들은 서로 믿고 의지해도 된다는 것을 배운다. 그것은 남자에 대한 일방적인 의존과는 다르며, 서로 나약한 소리를 하지 않는 남자들의 관계와도 닮지 않았다. 페미니즘은 '개인'의 개념을 뛰어넘어 그 앞을 나아가고 있다.

미국의 페미니즘은 이 프로세스를 훌륭한 표어로 표현했다. 의존dependence에서 자립independence으로, 그리고 다시 상호 의존interdependence으로. 여자들은 상호 의존의 의미와 노하우를, 이번에는 남자들에게 가르쳐주는 입장에 서게 될 것이다.

전시의 운동과 평시의 운동

일본에서의 우먼리브가 전공투전국학생공동투쟁회의의 약칭, 1960년대 말 일본에서 일어났던 일련의 학생 운동 바리케이드 안에서 움튼 것은 익히 알려져 있다. 전공투가 패하고, 남자들이 전선을 이탈한 자리에 여자의 운동인 우먼리브만이 남았다. 정치의 계절이 끝난 뒤, 성性의 계절 안에서 남자와 여자는 짝을 짓고 잉태하고 아이를 낳았다. 우먼리브는 이 일상 자체를 투쟁의 장으로 만들어갔다.

대학 투쟁이 끝난 뒤 여자들이 투쟁을 계속할 수 있었던 것은, 여자의 운동이 '전시'의 운동이 아니라 '평시'의 운동이기 때문이었다. 육아는 오늘이 내일도 계속된다는 것을 전제로 한 일상성 안에서만 성립한다. 아이가 배가 고파 울면 '내일의 혁명'은 뒷전으로 미루고 '오늘의 우유'를 조달해야 한다. 패전 직전의 일본에서도 무기력해진 남자들을 대신해 암시장에서 쌀을 팔아 온 것은 굳세고 강한 여자들이었다.

여자의 운동은 '내일의 해방을 위해 오늘은 참는다'를 하지 않는다. 지금, 여기, 그 어떤 작은 해방도 없는 곳에서 미래의 빛 좋은 해방 따위에 의지할 수 있을까.

'내일의 혁명'을 위해 오늘을 인내하는 것을 금욕적 영웅주의라고 한다. 금욕적 영웅주의는 멋짐으로 사람을, 특히 남자를 취하게 한다. '전시'의 운동은 그런 남자들의 영웅주의가 지탱했다. 그 영웅주의에 넘어간 남자들의 눈물겨운 말로를 우리는 수없이 봐왔고, 영웅주의에 도취된 남자들에게 충분히 피해도 당해왔다.

분명하게 말해, 영웅주의는 여성 운동의 적이다. 영웅주의가 아닌 여걸주의를 좋아하는 여자도 개중에 있지만 이런 사람들도 민폐. 여자들은 지금 여기에서의 소소한 즐거움을 찾는 데 능하다. 그것을 무시하고는 운동은 한 걸음도 나아가지 않는다. '내일의 백보다 오늘의 오십'을 추구하는 여자의 리얼리즘은, 먼 미래의 해방이 '그림의 떡'이라는 것도, 목적을 위해 수단을 가리지 않는 운동의 퇴폐도 잘 알고 있다. 그 '평시'의 감각이 운동의 정기와 건강함을 지탱하고 있다.

네트워크형 운동

반체제운동이 어느덧 수직적인 관료 조직을 만들고, 어느덧 타도해야 할 해당 체제의 미니어처─심지어 훨씬 질 나쁜─로 전락하는 예는 흔하다. 여자의 운동은 수직적인 형태의 조직을 싫어한다. 수평적인 형태의 '평지' 집단 만들기를 지향한다. 여자의 운동은 구조형structure인가 비구조형non-structure인가가 논쟁거리가 되었지만, '구조가 없다'고 하기보다는 네트워크형이라고 부르는 편이 적절하다.

일본의 반체제운동 중에 네트워크형 운동의 선례가 있다. 1960년대에 확산되었던 베헤이렌'베트남에 평화를! 시민연합'의 일본어 약칭 운동이다. 베헤이렌 운동은, 1959년의 미이케 투쟁1959년에 미쓰이 미이케 탄광에서 발생한 노동 분쟁에서 사회운동가 다니가와 간이 조직한 '다이쇼행동대'의 행동 원칙에 기반을 두고 있다. 그 행동 3원칙은 다음과 같다.

① 하고 싶은 자가 한다. 하고 싶지 않은 자는 하지 않는다.
② 하고 싶은 자는, 하고 싶지 않은 자를 강제하지 않는다.
③ 하고 싶지 않은 자는, 하고 싶은 자를 방해하지 않는다.

간단한 것 같지만, 깊이 생각하게 만드는 내용이다.

여기서는 집단의 경계는 불명확하고 집단의 강제력도 없다. 베헤이렌에도 멤버십이란 것은 없었다. 베헤이렌을 자처하면 누구나 베헤이렌이 될 수 있었다. 행동에 대한 책임은 개인이 지며, 개인의 자율성은 최대한 존중되었다. 단체의 정체성이란 것이 없는 덕분에 누군가가 한 일에 대해 베헤이렌이라는 '단체'가 책임을 지지도 않았다. 반대로 단체의 이름으로 제명이나 통제 등 개인을 억압하는 일도 일어나지 않았다.

사상이나 이념을 묻지 않고 행동에 공감하면 시간과 공간을 공유한다는 건강한 실용주의가 네트워크형 운동 안에는 있다. 여기서는 이탈도 합류도 자유다. 기성 좌파가 이끄는 거대한 조직형 운동과는 달리, 반체제운동은 이런 네트워크형 운동의 전통을 맥맥이 이어가고 있고, 풀뿌리 시민운동과 주민 투쟁 안에 뿌리를 내리고 있다. 여성 운동도 권위와 조직에 의지하지 않는 풀뿌리 운동으로서, 이 네트워크형 운동의 전통을 이어받아 발전해나가고 있다. 그것은 여자들이 권위주의와 조직의 억압에 훨씬 더 민감하기 때문이다.

새로운 운동론

여성 운동도 우먼리브로부터 20년 가까운 세월을 겪었다. 그동안 축적한 경험과 노하우 목록을 만들어 다른 이들에게 전수해도 좋을 시기다. 경험과 실적으로 이뤄온 새로운 운동론을 몇 가지 정리해보겠다.

① 피라미드형에서 롤링스톤Rolling Stone형으로

리더십을 완전히 부정하는 것은 현실적이지 않다. 분야별로 리더십은 자연스럽게 발생한다. 그것이 과제별로 계속 바뀐다. 그 과제에서는 리더였던 사람이 이 과제에서는 팔로워가 된다.

② 직접 참여 민주주의

직접 참여하는 것이 민주주의다. 일을 시작한 사람이 적극적으로 나선다. 다수결과 같은 형식적인 민주주의는 취급하지 않는다. 어떤 일이든 하고 싶은 자가 있으면 하면 되고, 반대로 아무리 좋은 일이라도 나서는 자가 없으면 실행할 수 없다. 규칙보다 사람. 형식보다 내용. 실제로 내가 지금 몸담고 있는 여성학 단체는 파격적으로 총회를 폐지해버렸다. 그래도 활기차게 돌아가고 있다.

③ 작은 것이 아름답다Small is beautiful

조직을 확대하는 것, 유지하는 것이 좋다, 라는 생각을 하지 않는다. 그러는 순간 부담이 따르기 때문이다. 그때그때 모여 장을 공유하고, 끝나면 해산한다. 프랜차이즈 방식은 채용하지 않는다. 따라서 시섬은 없다. 그저 수

평적으로 연대하고, 노하우는 서로 공유한다.

④ **지금 여기에서의 해방**

내일을 위해 오늘 참는 어리석은 짓을 하지 않는다. 오늘 재미있지 않은 일이 내일 재미있어진다는 보장은 어디에도 없다. 그렇다면 오늘 재미있는 일을 하면 된다.

⑤ **동질성보다 이질성**

모두가 하나 되어 함께한다, 라고 생각하지 않는다. 공유된 장에서, 다른 입장, 다른 반응, 다른 행동이 어우러져 뭔가를 만들어간다.

⑥ **자발성과 창의성**

자발성과 창의성을 집단 안에서 이끌어낸다. 재미있겠다, 해볼까, 하고 제안한 사람을 격려한다. 이걸 두고 누군가는 이렇게 말했다. "이 모임은 모난 돌이 정 맞는 게 아니라 모난 돌이 쓰임을 받네." 근사한 표현이다.

⑦ **정보의 집중을 피한다**

정보는 힘. 정보의 집중과 독점은 권력을 낳는 불씨가 된다. 따라서 적극적으로 피한다. 정보는 최대한 알려서 서로 공유한다. 이로 인해 의사 결정에 품이 들거나 신속하게 대응하지 못해 일이 늦어지기도 한다. 내부 정보 교환과 조정 프로세스에 방대한 에너지가 소비되어 효율적이지 않다. 그러나 이것도 네트워크형 조직을 유지하는 비용이라고 생각한다. 효율의 원리보다 연대의 원리.

⑧ **역할 분담의 유동화**

정보의 인격화(그 사람이 없으면 그 분야에 대해 전혀 알 수 없는 것)와 권력의 발생을 방지하는 또 다른 방법은, 역할 분담의 고정화를 피하는 것이다. 단기간 안에 역할을 차례로 교대한다. 전문가주의보다는 아마추어리즘. 원만한 운용을 위해서 역할 수행 내용을 표준화하고, 매뉴얼을 만든다. 아는 이가 모르는 이를 가르쳐주는 도제 방식도 좋다. 언제든지 누구라도 무엇이든 할 수 있다. 이것이 이상적이다.

⑨ 즐거운 장을 만든다

운동은 축제다. 즐겁지 않으면 지속되지 않는다. 활기가 없으면 분발할 수 없다. 운동에 활기를 불어넣고 싶으면, 그 자체를 구경거리로 만들라. 무대를 만들고 관객을 불러 모으면 누구라도 신명 난다. 관객이 없으면 서로가 서로에게 관객이 되어주자. 여자는 보임으로써 아름다워진다.

⑩ 친구를 넘어 고락을 함께한 동료

즐겁지 않으면 운동이 아니라고는 해도 화기애애한 동호회 분위기만으로는 연대는 자라지 않는다. 같은 과제와 그것을 해결하는 프로세스를 공유할 때, 비로소 의견 차이가 분명하게 보이고 갈등을 조정하거나 극복하는 노하우를 배울 수 있다. 과제가 없는 집단은 결국 자멸한다.

커뮤니케이션은 자원이다

이런 것들을 통해 여자들은 대체 무엇을 하고 싶은 것일까? 이상 실현? 가치 창조? 여자는 이데올로기나 이념으로는 움직이지 않는다. 이데올로기나 이념에 약한 지식인을 제외하면, 여자나 대중은 대부분 자신과 자신의 생활 외에는 흥미가 없다. 내가 누구인지 알고 싶다, 내 삶이 행복했으면 좋겠다, 나를 표현하고 싶다, 이런 것들이 당사자에게는 가장 절실한 욕구다. 그것을 비추는 거울이 타자이기 때문에 커뮤니케이션이 재미있는 것이다.

인간관계란 모든 자원을 소진한 뒤에 남는 최후의 자원이다. 자원은 쓰면 없어지지만 이 자원은 고갈되지 않는다. 다른 자원이 내 손에서 빠져나가도 이 자원만은 남는다. 관계를 맺고 있는 한, 가장 재미있는 자원이다. 이 '관계'라는 자원을 만들어가는 운동이 여자의 운동이 아니었을까.

다만 '관계'를 만드는 능력은 개인차가 두드러진다. 이 차이는 나이를 먹을수록 벌어진다. 돈도 시간도 체력도 의지가 되지 않는 인생의 가을에, 마지막까지 힘이 되는 것은 '관계'라는 자원이다. '관계'는 노후의 여유 자산이다. 그것을 만드느냐 못 만드느냐로 당신의 삶의 방식이 부정될지도 모른다고 하면 지나칠까.

단 '관계'를 만드는 능력은 학습이 가능하다. 배움에 너무 늦은 때란 없다. 여자들은 고립된 곳에서 어렵게 벗어나 이 '관계'라는 자원 만들기를 운동 안에서 서로 배웠다. 여자의 운동이 지닌 성장하는 힘, 그것이야말로 가장 자랑할 만한 것이 아닐까.

1장

끓어오르는
마그마에 형태를

- 1980년대 -

성차별을 둘러싼 부질없는 응수
—— 1983

일본은 지난 10년 사이, 미국에 완전히 당당해졌다. 공업 제품도 우수하고, 경영 상태도 좋고, 실업률도 낮고, 거기에 치안까지 좋아서 외부에서 볼 때는 훌륭하게 결집된 이상사회로 보인다. 그러나 미국의 진보적 문화인은 말한다. 일본에서는 여성이 억압받고 있지 않은가?

일본에 가서 보니 공식적인 자리에 여성은 없었다. 기업 간부 중에 여성은 놀랄 정도로 적다. 일본 여성은 집안에 갇혀 있다……. 그들은 이상사회 일본의 변명의 여지가 없는 '후진성'을 눈으로 확인하고 괴물의 머리라도 벤 듯 즐거워한다. 그들은 성차별이라는, 일본을 공격하기에 마침맞은 표적을 발견했던 것이다. 아마도 미국의 지식인들은 한동안 조직적으로 일본의 성차별을 공격의 대상으로 삼을 것이다.

베트남전쟁을 들 것까지도 없이 미국에는 구세십자군적인 신념이 있다. 일원적인 가치 척도로부터 앞선 미국과 뒤처진 일본이라는 도식을 끌어내어 그 후진성을 구제해줘야만 한다고 생각하는 그들의 소박한 아메리칸 에스노센트리즘(ethnocentrism, 자민족중심주의)에는 진력이

난다. 그들의 진보 사관에 동조한, 이 또한 소박한 일본인이 그렇습니다, 일본의 여성해방은 이렇게 뒤처져 있습니다, 라고 예증을 들어가며 영합하고, 거기에 미국인이 고개를 끄덕끄덕하는 것을 보고 있는 것도 마찬가지로 불쾌하다.

1980년, 유엔 여성을 위한 10개년_{유엔은 1975년을 세계 여성의 해로 정하고, 제30차 유엔총회에서 1976~1985년을 '유엔 여성을 위한 10개년'으로 선언했다}의 중간 해에 코펜하겐에서 개최된 세계대회에서, 『최후의 식민지』의 저자 브누아트 그루가 아프리카 부족의 음핵 절제술을 동반하는 성년식에 대해 여성을 억압하는 야만적인 행위라고 비난했을 때, 벌떡 일어나 반박한 것은 당사자인 아프리카 여성들이었다. 이란혁명 후의 급격한 이슬람화 운동 속에서 여성의 차도르 착용이 다시 장려되기 시작했을 때, 그것을 여성해방의 후퇴라고 비난했던 서구인과 대항했던 것도 다름 아닌 이란 여성들이었다. 문화의 전체성을 무시하고 일원적인 서구화의 표준을 적용시키지 말라는 그들의 주장은 그것대로 합당한 반론이었다.

서구 중심의 페미니즘이 제3세계의 여성해방과 연대하는 것은 생각만큼 쉬운 과제가 아니다. 여성해방 이데올로기가 다시 진보주의적인 선진-후진 구도를 재생산하는 것이라면, 그들과 페미니즘을 합창하기에 앞서 제동을 걸 수밖에 없다.

한편 일본 사회의 성차별에 대한 미국인의 비판에 일본 남성이 보이는 반응도 영 조잡하다. 가정에서는 여자가 실권을 잡고 있다, 전업주부는 여자들 자신이 원한 결과다, 서로의 문화적인 차이를 무시하고 남녀평등을 강요하는 것은 난센스다, 이런 말들을 비꼼인지 진심인지 알 수 없는 말투로 입을 모아 말한다. 여자들과 입장을 바꿔보겠다는 말은 결코 하지 않는 그들의 교활함을 아는 나로서는 그런 반응들이 불쾌하기 짝이 없다.

또한 그런 반응들의 배후에는 이혼, 한부모 가정, 독신 가구 등 해체 현상을 보이고 있는 미국의 가족에 비해 그래도 일본의 가족이 제대로 기능하고 있다는 자신감이 깔려 있다. 일본형 경영 논쟁에서의 논리가 일본형 가족 논쟁에서 어김없이 반복되고 있다.

일미 경영 논쟁에서 일본인은 자신들의 방식이 옳았다고 완전히 자신하게 되었다. 그리고 그 위협적인 자신감을 이번에는 가족의 영역에서도 보이기 시작한 듯하다. 극진한 노부모 간병(많은 경우 며느리의 희생으로), 보호와 교육을 잘 받은 아이들(종종 지나치게 잘 받은), 부부간의 적은 갈등(단지 기대치가 낮기 때문에) 등을 예로, 가족의 복지 기능이 재평가되기 시작했다. 일본의 가족이 잘 기능하는 것은 경영 기능과 나란히 일본이 자랑할 만한 기적의 하나가 될지도 모른다.

그러나 노인과 아이 그리고 주부를 가정에 격리해두고, 그들이 억압 위에 쌓아올리는 팍스 야파너(Pax Japaner, 일본형 평화와 번영)를 덮어놓고 칭찬할 수는 없다. 아메리칸 에스노센트리즘을 재패니즈 에스노센트리즘으로 되받아치는 것은 부질없는 응수다. 그 어느 쪽으로도 빠지지 않고 제삼의 길을 가기를 깨인 이성에게 호소하고 싶다.

페미니즘의 이모저모
—— 1984

1월 22일은 미국의 낙태 합법화 기념일이다. 1973년 이날, 대법원에서 낙태 적법 판결이 났다. 낙태를 반대하는 진영에게는 패배의 날, 낙태를 지지하는 이들에게는 승리의 기념일이다.

매년 이날이 다가오면 패배와 승리 양쪽 진영에서 다양한 기념행사가 기획되고 공방이 거세진다. 특히 근년에는 종교적인 이유에서 낙태를 반대하는 집단이 대규모 캠페인을 벌이고 있다.

1982년 시카고에서는 시내 중앙광장에 낙태 반대 집단이 버스 편대를 몰고 와서 패배 기념대회를 열었다. 춥기로 유명한 1월의 시카고. 그 기상이 알 만하다. 발칙하게도 그 집단은 고교생 부대를 조직하여 버스에 태워 데려왔다. 학생들에게, 여성에게 불리한 사회 구조를 알려주지 않은 채 '생명을 죽이는 괘씸한 낙태'를 주입하는 일은 간단하다. 너도 태아 상태에서 죽을 수도 있었다, 하고 겁을 주면 아이들의 순수한 정의감은 쉽게 타오른다. 최근에는 대학 캠퍼스나 고등학교에서 광신적인 낙태 반대 동맹이 조직되고 있다고 한다. 알다시피 KKK Ku Klux Klan. 백인 우월주의를 표방하는 미국의 극우 비밀결사단체를 낳은 나라다. 진보파가 움직이면 반대파가 더욱 거세게 궐기한다. 과연 '풀뿌리 민주주의' 국가 미국이다.

'낙태할 권리' 운동을 조직해 활동하고 있는 내 동료는 지난해 그 집회에서 피켓 시위를 벌였다. 상대는 600명. 여자들로만 이뤄진 피켓 무리는 30명. 불리한 조건이었다. 낙태 반대파가 십자가와 어린이용 관까지 들고 나와 낙태 지지파를 살인자라고 매도하는 광적인 분위기 속에서 그녀들은 과감하게 피켓을 들었다. 그때 그곳을 우연히 지나가던 흑인 미국인이 그 모습을 카메라에 담았고, 이튿날 조간에 지지파와 반대파의 사진이 같은 크기로 나란히 실렸다. 30명이 600명에 필적했다니까, 하고 그녀는 유쾌하게 웃었다.

그런데 어느 날, 시카고대학교 학생 단체라고 하는 곳에서 내게 전화가 걸려왔다. 어느 교수에게서 여성학 연구자인 내 이야기를 들었다, 2월 8일 여성주간에 심포지엄을 개회하는데 거기서 발언해주지 않겠느냐, 라는 내용이었다. 조직의 성격과 행사 취지를 확인한 뒤, 페미니스트 단체인가 물었더니, 뭐 그런 종류의 것이라는 대답이 돌아왔다. 내가 아는 다른 페미니스트 학생 단체 중에 '우먼 유니언'이라는 곳이 있어서 거기와 관계가 있느냐고 물었더니, 없단다. 시카고대학교는 페미니스트 운동이 극히 저조한 곳이고, 좁은 곳에서 같은 활동을 하면 서로 모를 수가 없다. 이상해서 단체 이름을 묻자, '프로라이프 어소시에이션pro-life association'이라고 대답했다.

잠깐, '프로라이프'면 '생명을 지킨다'는 뜻이 아닌가(일본식으로 말하면, 결국 '생장의 집1930년에 다니구치 마사하루가 창설한 극우 성향의 신흥 종교단체로 생명 윤리나 환경 분세와 관련해 정치 활동을 꾸준히 해왔다'이다). 나는 조심스럽게, 당신네 단체가 낙태에 어떤 의견을 내고 있느냐 물어보았다. 그러자 1973년의 대법원 판결에 반대하는 입장이라는 것이었다.

과연. 그제야 납득이 갔다. 나 자신도 내 동료들도 우생보호법^{우생학적}
단종법, 1948~1996년 시행, 1996년에 임신 중절과 불임 수술 관련 규정이 개정 및 폐지되었으며, 모체보호법
으로 명칭이 바뀌었다의 개악을 반대하며 싸우고 있다. 나는 페미니즘이 낙태
반대와 양립할 수 있다고는 생각하지 않는다. 그래서 그 행사에는 참가
할 수 없다고 말했다. 그러자 상대는 의외로 담백하게, 그렇습니까, 알
겠습니다, 하고 대답했다.

그렇게 명확하게 자신의 입장을 내세워 거절하는 것이 내가 두 번째
라고 한다. 꽤 여러 교수들에게 연락했지만 시간이 없다거나, 자신은 적
합하지 않다거나, 그런 거라면 나보다 그분이, 하면서 피했다고 한다.
이런 나도, 그런 식으로 누군가에게 소개받은 사람이었던 것이다. 그녀
의 반응은 도리어 시원해서, 적이지만, 우리 서로 힘냅시다, 하고 격려해
주고 싶을 정도였다. 하지만 반대 진영을 응원해줄 수는 없는 노릇.

이리하여 이 일은 반대 세력의 행사에 참가하는 우를 범하지 않고 끝
낼 수 있었다. 그런데 만약 상대가 낙태를 반대하는 페미니스트라고 자
칭했다면? 아마 머릿속이 복잡해졌을 것이다. 페미니스트(라고 생각하
는 자들) 사이에서도 낙태를 반대하는 의견이 있을 수 있다. 아니, 페미
니즘 안에 존재하는 다양한 의견 차이가 운동이 성숙해짐에 따라 점차
뚜렷해졌다고 해야 할 것이다. 과연 '생명을 지키고 양육할 권리'는 여성
의 권리다. 나는 '낳지 않을 권리'는 '낳을 권리'를 그 이면에 수반하고
있고, 그런 까닭에 '낳을 수 없는 사회'에 대한 고발을 함축하고 있다고
생각한다. 따라서 이데올로기적으로는 낙태에 반대하는 페미니스트도

존재할 수 있는 것이다.

마찬가지로 페미니즘 안에서 낳는 성으로서의 여성성을 최대한 내세울지, 최소한으로 축소해서 평등을 주장할지, 페미니스트로서의 전략 차이도 점차 뚜렷해지고 있다고 생각한다. 페미니즘이 단결된 조직이 아니고, 페미니즘 역시 오른쪽에서 왼쪽까지 현대 사상의 모든 영역을 포괄하는 다양성을 품고 있다는 것을 경험으로 습득해왔다.

어쨌든 차이를 아는 것은 좋다. 중요한 것은, 이것을 공허한 대립으로 끝내지 말고 페미니스트의 이익 혹은 손해라는 공통의 지반 위에서 논의해야 한다는 것이다. 나는 강성한 타자와 맞서면서 자타自他를 형성해가는 프로세스를 좋아하기에 모성원리과 페미니스트와 같은 신실하고 위험한 사람들이 나타나면 가슴이 뛴다. 아군이 단련되려면 적군이 강해야 하니 부디 건투를 빕니다, 하고 말하고 싶어진다.

아니, 여기서는 적군 아군의 비유는 적절하지 않다. 페미니즘이라는 하나의 판 위에서, 무엇이 우리에게 더 중요한지를 의견이 다른 이들과 함께 고민하고 풀어가고 싶다. 하고 싶은 기획이 잔뜩 있다. 일단은 신변의 일부터 즐거이 해야 할 것이다. 거짓 대동단결보다, 다름을 이해하는 연대를. 페미니즘이 이 단계까지 온 것을 나는 기뻐하고 있다.

낳고 낳지 않음은 여성의 권리
—— 1983

시카고에서 Women's Reproductive Right Movement라는 집회에 나갔다. 해석하면 '낳을 권리, 낳지 않을 권리를 여성의 손에' 정도가 될 것이다. 미국인 여성이 "우리 여성에게는 낳지 않을 자유가 없다, 또한 낳을 자유도 없다"라고 말했다.

정말 그렇다. 동서양을 막론하고 문제는 같구나, 하고 절감했다. 여성이 임신 중절 수술을 하는 것은 언제나 윤리적 비난의 대상이 될 뿐만 아니라, 심지어 일본에서는 여성이 임신하지 않는 것조차 비난거리가 된다. 일본에서는 다시 우생보호법 개악이 논의되고 있다. 이런 상황에서 우리 여성에게 '낳지 않을 권리'가 있다고는 도저히 말할 수 없다. 그리고 Reproductive Right(생식의 권리)의 또 하나의 중요한 측면은 '낳을 권리' 역시 그만큼 보장되어 있지 않다는 것이다.

공사의 분리 후 성과 생식이 이만큼 사적인 일이 되어버린 오늘날, 어머니가 되려고 하는 여성에게 대체 누가 손을 내밀어줄까. 이런 문화 속에서 너도나도 어머니 됨을 여성에게 장려(심지어 강제)하면서, 현실은 여성 혼자 고립무원에서 생식에 대한 일체의 책임을 떠안을 수밖에 없다는 것은, 출산으로 인해 가정에 들어앉은 여성이라면 누구나 통절하게 느끼고 있을 것이다.

지금 시대는 다행인지 불행인지 아이를 '선택해서 낳는' 시대이므로 '언제 낳을지' '언제 낳지 않을지'는 누구에게나 관계된 중요한 문제다. 합법적으로 아이를 낳을 수 있는 부부도 피임의 신세를 지지 않을 수 없다. 피임법에는 경구 피임약, 피임 링, 콘돔 등이 있지만, 스피커를 잡은 여성은 여러 사례를 들면서 여성에게 완벽한 피임법은 없다고 말했다.

뉴욕의 계획출산협회에서 입수한 팸플릿 표지에 산아제한운동에 생애를 바친 마거릿 생어_{미국의 여성 운동가, 1879~1966}의 아름다운 말이 실려 있었는데, '여성이 낳을 자유와 낳지 않을 자유를 완전하게 손에 넣을 때까지, 여성해방은 없다'라는 내용이었다. 전적으로 동의한다.

토론이 시작되자, 한 남성이 몇 개월부터 낙태가 살인이 되는가, 라는 윤리적인 질문을 던졌다.

"저는 아이를 낳을 수 있는 권리를 논하고자 하는 겁니다."

이에 참가한 여성들이 일제히 술렁거렸다.

"우리는 여자에 관한 것을 논하는 것이지, 아이에 관한 것을 논하는 것이 아닙니다."

여기저기서 반론이 시작되었다. 남자들이 자신에게 불리한 문제는 회피하고 추상적이고 윤리적인 문제만을 들먹이는 것도 어디나 똑같고, 여자들이 못 알아듣는 남자들 때문에 일제히 열을 내는 것도 매한가지 반응이었다.

남성의 피임법 이야기가 나왔을 때 내가 "참석한 남성분들께 묻겠는데, 정관수술은 무섭지 않습니까?"라고 말하자, 회의장 안이 물을 끼얹은 듯 조용해진 것도 재미있는 현상이었다.

남자다움의 관념은 수정 능력에 연연하므로 정관수술은 그만큼 남성을 위협한다. 남자다움과 여자다움을 떠받치고 있는 것은 관념이지, 생리적 능력이 아니다. 정관수술은 정자 생산이나 인체에 해가 없다. 그렇지만 이 사실을 아무리 설명해도 남자들은 정관수술에 찬성하지 않을 것이다. 그 결과, 엄살이 심하고 자기중심적인 남자들을 대신해 여자들이 피임의 책임을 일방적으로 지게 된다. 내가 다그치듯 그렇게 말하자, 모두 그래그래 하면서 고개를 끄덕였다.

어느 젊은 남성이 정관복원수술(성공 확률이 90퍼센트라고 한다)의 가능성이며 정자를 냉동 보관하는 정자은행에 대해 주섬주섬 이야기를 시작했지만 남성들의 불안감을 없애는 수준에는 이르지 못했다.

낙태는 지금 미국에서 종교가, 생명과학자, 여성해방론자 등 다양한 분야의 사람들을 끌어들이며 큰 논쟁거리로 떠올랐다. 미국은 지금도 신이 있는 나라이기 때문에 생명을 둘러싼 문제는 언제나 윤리적인 색을 띠는 것이다. 그걸 들으며 나는, 신이 없는 조국 일본의 철저한 세속성을, 좋고 나쁨을 떠나 상기하지 않을 수 없었다. 하지만 '여성의 권리' 문제가 추상적이고 윤리적인 문제로 갈음되어 내팽개쳐지는 것을 원치 않기 때문에 나는 부지중에 발언해버렸다.

"일본은 다들 아시다시피 낙태 천국인 나라입니다. 낙태는 물론 당사자인 여성 본인에게 아픈 경험임에 틀림없습니다. 하지만 거기에 어떤 문제가 있든, 선택이 있는 사회가 선택이 없는 사회보다는 명백히 바람직하므로……."

그렇게 말하면서 나는 머릿속이 복잡해지는 것을 느꼈다.

'선택이 있는 사회가 선택이 없는 사회보다 바람직하다.' 분명히 그렇다. 나는 몇 번을 물어도 같은 대답을 할 것이다. 하지만 문제가 '낳고 태어나는' 생의 근원을 건드리는 것이 되면, 우리는 엄청나게 미묘한 문제에 직면하게 된다.

인간이 인간을 낳고, 인간이 태어나는 것에 이유가 있다고 믿는 것은 거의 악몽과도 같은 관념이라고 생각하지 않는가? 피임을 몰랐던 시대의 사람들은 아이를 낳는 것에 이유를 찾거나 하지는 않았을 것이다.

낳을 권리, 낳지 않을 권리가 없는 곳에서 여자에게 자유란 없다. 그것은 사실이다. 하지만 여자가 자유로워지는 것은 여자와 남자를 허망한 근대의 악몽 속으로 끌고 들어가는 일처럼 생각된다. 여자와 남자라는 카테고리는 부르주아와 프롤레타리아와 같은 사회적인 카테고리와는 달리, 인간이 나고 죽는 일과 관계된 근원성을 내포하고 있다. 따라서 여자가 달라지고, 여자와 남자의 관계가 뒤바뀌는 것은, 생에 대한 인간의 대면 방식이 근본부터 바뀌는 것을 의미한다. 생의 형식을 정한 것이 신이라면, 여자의 운동은 신에게 도전하는 곳으로 향해버린다.

'낳을 권리, 낳지 않을 권리를 여성의 손에'라는 표어는 맹랑한 요구일까?

낳을 자유, 낳지 않을 자유 안에서 여자는 모든 제도로부터 외면당하고 '질서의 진공지대'에 꼼짝없이 놓이게 된다. 낳지 않는 여자뿐만 아니라, 낳은 여자도 무죄가 아니다. "왜 낳았나?"라는 질문은 "왜 낳지 않나?"라는 질문보다 훨씬 무거운 것이겠다.

하지만 대제 누가 이 불음에 대답할 수 있단 말인가?

인류사는 생명의 재생산을 확보하기 위한 사회적·문화적인 제도로
가득 차 있다. 그 결과 우리는 이성애를 강제당하고, 생식을 강제당하
고 있다. 그 제도가 강제가 아니라 선택임을 알았을 때, 과연 우리는 무
엇을 다시 선택할 수 있을까. 여성들은 지금, 그 제도의 해체를 요구하
고 있는 것이다.

　　낳을 권리, 낳지 않을 권리를 요구하는 것이 우리를 그런 근원적인
문제로까지 끌고 가버리는 것, 이것은 정치의 문제도, 하물며 휴머니즘
의 문제도 아닌 사상의 싸움임을, 우리는 알아야 한다. 끝까지 파고들
어 생각하는 강인함이 여성들에게 요구되고 있다.

전미여성학회에 참가하고서
—— 1984

6월 24일부터 28일에 걸쳐 미국 뉴저지주 럿거스대학에서 열린 제6회 전미여성학회 '진로의 방향을 잡는다 — 80년대 페미니스트 교육'에 참가했다. 이하는 그 보고.

올해는 일본인 참가자의 첫 공식 세션('일본형 페미니즘을 이해한다')을 연 데다, 아시아 여성 네트워크가 조직되어 개최국도 참가국도 서로 시야를 넓히는 계기가 되었다.

전미여성학회NWSA는 미국 최대의 여성학 연구자 조직으로, 1970년대의 여성해방운동이 아카데미즘과 만나 낳은 산물이다. 미국 여성학의 특징은 운동과의 결속을 중시한다는 것. 여성학의 존재 의의를 운동을 위한 '이론 무장'이라고 평가하고 있다.

올해 대회에서는 특히 페미니즘 안의 다양성과 차이 — 인종, 민족, 계층, 국적, 문화, 장애, 정치적 입장 등 — 가 강조되었다. 페미니스트 간의 다양성과 차이를 과감하게 인정하고, 다름을 확실하게 인식한 상태에서 연대해가는 것. 여성학의 성숙을 느낄 수 있는 자리였다.

첫날 전체 집회에서는 흑인, 아메리카 원주민, 아시아계 미국인 여성이 저마다의 입장에서 고유한 페미니즘에 대해 이야기했다. 흑인 교육에 오래 몸담아온 여성은, 여성이 실권을 잡아온 블랙아프리카의 자랑스러운 역사를 아이들에게 가르쳐야 한다고 주장했다. 대회 이틀째 집회에서 스페인계 미국인 여성은 "우리는 모두 아름답습니다. 왜냐하면 한 사람 한 사람이 다 다르기 때문입니다"라는 발언으로 회의장 안을 뜨겁게 달궜다.

이번 대회에서는 백인 중산계층 고학력 여성의 독점물이었던 여성학을 반성하며 소수 민족이나 노동자 계급의 여성에게도 문호를 넓히는 방향으로 나아가자는 취지에 걸맞게, 발언자가 "나는 백인 여성이지만" 하고 운을 떼는 분위기가 있었다. 실험적인 시도로서, 소수 민족, 노동자 여성이 각자의 이해利害에 대해 자유롭게 이야기하게끔 회의장 안에 일종의 '자치구'를 설치해두기도 했다.

이 형태는 내년에도 이어가기로 했다. 미국 사회의 복잡함과 페미니즘 안의 다양성, 그리고 그 상호 이해의 어려움, 그럼에도 연대에 대한 더 강한 의지를 보여준 인상적인 대회였다.

이런 자리에서 '일본형 페미니즘'에 대해 논할 기회를 가진 것은 큰 의미가 있었다. 미국의 페미니즘에서 보이는 아메리칸 에스노센트리즘을 탈중심화하고, 상호 이해의 기반 위에서 서로 다른 페미니즘과 협력해가자는 세션의 취지는 대회의 목적에 걸맞은 것이었다.

먼저 내가 일미 페미니즘의 차이를 문화적 배경에 따라 '여성의 남성화'에 의한 평등 전략(미국)과 '남성의 여성화'에 의한 평등 전략(일본)의 차이로서 정리한 것을 받아서, 미국인 페미니스트 앨리스 던이 일본에서의 조사를 바탕으로 노동기본법 개정에 따른 생리휴가 폐지의 시비를 언급하며, 일본의 페미니스트는 모성 보호를 폐기한 '남성과 동등한 평등'이 아니라 '보호도 평등도' 요구하고 있다고 설명했다.

다음으로 일본인 참가자 가타기하라 마리코와 다카하시 마리가 파트타이머로서 투쟁한 경험을 바탕으로, 고용기회균등법 제정과 아동복지법 개정 방향이 여성에게 '직장 내 남성과의 동등한 평등' 혹은 '주부 파트타이머' 어느 한쪽의 선택을 강요하는 것이라고 호소했다.

마지막으로 우에하라 유리코가 일본 여성은 착취당하고 있을 뿐만 아니라 개발도상국 여성의 노동을 착취하는 입장에도 서 있음을 지적하면서, 일본형 페미니즘의 '탈중심화'를 논하고 마무리 지었다.

이번 대회에서 두 독립 조직, 국제여성연락위원회와 아시아여성연락위원회가 발족됐다. 국제여성연락위원회 주최자 버지니아 사이러스는 "미국 여성은 어떻게 당신들을 도울 수 있을까?"라고 물었다가, 일본인 페미니스트로부터 호된 비판을 받고 "우리는 어떻게 서로 배울 수 있을까?"라고 정정하는 해프닝도 있었다.

아시아여성연락위원회에서는 일본, 한국, 대만, 중국의 참가자들이 공통의 문화적 사회적 배경을 기반으로 아시아형 페미니즘을 함께 고민해가자는 새로운 연대도 생겨나, 대회 마지막 날 스피치에서 참가자들의 열렬한 지지를 받았다.

내년 대회 개최지는 서부의 시애틀. 아시아계 이민의 역사가 긴 지역이기도 하니, 아시아인 페미니스트와의 교류가 한층 중요한 의미를 띠지 않을까 기대하고 있다.

이런 여성들과 함께라면 21세기도 나쁘지 않다
—— 1985

1985년 6월, 시애틀에서 개최된 제7회 전미여성학회에 참석했다. 이걸로 세 번째다. 이 대회는 참석할 때마다 흥분된다. 보통의 학술 대회와 다른 점이라면, 여기에 모이는 여성들이 대단히 폴리티컬하며, 자신들을 둘러싼 성차별과 단호하게 맞서는 용기를 공유하고 있다는 점이겠다. '폴리티컬political'이라는 말은, 이 나라에서는 일본에서의 쓰임과 그 울림이 다르다. 그것은 정부가 하는 것 혹은 정치가의 권모술수가 아니라, 자신들이 바라는 방향으로 사회를 바꾸는 행위에 관여하고 있음을 의미한다. 미국인의 이 낙관론optimism은 언제 봐도 건강하고 산뜻하다.

이 대회에는 미국답지 않은 점이 한 가지 있다. 개개인은 분명히 자기주장을 격렬하게 표출하는데, 전체로서는 서로 지지하고 격려하는 분위기가 강하다는 것이다. 알다시피 미국 학회는 학자의 견본 시장 같은 곳으로, 햇병아리 연구자들은 구직 인터뷰를 위해 로비를 이리저리 뛰어다닌다. 다른 후보자보다 돋보이려고 최선을 다해 어필하는 그 사교적인 말의 이면에는 시기와 경쟁심이 뒤엉켜 있다. 유명한 학자조차 더 좋은 자리를 얻고자 자신을 디스플레이하기에 여념이 없다. 대학인의 세계는, 어디나 지위와 명성을 좇는 경쟁의 장이다. 하지만 여성 학회에는 그 것이 없다. 오히려 레이건미국의 제40대 대통령, 1981~1989년 재임 정권 하에서 공통의 억압으로 괴로워하는 이들의 연대가 있다. 거기에는 개개인의 연구자가 살아남는 것보다 '여성학'이라는 장르 전체가 어떻게 장수할지에 대한 공통의 이해가 있다. 그걸 위해 그녀들은 실천적인 지식을 서로 공유하고, 상호 원조 네트워킹을 만든다. 여성 학회는 1년에 한 번, 여성의 연대를 서로 축하하는 축제 분위기에 감싸인다.

그녀들의 씩씩함은 놀라울 따름이다. 무대를 세우는 힘쓰는 일부터 조명 설치까지 전부 직접 하고, 카메라 담당 여성도 무거운 장비를 거뜬히 짊어지고 촬영을 한다. 여자로서 못할 일은 없다고 그녀들은 실증해 보인다. 그녀들은 그런 것들 앞에서 구차하지 않다. 그녀들 틈에 있으면 나는 미국인 중에서 가장 유쾌하고 아름다운 사람들 사이에 있다는 기분이 든다.

올해 대회에서는, 71세 여성이 젊은 여성의 고령자 차별을 격렬하게 비난했다. 그 여세를 몰아, 태평양의 작은 섬에서 온 여성이 미국인은 자신들의 처지에 조금도 관심을 두지 않는다고 주장했다. 이어 하와이 원주민 여성이, 우리에게는 우리의 문제가 있다, 라고 피력했다. 장애 여성은 자신들에게도 발언할 권리가 있다고 목소리를 높였다. 소수 민족도, 사회적 약자도 한목소리로 "우리는 여기에 있다, 우리의 존재를 인정해 달라. We want to be visible"이라고 호소했다.

그것은 그야말로 감동적인 광경이었다. 누구에게나 주체로서 살아갈 권리가 있다, 당신에게는 당신의 문제를 모든 이들과 공유할 권리가 있다, 라는 격려의 분위기가 회의장 전체에 가득했다. 미국인이 자기주장이 강하다지만, 그렇다고 해도 소수자와 약자가 "우리는 약하다. 우리는 보잘것없다. 그게 뭐가 나쁜가. 우리에게도 살아갈 권리가 있다"라고 목소리를 내는 것은, 그게 누구든지 그렇게 해도 됩니다, 라는 지지가 뒤에 없으면 웬만해선 가능한 일이 아니다.

자기주장은 강자의 특권이 아니다. 이 대회 안에서는 다수파인 백인 중산계층 인텔리 여성들도 자신이 속한 집단에서는 사회적 약자이기 때문에 약자인 것이 어떤 것인지에 대해 충분히 민감하다. 그녀들은 소수자의 이야기에 귀를 기울이고, 스스로 돌아볼 줄 안다. '남자처럼(지배적이고 권력적으로) 행동한다'는 말이 그녀들에게는 가장 모욕적인 말이다.

여자가 만드는 집단은 남자가 만드는 집단과는 다르며, 다르지 않으면 안 된다. 1970년 이후의 우먼리브 안에서는 특히 조직론에 대한 논쟁이 활발했다. 그녀들은 상하 관계를 철저하게 금기하고, 특정한 누군가가 리더십을 가지는 것을 피했다. 1970년대의 새로운 여성 집단은 그런 점에서 상의하달 방식의 지역 부인회—그것은 미니 권력 기구다—와는 결정적으로 다르다. 리더십이 결여된 조직이 제대로 돌아갈 리 없다고 생각하는 이에게는 이 전미여성학회가 좋은 본이 될 것이다. 그녀들은 긴밀한 네트워킹으로 매년 수천 명이나 참가하는 대회를 성공적으로 이끌어왔다.

남자들은 권력적인 의미에서 '정치적'인 태도를 뼛속까지 지니고 있다. 남자가 등장하면 그 순간 리더십을 둘러싸고 닭싸움과 같은 순위 경쟁이 시작된다. 그 어떤 작은 집단이나 자리에도 권력 게임이 있고, 곁에서 보면 우습지만 본인들은 진지하다. 권력 게임의 권외에 놓인 여자들만

이 남자들의 우스꽝스러움을 비웃을 수 있는 것이다.

신기하게도 상사와 부하, 교사와 학생과 같은 관계를 보면 항상 하위에 놓인 자가 상위에 있는 자의 상황이나 부족함을 잘 간파한다. 위에 서면 마치 역광으로 세상을 보는 것처럼 주변의 모습도 자신의 모습도 잘 보이지 않게 되는 모양이다. 늘 저변에 있는 여자는 스포트라이트를 받는 권력자들의 꼴불견과 민망함을 잘 알기에, 자신이 같은 처지에 놓이게 되는 것에 민감하다. 이것은 웬만큼 조심하지 않고는 유지할 수 있는 태도가 아니다. 남자들의 가치관은 마치 중력과도 같이 주변에 충만해 있어서 조금만 긴장을 늦추면 바로 휩쓸리게 된다.

여자들의 모임은 소수자와 약자에게 최대한 주의를 기울임으로써 그들을 '추악한 나'를 비추는 거울로 삼는다. 약자의 말이 언제나 정의인 것은 아니지만 약자에게 맹점을 찔려 그녀들은 당황하고, 사죄하고, 반성한다. 약자도 역시 자기주장을 하는 동시에 자신의 의존성과 자기중심성을 동료들 사이에서 인식해간다. '성장시키는' 것이 여자들의 미덕이라고 해도 좋을 만큼, 여기에는 남자들의 '정치'에는 존재하지 않는 '함께 성장하는' 힘이 있다. 이런 집단 속에 있으면 '21세기도 나쁘지만은 않겠다'라는 생각이 문득 드는 것이다.

'파이의 내용'을 다시 만들 때
—— 1987

영국 서쪽의 작은 섬나라 아일랜드의 수도 더블린에서 제3회 국제학제 여성회의가 열렸다(7월 6일~10일). 약 50국에서 2천 명이 넘는 여성이 참가해, 약 250개 분과회에서 활발한 토론을 벌였다(일본에서는 14명이 참가했다).

아일랜드로 말하자면, 아직 가톨릭의 영향이 강한 나라. 전년에 낙태에 반대하는 국민투표가 성립했던 곳. 아일랜드 여성들이 이번 국제 대회를 더블린에서 개최하려고 계획한 것도, 이 보수적인 풍토에 여성의 국제적인 연대로써 '외압'을 가하기 위해서였다. 회의 마지막 날에는 낙태 금지에 반대하는 여성들의 시위가 있었다아일랜드에선 2018년 5월 국민투표 결과 낙태금지법 폐지가 확정되었다.

'남자와 대등해지는 것'으로 좋을까

이번 회의에서 기조 강연에 초청된 사람은 네 명. 노르웨이의 평화 연구자 브리짓 블록, 인도의 개발 문제 관계자 카무라 바신, 미국의 페미니스트 철학자 메리 델리, 오스트레일리아의 반핵 운동가 헬렌 칼데콧. 이 네 사람이 우연히도 입을 모아 주장한 것은, 여성의 해방이 남자처럼 되는 것이라면 아무런 의미도 없다는 것이었다.

여자가 남자와 대등해지는 것이 똑같이 전쟁에 나가는 것이라면 무슨 의미가 있을까. 평등하게 경쟁에 휘말리는 것만으로는 충분하지 않다. 어떻게 이 경쟁 사회를 바꿀지가 관건인 것이다. 인간이 인간과 대적하는 사회를 바꿔야 한다고 그녀들은 호소했다.

그중에서도 남자들과 함께 평화, 개발, 반핵 운동을 하고 있는 세 사람은 남성주도형 운동에 큰 실망을 드러냈다. 힘의 균형에 의해 유지되는 평화, 경제적 척도로 재단되는 개발, 지극히 정치적인 반핵 운동. 만약 평화와 개발과 반핵이 남자들이 정의하는 종류의 것이라면, 여자가 거기에 공헌하는 것이 무슨 의미가 있을까?

대처 수상이 도마에

여자들이 해야 하는 것은 평화의 의미를 다시 쓰고, 개발을 다시 정의하는 것, 즉 '파이의 내용'을 바꾸는 것이라고 그녀들은 주장한다.

"여자들은 지금까지 한 번도 대통령이나 수상과 같은 중요한 자리에 앉은 적이 없기 때문에, 오히려 기존의 사고방식에 얽매이지 않은 새로운 사고방식을 고안해낼 수 있습니다"라고 카무라 바신은 말했다. 권력으로 인해 '남자와 똑같이 영락한 여자'로서 영국의 대처 수상이 결국 도마에 올랐다.

여성해방운동이 일어난 지 약 20년. 여성은 다양한 분야에 진출했다. 그 실직과 자신감이, 여자가 원하는 것은 남자와 똑같이 영락하는 것이 아님을 실증해주고 있는 것이 아닐까.

'세계의 의미'에 도전

여성학 분야에서도 지난 15년간 여자들은 지식의 내용을 다시 만들고, 역사를 새로 쓰고, 사회를 다른 방식으로 해석해왔다. 메리 델리는 신, 교회 같은 남자들이 만들어온 궁극적 '세계의 의미'에까지 도전하고 있다. 그녀는 페미니스트 사이에서 열광적인 지지를 받고 있다.

지난 20년, 여자들이 해온 것은 단지 남성 사회의 모순을 고발하는 것만이 아니었다. 세계 각지에서 남자들의 사상, 운동, 조직과는 다른 새로운 뭔가를 만들어내고 있다는 확신을 나는 얻었다.

세계의 절반을 모르는 남자들

남자들은 세계의 절반을 모른다. 세계의 절반이 무엇을 생각하고, 무엇을 바라고, 무엇을 하려고 하는지, 남자들이 관심조차 보이지 않는 사이에 커다란 지각 변동이 일어나고 있다. 여자는 무섭게 당당해졌다. 이제 누구도 입을 다물게 할 수 없다.

다음 국제 대회는 3년 후 1990년에 미국 뉴욕의 헌터칼리지에서 개최된다. 여자들의 이 국제적인 '외압'을 일본에 불러올 수 있는 날은 언제쯤일까?

수상의 '미혼모' 장려와 페미니스트의 딜레마
—— 1987

지난 7월 인도에서 돌아오는 길에 싱가포르에 들렀다. 페미니스트 기자 마쓰이 야요리 씨의 친구인 라이 아엥 씨와 저녁 약속을 해놓은 상태였다. 연락하자, 긴급 사태가 발생해서 페미니스트 집회에 가야 하므로 약속을 취소하고 싶다고 했다. 이런저런 이야기를 나누는 중에 사태가 일본과도 무관하지 않다는 것을 알았고, 그렇다면 일본의 페미니스트로서 집회에 참가하는 것도 나쁘지 않겠다는 결론이 나와 결국 그녀와 동행하기로 했다.

사건의 발단은 작년 12월 29일. 리콴유 총리_{싱가포르의 정치가. 1965~1990년 총리로 재직}가 신년 기자 회견에서 싱가포르의 출생률이 크게 낮아진 것을 걱정하며, 하필이면 일본의 다나카 가쿠에이_{1972~1974년 일본 총리로 재직} 전 총리를 예로 들어 "여성들이 정부情婦가 되는 것도 하나의 대안이다"라고 말한 것이다. 물론 싱가포르 여성들은 격분했다.

일본 국민이 범죄자로 소추했던 다나카 가쿠에이를 이제 와서 거론하는 것도 시대착오적이지만, 말의 요지는 심지어 이런 것이다. "국회에서 첩과 아이가 있는 것에 대해 해명을 요구했을 때, 다나카 총리는 솔직하게 그 사실을 인정했습니다. 다나카 총리 같은 남성이 있기 때문에 일본 사회는 다이내믹한 것입니다."

사실상 일부다처제(polygamy)를 장려하는 것이나 다름없는 이 발언은 엄청난 논란을 불러일으켰다. 뉴욕 타임스의 기자가 리콴유 총리를 인터뷰하는 소동도 빚어졌다.

연설의 배경은 이렇다. 싱가포르의 출생률은 최근 격감하고 있다. 특히 인구의 대다수를 차지하는 중국계 인구 안에서 그 저하가 현저하다. 싱가포르는 동남아시아 국가로는 거의 유일하게 잘 관리된 '중산계급 국가'를 만드는 데 성공했지만, 이 중산계급 사회는 동시에 학력 사회이기도 하다. 전통적인 앙혼(仰婚, hypergamy)이 학력 계층제와 결합하면, 결혼은 일본과 비슷한 학력 간 앙혼(여성이 자신과 동등하거나 높은 학력의 남성과 결혼하는 것)이 된다. 따라서 고학력 여성일수록 혼인율이 낮아진다. 물론 자신과 어울리는 학력의 남성 인구가 적다는 이유도 있지만, 그 외에 고학력 여성은 결혼하지 않아도 혼자 생활할 경제적 능력을 갖추고 있고, 또 가부장적인 혼인을 꺼려서 독신으로 남는다는 사정도 있다.

고학력 여성이 결혼하지 않고 아이를 낳지 않는 것은 국가적 손실이다. 이유는, 고학력 여성에게서 태어난 아이는 학업 성적이 우수하기 때문이다.

싱가포르는 인구 감소를 걱정하면서도 국민의 모든 계층에 출산을 장려하지는 않는다. 자원 소국 싱가포르에서는 기술과 인재만이 '자원'이기에 가능한 한 우수한 아이여야 한다. 따라서 고학력 여성의 출산에는 다양한 혜택이 주어진다.

학력 앙혼은 혼인 사슬의 꼭대기와 바닥에 '결혼하지 않는 여자'와 '결혼하지 못하는 남자'를 만들어낸다. 고학력 여성과 저학력 남성이다. 하지만 리콴유 총리도 고학력 여성이 저학력 남성과 결혼하는 것을 권하지는 않는다. Hypergamy is O.K.

앙혼은 사회의 계층 질서와 가부장제적인 결혼 제도를 유지하기 위해서는 필요하기 때문이다.

그 대신 총리는 고학력 싱글 여성에게 '다나카 가쿠에이처럼' 부와 권력이 있는 남자의 애인이 되어 '미혼모'로 살 것을 권한다. 이 메시지는 페미니스트를 대단히 양가적인 상황에 빠뜨린다. 당대의 수상이 미혼모 OK, 비적출자에 대한 차별 없음, 이라고 선언한 것이므로. 미혼모와 비적출자가 차별을 받지 않고 살아갈 수 있는 사회를 페미니스트는 오랫동안 바라왔으므로.

라이 씨와 동행한 긴급 집회는 총리의 발언에 대한 페미니스트의 항의 성명을 작성하는 비공식적인 모임이었다. 'AWARE'라는 싱가포르 여성 단체에 의한 첫 공식 성명이 될 터였다. 언론도 예의 주시하고 있었으므로 그녀들은 긴장 속에서 한 글자 한 구절에 심혈을 기울였다. 라이 씨와 그 동료들의 호의로 나는 그 자리에 동석하는 귀한 기회를 얻을 수 있었다.

그녀들의 논의는 몇 가지 이유에서 복잡한 것이 될 수밖에 없었다.

먼저, 싱가포르 인구는 중국계, 말레이계, 인도계 세 인종으로 구성되어 있다. 이 가운데 중국계를 제외하고, 종교적으로는 힌두교도와 무슬림이 많다. 힌두교도와 무슬림은 원래 일부다처제를 인정하고 있다. 법률은 복혼을 금지하지만 그들의 관습법 안에서는 일부다처혼은 지금도 행해지고 있다. 리콴유 총리의 '일부다처혼의 상려'는 이 힌두법과 이슬람법 아래에서 행해지고 있는 억압적인 일부다처제를 추인하는 꼴이고, 이에 대해 페미니스트의 입장은 근대적인 일부일처혼을 옹호하게 되는 모순에 빠져버린다. 일부일처혼의 근대적인 억압에 대해 페미니스트는 오랫동안 맞서왔는데 말이다. 이 부분에서 페미니스트는 '가족과 혼인 제도를 지킨다'라는 도덕적 다수의 입장에 서버리게 된다.

다음으로, 리콴유 총리가 말하는 '미혼모' 장려와 비적출자 차별 완화야말로 페미니스트가 오랫동안 바라고 싸워온 것이었다. 거기에 반기를 드는 셈이다. 결과적으로 페미니스트는 혼인과 혼인의 테두리 안에서 태어난 아이를 옹호하는 보수적인 입장에 본의 아니게 서버리게 된다.

모순은 또 있다. '미혼모' 장려는 고학력의 자립한 여성에 의한 한부모 가족을 양산한다. 이것은 남편은 필요 없지만 아이는 갖고 싶다는 가부장제를 싫어하는 여성들의 자립 욕구에 부합함과 함께, 부친인 남성들에게서 육아의 책임을 걷어간다. 남성들에게는 이보다 좋을 수가 없다. 총리의 발언에는 육아는 남녀 공동의 책임이라는 인식이 빠져 있다. 하지만 페미니스트는 동시에 싱글마더가 안심하고 아이를 키울 수 있는 사회를 추구해왔던 것이므로, 총리의 발언은 아이러니하게도 그 투쟁에 지지를 보내는 것이기도 하다. 이런 이유들로 어느 쪽에 서는 것이 반동적이고 그렇지 않은지, 그녀들의 논의는 착잡하기만 했다.

AWARE가 내놓은 성명의 내용은, 일부일처혼은 여성이 획득한 권리이고 여성을 애인의 위치로 끌어내리는 총리의 폭언은 인정할 수 없다는 것이었다. 그 전문에서 그녀들은 과거 수십 년에 걸친 싱가포르 발전에 여성의 힘이 공헌한 바를 거듭 강조했다. 다른 맥락에서 보면 아마도 수구 반동으로 이해될 성명문의 초고를 읽으면서, 유일한 이방인이었던 나는 복잡한 기분이 들었다.

참으로 묘한 시대다. 체제가 반체제의 요구를 역이용하여 반격하는 시대인 것이다.

자칫 발을 헛디디면 반체제인 페미니스트가 보수로 이동할 수도 있다. 이 예에서는 문제의 핵심은 조금 다른 곳에 있다. 첫째로 육아 책임을 분담하지 않는 전통적인 성역할 분담과, 둘째로 남성이 자신보다 못한 여성을 배우자로 택하는 가부장제적인 앙혼 제도에 더 근본적인 문제가 있을 터다.

그녀들의 이야기를 들으면서 나는 남의 일이 아니라고 생각했다. 아시아에서 예외적으로 성공한 또 하나의 '중산계급 국가' 일본. 제3차 기술혁신 속에서 신국제분업체제를 유지하려면 자원 소국인 일본으로서는 인재 대국을 지향할 수밖에 없다. 싱가포르의 사례는 '강 건너 불'이 아닌 것이다. 그뿐만이 아니다. 고용기회균등법의 공격하에서 남자와 대등하게 열심히 일하는 것이 페미니즘을 위해서인지 아닌지 우리 스스로 갈피를 잡지 못하고 있는 것 같다. 피임약의 해금에 찬성할 것인가, 반대할 것인가. 여대생의 취직을 응원할 것인가. 활동하는 전업주부로서 지역에 남을 것인가.

어느 쪽이 해방적이고 어느 쪽이 반동적인지, 신중하게 확인하며 더듬더듬 걸어갈 수밖에 없는 혼란의 시대에 우리는 서 있다. 싱가포르에서의 경험은 내게 여러 가지 생각을 하게 했다.

지금은 여자들의 수다가 최고로 재미있다
—— 1987

여자는 책에 돈을 쓰지 않는다고 일본 최초의 여성 서적 전문 서점 '여자의 책방' 점장 나카니시 도요코 씨는 한탄한다. 1982년 서점을 처음 열었을 때도 업계 반응은 싸늘했다고 한다.

여성이 책에 돈을 쓰지 않는 까닭은, 첫째로 여성에게는 돈이 없기 때문이다. 둘째로 돈이 있어도 자신을 위해서가 아니라 남편이나 아이를 위해 쓰기 때문이다. 셋째로 자신을 위해 돈을 쓰더라도 사용처가 화장품이나 옷이지, 책은 거의 사지 않기 때문이다. 넷째로 책을 사더라도 여성 잡지나 실용서가 대부분이기 때문이다. 다섯째로 그나마 책을 좋아한다는 여성도 대개가 와타나베 준이치소설가, 대표작으로 『실낙원』이 있다의 불륜 소설이나 다나베 세이코의 '가모카 아저씨' 시리즈남녀의 성과 사랑에 대해 가모카라는 가공의 인물과 대화하는 형식으로 쓴 에세이집 유를 즐겨 읽고, 여성 문제 같은 골치 아픈 내용의 책에는 관심을 두지 않기 때문이다. 여섯째로…… 아니, 나열하자면 끝이 없겠다.

4, 5년 전에 교토의 서점 조합이 여성을 위한 북페어를 개최했을 때,

대리점에서 보내온 도서들은 대부분이 미용, 건강, 요리, 수예 관련의 실용서나 여성 독자 대상의 소설류였다. 현장을 직접 본 나는 여자란 이런 책밖에 보지 않는다고 여기는 주최자 측의 태도에 화가 났었다.

그런데 최근 이 '상식'에 이변이 일어나고 있다. 여성을 위한 책이 팔리기 시작한 것이다. 소설이나 실용서가 아니라, 르포, 에세이, 논픽션, 심지어 딱딱한 연구서나 이론서까지 '여성'을 내건 책이 팔리고 있다. 서점에서도 여성 도서 코너는 당당하게 한 구획을 차지하게 되었다.

1986년 '여성 문제 도서 총목록'에 따르면, 동년 3월 기준으로 여성 문제 관련 도서는 1,500점. 내용은 '가족', '성', '노동', '여성해방' 등 여러 방면에 이른다. 종수가 늘어났을 뿐만 아니라, 이쪽 분야에 관심조차 두지 않던 대형 출판사가 관련 도서 출판에 적극적으로 나서게 되었다. '여성에 관한 것'이 장사가 되기 시작한 것이다.

이유를 들자면 이렇다. 첫째로 여성이 책을 읽기 시작했기 때문이고, 둘째로 여성이 읽을 책이 많아졌기 때문이고, 셋째로 '여성을 위한 책'을 여성만이 아니라 남성도 읽기 시작했기 때문이다. 여성의 가벼운 주머니 사정에만 의지해서는 돈벌이가 되지 않는다.

최근에는 남성 독자 대상의 여성 문제 관련 도서도 나오고 있다. 1986년 4월에는 히구치 게이코樋口恵子의 『일본 남성론日本男性論』이 나왔고, 이어서 와타나베 쓰네오渡辺恒夫의 『탈남성의 시대脫男性の時代』가 나왔다. 말하자면 지금까지의 '여성의, 여성에 의한, 여성을 위한 책'에서 '여성의, 여성에 의한, 남성을 위한 책'을 거쳐, 마침내 '남성의, 남성에 의한, 남성을 위한' 여성 문제 관련 책이 나오기 시작한 것이다. 이렇게 되면 이제 '여성 문제 관련'이라고 말하는 것은 어울리지 않는다. '남녀 문제'

나 '양성학'이라고 해야 하는 곳까지 온 것이다.

　이렇게 된 가장 큰 이유는, 여자들이 목소리를 내기 시작했다는 데 있다. "여성의 자립은 꽥꽥 목청을 돋우는 것이 아니라 묵묵히 실행하는 거야"라고 그 유명한 배우 메릴 스트립이 말했던가. '자립'을 외치는 것은 고리타분하다고 말하지만 잠깐 생각해보라. 여자들이 떠들기 시작한 것은 대단히 새롭다. 옛날부터 여자들은 기특하게도 묵묵하게 자립해왔다. 새로운 것은 자립이 아니다. 여자들이 자신의 경험이나 느낌을 타인의 언어를 빌리지 않고 당당하게 자신의 언어로 말하기 시작한 것이야말로 새롭다. 여자들이 떠들기 시작하자, 여자에 대해 남자들이 만들어놓은 신화나 믿음은 차례로 가면이 벗겨졌다. 소설가 야마다 에이미는 여자도 남자와 똑같이 능동적인 욕구가 있음을 글로 표현했고, 시인 이토 히로미는 출산은 배설하는 것과 같은 일임을 증명했다. 이렇게까지 새로운 '발견'이 이전에 있었을까?

　묵묵히 자립하는 것은 이제 고리타분하다. 지금, 여자의 수다가 최고로 재미있다. 여자가 여자 자신에 대해, 남자에 대해, 세상에 대해 떠들기 시작하면 콜럼버스의 달걀처럼 세상을 보는 방식이 서서히 달라진다. 그러고서 돌아보면 이제까지 남자라는 상당히 일면적인 시선으로만 세상을 봐왔음을 깨닫게 된다. '디스커버 재팬미국에서 관광 진흥책으로 쓰는 표어 '디스커버 아메리카'를 패러디한 것' 정도가 아니다. 여자에 의한 '디스커버 월드'가 일어나고 있는 것이다.

차별철폐협약이 주부를 실직자로 만든다?
―― 1985

유엔여성차별철폐협약이 1985년 국회에서 비준되었다. 1980년 유엔 여성을 위한 10개년 세계대회가 코펜하겐에서 개최되었을 때, 일본 대표인 다카하시 노부코일본의 첫 여성 대사이며 1980년에 주 덴마크 대사로 임명됐다는 이 조약에 서명했다.

당시 일본의 상황에서나 그리고 5년 후인 지금의 상황에서나 조약의 내용은 꽤나 파격적인 것이기에 일본 대표가 서명을 결심한 것은 놀라운 일이다. 코펜하겐 회의 직전까지 일본 대표가 서명을 할지 어떨지 정부 관계자가 속을 태웠다는 것도 수긍이 가고, 그 후 비준을 위한 국내법 정비가 생각대로 진행되지 않았던 경위도 충분히 짐작된다.

서명한 국제 조약을 국내에서 비준하지 않으면 국민을 대표해서 조약을 체결한 정부가 국제 사회에서 망신을 당한다. 말하자면 내각 총사퇴에 맞먹는 체면 실추인 것이다.

조약은 결국 비준되었지만, 전전 태생의 보수당 의원들이 이런 조약을 지지해도 과연 괜찮을까, 하는 걱정이 들 만큼 조약이 정한 이상과

이 나라의 현실 사이의 거리는 너무 멀다.

여성차별철폐협약이 지금까지의 여권 신장 정책과 가장 뚜렷하게 차별되는 점은 '남녀의 정형화된 역할'을 부정하고 있다는 것이다. "여자가 남자와 평등하다고? 당치도 않다"라고 화를 내는 지독하게 시대에 뒤떨어진 아저씨들을 제외하면, 이에 대해 대부분의 사람들은 "남녀평등? 흠, 당연한 거 아니야?"라고 동조한다.

과거 여성운동가들은 여성의 참정권을 요구하며 싸웠지만 일본 헌법에는 성별에 의한 차별을 금지하는 조항이 버젓이 존재한다. 강압적 헌법이라고 하는 일본 헌법에 성차별 금지 규정이 있고, 일본에 그 민주적 헌법을 강요한 미국 헌법에 그것이 없다는 것은 참 아이러니하다. 심지어 남녀평등 헌법 수정안(ERA)을 요구하는 운동은 보수파의 뿌리 깊은 저항에 중도에 좌절되었다.

이미 남녀평등 아닌가, 하고 생각하는 사람들도 있다. 여성은 참정권을 얻었고, 국회의원의 여성 비율이 3%밖에 안 되는 것은 결국 여자가 여자에게 투표하지 않기 때문이 아니냐. 학교는 남녀가 평등하고, 직장 내 불평등 운운하는 것은 여자 스스로 일을 그만두고 가정에 들어앉는 것이고.

원해서 들어앉았을 터인 가정에서 '누가 먹여 살리는가' 하는 결정적인 패는 여전히 남자들이 쥐고 있는 모양이고, 평등할 학교에서도 똑똑한 여자아이는 환대받지 못한다. 법적 평등이 실천적 평등으로 전혀 연결되지 않는 까닭에 대해, 많은 이들이 '봉건적인 남존여비 관념이 남아 있기 때문이다', '여성의 나약함이 문제다', '가사노동의 가치가 과소평가되어 있기 때문이다'라는 식으로 생각해왔다. 이에 대해 여성차별철폐협약은, 남성이 하는 일과 여성이 하는 일이 정해져 있는 한, 즉 구분이 있는 한 차별은 없어지지 않습니다, 라고 결정타를 날린 것이다.

교육의 장이나 직장에서의 여성 차별은 전적으로 부당하고 불공정하지만 그 원흉은 가정에서의 '남편은 일터, 아내는 가정'이라는 성별 역할 분담에 있다. 이것이야말로 성차별의 근원이므로 이것을 그만두라고 조약은 말하고 있다.

특히 '자녀의 양육과 성장에 있어서 남녀의 공동 책임'(제5조)을 조약은 강조한다. 남성에게는 일을 빨리 끝내고 육아에 참여할 것을 권하고, 여성에게는 가사와 육아에 남성을 끌어들임과 동시에 나가서 일할 것을 장려하고 있다. 말하자면 조약은 '전업주부'의 존재를 부정하고 있는 것이다.

전업주부를 부정당하면 남성들뿐만 아니라 여성 자신도 실직하기 때문에 일부 사람들은 패닉에 빠진다. 일례로《중앙공론》1985년 5월 호에서 주부이자 교수인 니세가와 미치코평론가, 일본 극우 단체 일본회의 대표위원는 '남녀고용평등법은 문화 생태계를 파괴한다'라는 논설을 통해, 남자와 여자는 구별이 있어 당연하고 성별 역할 분담을 부정하는 여성차별철폐협약은 일본의 전통문화를 파괴하는 것이라며, 조약에 서명한 정부의 '폭거'에 기막혀했다.

그 후 법학자나 경제학자들이 고작 법률 따위로 문화의 기층은 파괴되지 않는다는, 조약에 찬성인지 반대인지 알 수 없는 의견을 내놓았으며, 같은 해《중앙공론》10월 호에는 후지타니 아쓰코평론가, 일본젠더학회 초대 회장가 '고정적 성별 역할 분업이야말로 문화 생태계를 파괴한다'라는 글을 동해, '남자는 일터, 여자는 가정'이라는 성별 역할 분담이 기껏해야 메이지시대1868~1912 이래 100년의 '전통문화'에 지나지 않는다고 반박했다.

　미국의 남녀평등 헌법 수정안 반대 운동에 앞장선 것도 여성들이었다. 그녀들은 남녀평등 헌법 수정안이 통과되어 '남녀가 평등'해지면 여자도 남자처럼 전쟁에 나가지 않으면 안 된다는 이유를 들어 반대했다. 조금 다르게 생각할 수는 없는 것일까? '남녀가 평등'해지면 남자도 여자처럼 전쟁에 나가지 않아도 된다고 말이다. 전쟁 같은 '남자의 일'은 없어지는 편이 낫다.

　직장이나 가정이나 힘든 일도 있고 좋은 일도 있다. 일에서 얻는 성취감이나 인간관계—무엇보다 돈—로부터 여자가 소외되는 것도 이상하고, 가족 간의 소통이나 육아의 고락에 남자가 동참하지 못하는 것도 안타깝다.

　남녀가 가정을 이루면 벌고, 먹고, 사랑하고, 키우는 일상을 서로 똑같이 나눠야 한다는 당연한 진리를 조약은 말하고 있을 뿐이다. 조약은 '전업주부'만이 아니라 '전업일벌'도 부정하고 있다. 그러기 위해서는 여자가 남자처럼 일하는 것보다 남자도 여자처럼 가정에 참여하는 것이 선행되어야 할 것이다.

　돈을 버는 것이 일상의 전부라고 생각하는 남자와, 소비하는 것으로만 일상을 지탱하는 여자. 이 쌍방의 소외와 퇴폐로부터 인간의 일상을 구하자는 것이다.

석기시대와 현대 사이
── 1985

고용기회균등법이 제정되었다. 이 법률은 노사 모두에게 평이 매우 나쁘다.

사용자 측에서는 직장 내 남녀평등이 실현되면 일본 경제는 삐거덕거리고 기업의 국제 경쟁력 또한 떨어진다고 압력을 넣고, 여성 노동자 측에서는 벌칙 규정 없이 노력 의무만 있는 '평등'은 그림의 떡이며, 또 근로기준법의 개악─여성보호법의 폐지─과 한통속인 '보호 없는 평등'은 주는 것 없이 빼앗기만 하는 처사라고 불만의 목소리가 높다.

이런 법률이 왜 통과됐을까. 나이로비에서의 유엔 여성을 위한 10개년 최종 회의를 의식해서 슬라이딩 세이프 식으로 임시변통한 것이라는 점은 일목요연하지만, 원래의 '고용평등법'이 지금의 '고용기회균등법'으로 후퇴한 모습을 보고 있으면 정부 사용자 측이 뭘 의도했는지가 분명하게 읽힌다. 즉, 직장에서 남자와 평등하게 취급받고 싶은 정예 커리어 우먼에게는 나약함을 버리고 남자와 똑같이 일헤라, 라고 요구하는 한편으로, 결혼도 하고 아이도 낳고 싶은 보통의 여성들에게는 가정의 행복을 원한다면 직장에서는 이류의 자리에 만족해라, 남자와 똑같이 일할 수 없으면 불평하지 마라, 라고 불만을 원천 봉쇄하고 싶은 것이다.

'남녀평등'의 자본주의적 해결은 여성 노동자를 엘리트 여성과 보통의 여성으로 양극화한다. 이 현상은 여성해방 선진국에서 모두 일어나고 있다. 게다가 커리어 우먼이라고 하는 여성들도, 실상은 소수의 예외적인 여성이 기업의 쇼케이스에 보여주기식으로 디스플레이되고 있는 데 지나지 않는다.

정부와 기업이 요구하는 '남자와 동등한 평등' 혹은 '여자임을 감수한 차별'에 대한 양자택일은 언뜻 그럴싸하게 들리지만, 어림없다. 그 계략에 넘어가지 않는다. 그 씨름판에 올라가는 대신에, 발상을 전환해서 로직을 다시 짜면 답은 단 하나, 노동의 여성화다. 여자들은 남자들에게 이렇게 말해주면 된다. "당신들, 누구 때문에 '남자처럼' 일하고 있다고 생각해?" 남자가 '후방의 지원'을 잃으면 남자도 '남자처럼' 일할 수 없게 된다. 부자父子 가정이 안고 있는 문제를 보면 명료하다. 남자가 '여자처럼'만 되면 여자도 무리한 경쟁을 요구받지 않아도 되는 것이다. '노동의 여성화'란, 가정이 있는 노동자―여자든 남자든―가 무리 없이 일과 가정을 양립시킬 수 있는 노동의 형태를 말한다.

그렇다고 젖먹이를 안고 출근해서 일하는 틈틈이 우유를 주고 기저귀를 갈아주는 모습을 상상해서는 안 된다. 효율을 중시하는 현대의 직장은 육아처럼 품이 많이 들고 끝이 없는 인간적인 노동과는 양립하기 어렵다. 그렇다면 아예 자택을 일터로 삼을 수 있는 자영업을 하면서 일과 육아를 병행하면 어떨까. 실제로 샐러리맨 생활에서 벗어나 펜션

등을 경영하면서 가족의 생활 터전을 일터로 삼는 사례는 많다. 그러나 샐러리맨화가 이만큼 진행된 오늘날, 누구나 탈샐러리맨을 실행할 수는 없는 노릇이다. 게다가 탈샐러리맨 후의 진로는 대개 서비스업에 국한되기 때문에 모두가 탈샐러리맨 자영업화한다면 일본 경제는 마비될 것이다.

그렇다면 직장과 가정의 분리가 불가피한 현대 사회에서, 가정이 있는 노동자가 일과 가정을 무리 없이 양립시킬 수 있는 조건이란 무엇일까. 결국은 이렇다. 남자는 일하는 시간을 줄이고, 여자는 집에 있는 시간을 줄이고, 서로가 가정과 직장 사이를 균형 있게 오가는 수밖에 없다. 남자는 가정과 직장을 오가면서 공사의 얼굴을 구분해 생활해왔다. 여자에게도 이 두 가지 생활―경우에 따라서는 서너 가지―이 요구된다. 여자는 지금까지 오로지 가정인으로만 있었지만, 직장에 나가면 '아내의 얼굴', '어머니의 얼굴'을 버려야 한다. 남자들이 지금까지 그래왔던 것처럼. 다만 남자들은 '남편의 얼굴', '아버지의 얼굴'을 거의 하지 않고 살아왔기 때문에 그 낙차를 잘 느끼지 못했다. 하루 중에 '남편', '아버지'의 시간이 늘면 아내를 어떻게 대하면 좋을지, 아이에게 어떻게 말하면 좋을지 몰라서 쩔쩔매는 남자도 나올 것이다. 남자들은 '남편', '아버지'의 출번이 적었기 때문에 자신이 '남편' 역, '아버지' 역을 제대로 해낼 수 있고 또 해내고 있다고 착각해왔던 것에 지나지 않는다.

이제부터는 남자도 여자도 일의 세계와 가정의 세계를 오가면서 직업인의 얼굴과 가정인의 얼굴 사이의 낙차를 살아가지 않으면 안 된다. 첨단 산업 사회에서 직장은 변함없이 고속의 능률과 높은 성과를 요구할 것이나. 그곳에서 현대인은 슈퍼 모던한 생활을 강요받는다. 그러나 집에 돌아오면 거기에는 아이가 있다. 성인은 생활 터전을 분석하고 구별하고 조작할 수 있지만, 아이는 아니다. 어린아이에게 '공사의 구별'을 가르치기란 어려운 일이다. 당연하다. '공사의 구별' 따위, 어른들이 마음대로 만들어낸 것이니까.

어느 여성은 육아를 겪어보고 자신의 아이를 '석기시대인'이라고 불렀다. 과연. 지금도 석기시대를 살고 있는 뉴기니 고지인高地人과 현대인을 비교해보면, 성인은 현격하게 다르지만 어린아이는 거의 비슷하다. 석기시대 이후, 성인의 생활이 변한 만큼 어린아이의 생활은 변하지 않았다. 즉, 20세기의 아이들은 태어나서 약 20년 사이에 엄청난 속도로 4만 년 정도의 시간을 통과하는 것이다. 현대인의 생활이 어린아이의 생활과 보조가 맞지 않는 것은 당연하다.

그렇다고 현대인의 생활을 석기시대로 되돌릴 수는 없으므로, 우리가 할 수 있는 것은 석기시대와 현대를 하루 동안 맹렬한 속도로 왕복하는 것이다. 이 낙차와 단절은 문화 충격에 맞먹는다. 참으로 현기증 나는 생활이다. 현대인은 이런 낙차가 있는 일상을 남자도 여자도 살 수밖에 없다.

다만, 이 석기시대인과의 일상은 우리 안에 있는 석기시대의 감각을 일깨워준다. 이것은 심신의 건강을 유지하는 데 최고의 치료법이다. 어쨌든 가정도 직장도 인간관계도 모두 포기할 수 없다면 아이가 있는 '석기시대', 사교의 장인 '중세', 첨단을 걷는 '21세기'를 빠르게 오가면서 이 낙차를 꿋꿋하게 견뎌낼 수밖에 없을 것이다. 이 분절된 라이프 스타일을 '소외'니 뭐니 하면서 하나로 '통합'하려는 식의 전략은, 안타깝지만 시대착오적이다.

끓어오르는 마그마에 형태를!
—— 1986

여성을 둘러싼 상황은 다시 혼란기를 맞고 있다. 유엔 여성을 위한 10 개년을 거쳐 여성해방사상은 대중에 뿌리내렸고 여성의 삶과 의식은 후퇴할 수 없는 변화를 경험했지만 그 속에서 오히려 '무엇이 해방인지' 가 보이지 않게 되었다. 1985년 6월, 유엔여성차별철폐협약 비준에 맞춰 아슬아슬하게 제정된 '남녀고용기회균등법'은 1986년 4월 1일부터 시행되지만 이 법률을 둘러싸고도 여성이 '보호 없는 평등'을 좇아 직장으로 진출하는 것이 과연 바람직한지, 아니면 자본주의의 덫에 걸려 기업에 의한 여성의 억압과 착취를 강화하는 결과를 낳을지, 의견이 분분하다.

1985년 11월 3일, '사회주의 이론 포럼'은 여성부회에 140명의 참가자를 모아 모임을 열었는데, 그 중심 주제는 '다양한 페미니즘'이었다. 페미니즘이 성숙해짐에 따라 그 전략도 역시 다양해졌다. '여권인가, 모성인가' 하는 전통적인 대립과 더불어, 여성의 직장 진출을 둘러싸고 새로운 혼돈과 전개가 보였다. 여성의 직장 진출과 경제적 자립은 사회주의 여성해방론의 입장에서도, 자유주의 페미니즘의 입장에서도 여성해방의 일의적 전략으로서 오랫동안 시향돼왔지만, 이 '노동 참가에 의한 해방'을 완전히 뒤집는 '노동 거부에 의한 해방' 전략이 나왔다. 가노 미키요일본 여성사 연구가 씨는 "지금이야말로 사연 사회社緣社會, 직장 내에서의 인간관계에서 철퇴해야 할 때"라고 호소한다. 후방사後方史를 파헤쳐 여성의 전쟁 가해 책임을 오랫동안 추적해온 그녀에게, 여성이 사연 사회에 휩쓸려 들어가는 것은 일본 자본주의에 가담하는 것으로밖에 비치지 않는 것이다. '뉴 워킹 클래스new working class, 새로운 노동자 계급'라고 불리는 오늘날의 약자들이 사생활을 중시하며 기업을 이탈하는 가운데, 능력 있고 의욕 넘치는 여학생들은 기업에서 가장 쓸모 있는 노동력이 돼가고 있다는 역설 속에 여성들은 놓여 있다.

여성해방을 위해 지금 무엇을 하면 좋을까, 라는 질문에 어느 페미니스트는 "아무것도 하지 않는 것이 지금으로서는 최선의 여성해방이다"라고 대답했다. 환경운동가나 유럽계 페미니즘 사조를 따르는 이들이 이에 동조한다. 물론 인간에게는 '떠날 자유'도 '타인에게 기식할 자유'도 있지만, 직장을 떠난 여성이 돌아갈 장소가 가정밖에 없다면 가정도 '해방구'일 수는 없다. 여성은 '노동에 참가'하는 것으로써 자본주의에 가담하고 있을지도 모르지만, '노동을 거부'하는 것으로도 자본주의의 수혜자 혹은 가담자가 될 수 있기 때문이다. 포럼의 부제처럼 여성을 둘러싼 환경은 그야말로 '가도 지옥, 와도 지옥'의 딜레마 속에 놓여 있다.

직장 진출이 해방일까

페미니즘의 다양화가 이뤄진 배경에는 여성의 생활을 둘러싼 옵션이 실제로 다양해졌다는 사정이 있다. 여성은 이미 겸업주부로서 '일도 가정도' 가질 수 있고, 전업주부로 남는 것도 가능하다. 전업주부라고 집에만 있는 것은 아니다. 육아기 이후의 여성은 전업, 겸업을 불문하고 밖으로 나가고, 요즘 시대에 여자를 집에만 있게 하는 폭군적인 남편은 없다. 여성의 라이프 스타일 변화에 민감한 마케터들은 그녀들을 '집사람'이나 '안사람'이 아니라 '바깥사람'이라고 불러야 한다고 제안한다.

대강의 옵션이 갖춰지고 그것을 다 경험해보고 나면 그 실태와 문제점이 드러난다. 예를 들어, 직장 진출은 오랫동안 여성에게 해방이라고 믿어져왔다. '일도 가정도' 쟁취한 겸업주부의 삶은 그것만으로도 여성이 안고 있는 고민을 일거에 해결할 것처럼 보였다. 특히 파트타임 노동자로서의 생활은 인간다운 가정을 깨뜨리지 않으면서 일할 수 있는, 여성에게 있어서는 참으로 이상적인 선택지처럼 보였다. 하지만 막상 그것이 현실화되면, 겸업주부의 생활이란 게 생각했던 것만큼 부러워할 만한 것이 아님을 알게 된다. 그녀들은 무엇보다 바쁘고 부담이 크다. 그에 비해 들어오는 돈은 적고, 거기다 일은 단조롭고 지루하다. 이런 현실을 목도하고 많은 여성들이 시간과 자유를 푼돈과 맞바꿔야 하는 겸업주부의 옵션 앞에서 주저한다.

한편 전업주부에 머문 '나가는 주부'들을 기다리는 것은, 보람을 찾아 이 교실 저 동호회를 떠돌아다니는 '컬처 쇼핑'이나 해가 저물도록 갈 곳을 잃고 방황하는 '주부 난민', 마침내는 순간의 쾌락을 좇는 '금요일의 아내들^{1980년대에 인기리에 방영된 드라마 제목, 중산층 가정의 불륜을 그리고 있다}'이다.

몰론 돈으로 살 수 없는 시간이라는 자원을 유용하게 쓰는 여성들—탈전업주부라는 이름의 '시간 귀족'들—도 있다. 하지만 그녀들의 여가가 남편의 돈으로 산 것임을 생각하면, 거기에는 '새로운 유한계급(new leisure class)'의 퇴폐가 기다리고 있다.

어쨌든 여성의 삶에 다양한 옵션이 생긴 것은 분명하다. 이 다양화에 따라 여성을 '주부'라든가 '직장 여성'이라고 단적으로 말할 수 없게 되었다. 여성층의 분해가 진행되고 있는 것이다. 문제는 이 같은 생활의 변화나 옵션의 다양화가 정말로 여성 자신이 원한 결과일까, 라는 것이다.

여성의 직장 진출에 대해 말하면, 그것은 여성이 바란 결과라기보다 오히려 기업 쪽에서 전후戰後 일관하여 여성을 직장에 끌어들인 결과라고 할 수 있다. 기업이 여성의 노동력을 필요로 했기 때문에 여성의 직장 진출은 실현되었던 것이다. 동시에 가정에서도 여자의 부수입이 불가결해졌다. 고령 사회가 진행되고, 연공서열과 종신고용이 무너지고, 생활급에서 직무급으로 이행됨에 따라 남자 혼자 벌어서는 가계를 꾸려가기가 힘들어졌다.

이 같은 변화는 무엇보다도 1970년대 이후의 산업 및 사회 구조의 변화에 따른 것이다.

나는 일본의 대중 사회는 끝났다고 생각한다. '모두가 중류'의 환상 아래에서 진행되고 있던 것은 대중의 분해였다. 메이지 이후 100년, 일본의 대중 민주주의의 환상을 떠받치고 있던 계층 간 이동성은 떨어지고 있다. 직업의 세습성은 높아지고, 부모 세대의 자산 형성이 자녀 세대의 빈부를 결정하는 시대가 닥쳐오고 있는 것이다.

지난 10년, 여성의 생활과 의식은 크게 변했지만 그것은 특별히 페미니즘의 계몽 덕분이라기보다는, 후퇴 없는 생활의 변화를 좇아 여자들 자신이 거기에 필사적으로 사고방식을 맞춰온 결과였다. 후퇴 없는 생활의 구조적 변화, 거기에 직면한 여성의 의식 변화, 이 변화한 현실을 전혀 인식하지 못하는 둔감한 남자들. 이것이 여자와 남자를 둘러싼 현 상황인 것이다.

유엔여성차별철폐협약은 '사회생활의 모든 국면에 남녀가 공동으로 참가하는 것'에 목표를 두고 '남녀의 동질화' 전략을 내놓았다. 보수파가 아무리 개탄해도 페미니스트 다수파의 합의는 이미 이 방향으로 형성되어 있다. 하지만 아이러니하게도―우연이라고 해야 할까―이 방향은 오늘날의 고도 산업 자본주의가 지향하고 있는 방향과 정확하게 일치한다. 오늘날의 자본주의는 산업 구조의 재편 속에서 '젠더'라는 변수의 재편을 꾀하고 있지만 그것은 '젠더'를 무효화하는 방향으로, 즉 남녀를 동질화하는 방향으로 향하고 있다.

여자를 이용하는 것도 여자?

페미니스트에게도 자본가에게도 전략·전술의 차이는 시간문제에 지나지 않게 되었다. 다만 언뜻 같은 방향으로 걸어가고 있는 것처럼 보이는 페미니스트와 자본가가 이 '젠더의 재편' 과정을 어느 쪽에 유리하게 회수해가는가에는 결정적인 차이가 있을 것이다. '여성의 시대'는 언제나 여성 자신에게 양날의 칼이다.

남녀고용기회균등법 시행을 둘러싸고, 사용자 측에서는 혼란이 야기되고 있다고 전해지고 있다. 여성 노동사 측에서는, 이 법률은 사용자

주도의 '알맹이 빠진 반쪽짜리 법'이며 일부 엘리트 여성을 산출함으로써 '남녀평등 쇼윈도'를 만드는 것에 지나지 않는다는 비판의 목소리가 나오고 있다. 하지만 설령 '쇼윈도'에 불과하다고 해도 거기에는 여성 노동자의 '의욕'을 고취시키는 효과가 있다. 기업은 장기적인 안목으로 볼 때 여성을 전력화하는 것 말고는 살아남을 길이 없다.

지난 가을 취업 전선에서, 업계 3위의 어느 컴퓨터 관련 회사가 소프트웨어 개발자로 대졸 여성 40명을 대거 채용하는 '이변'이 있었다고 들었다. 학력별 줄 세우기나 지정 학교 제도가 만연한 신규 졸업자 취업 전선에서, 대졸 남성은 위에서부터 업계 1, 2위 기업에 차례로 입사한다. 이 학력 계층제 안에서는, 업계 3위 기업은 항상 1위와 2위에서 낙오한 자만을 계속 떠안을 수밖에 없다. 대졸 남성을 고집하는 한, 그렇다는 얘기다. 제3차 기술혁신으로 경쟁이 치열한 소프트웨어 업계에서 업계 1위와 맞붙으려면 우수한 인재만이 승부수가 된다. '남자만'이라는 틀에서 벗어나면, 3위 기업은 톱클래스 남성과 비슷한 역량을 갖춘 톱클래스 여학생을 채용할 수 있을 것이다. 여기서는 성차에 얽매이느냐 아니냐가 기업의 사활을 결정한다.

여성해방사상은 의욕과 능력이 충만한 여성들을 독려하여 노동시장에 내보낸다. 그리고 그 여성을 전력화하는 것이 누구보다 절박한 것은 기업 쪽이다. 여성 노동의 전력화에 실패한 기업은 기업 간 경쟁에서 이길 수 없다.

여성의 전력화가 요구되는 배경에는 세 가지 사정이 있다.

첫째는 정보 산업화에 따른 제3차 기술혁신의 물결이다. 고도 산업 자본주의의 완성과 함께 빅 비즈니스에 의한 시장의 과점화가 거의 완료되었다고 생각한 시점에, 벤처 비즈니스 같은 게릴라적인 난입이 이뤄졌다. '아이디어'라는 자본이 시장의 재편과 재분할을 요구한다. '돈'이 아닌 '지식'이 새로운 권력이 되는 정보 자본주의 시대가 오고 있는 것이다.

돈도 경험도 백도 없는 학생이 컴퓨터 소프트웨어 업계에서 벤처 비즈니스를 성공시키듯이, 한 번도 쓰지 않은 잠재력을 지닌 여성들이 기존의 시장분할체제의 틈을 비집고 진출할 수 있는 시장 재편의 과도기에 우리는 와 있다.

둘째로, 무역수지 과잉 흑자국이 된 일본은 국내 시장 의존도를 높일 수밖에 없다. 새로운 미디어에 의한 시장 재편이 요구될 뿐만 아니라, 내수 확대라는 미명 아래 어쩔 수 없이 국내 시장을 재개척할 처지에 놓여 있다. 내수 시장 개척의 열쇠를 쥔 것은 소비자라는 이름의 여성들이다.

고도 성장기에 '모두가 중류'를 달성한 내수 주도형 빅 마켓은 대중의 분해와 함께 무너졌다. 다양화·분극화한 여성의 삶에 대응하여 시장은 여전히 분해를 거듭하고 있다. '남자는 생산, 여자는 소비'라는 근대형 성분업하에서 소비 의사 결정권자는 아주 오래 전부터 여성이었다. 여성을 움직이지 않으면 장사를 할 수 없는 것이다. 이 '성적 아파르트헤이트남아프리카 공화국의 유색 인종 격리 정책' 덕에 남성에게는 여성의 생활이 보이지 않게 돼버렸다.

유통 신시대, 여성 마케터의 시대다. 도요타상사[1980년대 초반에 도요타상사에 의한 조직적 사기 사건이 있었다. 악덕 상술로 거액의 돈을 갈취해서 수많은 피해자가 발생했고, 회장이 살해되는 사건으로까지 번졌다.]의 영업 사원 중에는 여성도 몇 명 있었다. 그녀들은 여성 고객의 심리를 파고들어 거래를 성사시켰다. 여기서는 '여자를 이용하는 것도 여자'라는 공식이 성립하고 있다.

첩첩 시체 위에 성공한 여성?

'보이지 않게 된 시장' 앞에서 '여자의 비즈니스'가 노다지가 됐다. 대응이 늦는 빅 비즈니스의 틈을 비집고, 또는 그것을 보완하는 형태로 '여자의 비즈니스'가 팔리고 있다.

소비자 쪽에서도 '남자는 생산, 여자는 소비'라는 분업 구도를 깨려는 움직임이 나타나고 있다. 여자들이 소비 의사 결정권을 쥐고 있다면 자신들이 원하는 물건을 굳이 남자들에게 만들게 할 필요가 없다. 여기서 남자의 힘을 빌리지 않고 자신들이 만들고 자신들이 파는 '주부 비즈니스'가 성립한다. 겸업주부와 전업주부의 분극화 속에서 '돈을 버는 여자'와 '돈을 쓰는 여자'로 여성은 나뉘었지만, 전업주부들은 기존의 남성 주도의 생산 시스템에 편입되는 것을 거부하고 오히려 자유롭게 남자의 상상력이 미치지 않는 여자의 영역을 발굴해왔다. 남성의 노동을 보완하는 보조형 노동을 할당받아 혹사당하는 겸업주부들보다 고수익을 올리는 독창적이고 주체적인 '주부 비즈니스' 성공자들이 있다. 이렇게 되면 가정 밖에서의 활동으로 벌어들인 수입만으로 구별하는 겸업주부와 전업주부의 경계는 점차 무너지게 된다.

그리고 마지막 요인은, 여성 노동자가 늘어남에 따라 여성 관리직의 필요성도 높아질 것이라는 점이다. '남자 상사에 여자 부하'라는 구도가 깨진다고 해서, 이것이 반드시 '여자 상사에 남자 부하'로의 역전을 의미하지는 않는다. '여자를 쓰는 여자 상사'가 대량으로 필요해질 것이다.

"그들 자신으로 하여금 통치하게 하라." 이것이 가장 효율적인 제왕

주의 지배의 상도인 것이다.

팍스 야파너(일본의 평화와 번영) 안에서의 팍스 페미니너(여성의 번영과 평화), 즉 '여성의 시대'가 여성에게 해방인지 아닌지는 성급하게 판단하기 어렵다. 가령 여성의 벤처 비즈니스나 주부의 네트워킹이 대기업의 하수급이 되어 완벽하게 외부노동시장화할 가능성을 배제할 수 없다. 기업은 여성을 내부노동시장에 편입시키지 않은 채, 그녀들의 창의성과 자발성을 저비용으로 마음껏 누릴 수 있다. 실제로 각지의 주부 모임은 기업과 제휴하여 모니터나 컨설턴트의 역할을 하고 있다. 엘리트 여성들 사이에서도 여성 경영자 모임과 같은 네트워킹이 성행하고 있다. 그녀들은 남성 사회에 편입되는 핸디캡을 정보 교환이나 상호 보조로 보완하려고 한다. 이 일부 엘리트 여성들의 성공이 다른 많은 여성 대중들의 첩첩 시체 위에 구축되지 않았다는 증거는 없다. 여자를 착취하는 노하우도 역시 여자가 가장 잘 알고 있다.

하지만 그렇다고 해서 '시장'이라는 시스템을 외면하는 것이 여성해방의 길일까. 앞서 말했듯이, 우리가 이 사회에서 사는 한 '직장'에 나가든 '가정'에 있든 '시장'에 가담하고 있다는 것에는 변함이 없다. 왜냐하면 직장과 가정의 이 분단은 시장이 강제한 것이기 때문이다.

이 '여성의 시대'에는 하나의 함정이 있다. '시장의 조건이 바뀌지 않는 한'이라는 것이 그것이다. '내수확대형 경제 성장이 계속되면', '일본의 무역수지 흑자가 계속되면', '국제분업체제가 무너지지 않는 한'…… 이런 조건하에서, 즉 팍스 야파너 안에서의 팍스 페미니너가 그 실태일 것이다. 여자도 역시 일본 사회가 만들어놓은 가해-피해의 구도 안에서 무죄일 수 없다.

어쨌든 '내적 개발도상국'인 여성은 앞으로 당분간 옵션의 다양화와 자유를 향유하고, 고성화된 기존 시스템의 틈을 비집고 앞질러 나아가 게릴라전에 어느 정도 승리를 거둘 것이다. '당분간'이 얼마가 될지, 팍스 페미니너 안에서의 '여성의 시대'가 여성에게 진정한 해방일지에 대해서는 좀 더 지켜보아야 할 것이다.

일하는 어머니가 잃어온 것
—— 1988

아그네스 첸일본에서 활동하는 중국인 가수이자 작가로 유니세프 친선대사로 활동하고 있다 씨가 직장이나 강연에 어린 아들을 데리고 다니는 것을, 언론계의 유명 인사 하야시 마리코 씨와 나카노 미도리 씨가 주간지 등에서 비판했다. 소설가 야마다 에이미 씨도 월간지를 통해 아그네스 비판에 동참했다. 《아사히 저널》의 미디어 시평은 이 상황을 '무서운 여자 둘이서 아그네스 하나를 잡는 꼴'이라고 야유하듯 다뤘다. 그 발언들을 괴롭힘이라거나 아이 없는 여자의 비꼬인 마음이라고 하며 수준 낮은 논쟁으로 폄하하는 것은 공정하지 않다.

아그네스 씨도 월간지에서 '아그네스 때리기'에 지지 않겠다고 강경하게 대응하고 있지만 부주의한 발언도 눈에 띈다. 그보다 아그네스를 옹호하는 목소리가 작은 게 마음에 걸린다. 여기서는 발 벗고 나서서라도 아그네스를 옹호하는 편에 서고 싶다.

하야시 마리코 씨는 월간지에서 상당히 냉정하게 정론을 펴고 있다. "아이 동반 출근이 허락된다면 얼마나 좋을까. 그러나 일하는 중간에 젖을 물리고 다시 자리로 돌아와 일을 한다는 것은 일하는 사람으로서 자존심이 허락하지 않는다." 그녀의 '정론'은 프로페셔널로서 허락될 수 없다는 요지의 '정론'이다. 이를 악물고 직장에서 남자들과 똑같이 일해 온 여자 측의 '정론'이다. 이 '정론'으로 보면 아그네스 씨의 행동은 몰지각하고 비상식적인 게 분명하다.

하지만 이런 '정론'으로 인해 여자들은 지금까지 무엇을 잃어왔을까. '정론'은 종종 억압적으로 작용한다. 룰을 지키라고 외치는 것은 룰에 따름으로써 이익을 얻는 자들이다. 여자들은 룰을 무시하고 생억지를 부리는 것 외에 자신의 주장을 관철시킬 방법이 없었다. 여자들이 요구해온 것은 '일도 아이도', '유급 육아휴직을', '탁아소 딸린 콘서트를' 등과 같은 어느 것이나 전례 없는 비상식이었다.

아그네스 씨는 어느 여가수처럼 '결혼 퇴직'도, 또 어느 여배우처럼 '육아 휴직'도 하지 않았다. 옛날부터 연예인 가정은 맞벌이를 고수할 경우 가정부를 써서 육아를 맡겨왔다. 서민에게는 엄두가 나지 않는 비용이지만 아그네스 씨 정도의 벌이라면 얼마든지 부담할 수 있을 터다.

하지만 아그네스 씨는 그렇게 하지 않았다. 모두를 놀래주면서 연예계 첫 '아이 동반 출근'이라는 '비상식'을 해냈다. 물론 아그네스 씨와 같은 '특권층'과 '보통의 여자들'을 똑같이 놓고 논할 수는 없다. 다만, 아그네스 씨가 몸소 실천해 보여준 것은 '일하는 어머니'의 뒤에는 아이가 있다는 것, 아이는 혼자 크지 않는다는 것, 아이를 돌봐줄 사람이 없으면 어쩔 수 없이 아이를 데리고 출근할 수밖에 없는 절박함에 '보통의 여자들'이 내몰리고 있다는 것이었다.

남자들이 '아이 동반 출근'을 하지 않아도 되는 것은 대체 누구 덕분일까. 남자들도 '일하는 아버지'다. 부자 가정이 돼보면 그들도 여자들과 똑같은 곤경에 빠질 것이다. 일하는 아버지도, 일하는 어머니도, 마치 아이가 없는 것처럼 직장인의 얼굴을 하고 살아간다. 그 뒤에서 누군가가 육아를 하고 있다는 것을, 육아는 그냥 되지 않는다는 것을, 아그네스 씨는 '아이 동반 출근'으로써 확인시켜줬다.

이런 '대리전쟁'을 자청하고 나서는 것은 오히려 당사자에게는 누가 될 수도 있다. 하지만 여자의 '아이 동반 출근'을 여자가 비판하는 이 상황을 강 건너 불구경하듯 즐기는 이들은 대체 누구일까. 이 '대리전쟁'의 진짜 적은 더 만만치 않은 상대일지도 모른다.

여자들이여, '오싱'은 이제 그만두자
—— 1988

"여성도 직업인으로서 자립해야 한다. 아이를 데려와 직장에 민폐를 끼쳐서는 안 된다"라고 아그네스 씨를 비판했던 하야시 마리코 씨의 주장은 일하는 여성뿐만 아니라 주부층으로부터도 많은 지지를 받았다. 거기서 또다시 찬반 공방이 벌어져 너도나도 한마디씩 의견을 내놓았다. 이번 논쟁은 '아이를 키우면서 일하는 것'에 대해 여자들 사이에서 의견이 비등하고 확대된 것에 의의가 있다.

전후戰後, '일이냐 가정이냐' 등의 여성 문제와 관련한 주제로 '주부 논쟁'이 세 차례 있었지만 이는 일부 여성들의 논쟁으로 그칠 수밖에 없었다. 반면에 아그네스 논쟁은 빠르게 확산됨으로써 개인의 가치관과 삶의 태도를 묻는 시금석이 되었다.

아그네스 논쟁의 키워드는 '민폐'였다. 아이를 데리고 출근하는 것은 직장에 민폐를 끼치고, 그 민폐를 받아주는 사회가 나쁘다는 것이다. 하지만 아이 동반 출근이 사회적 민폐라는 합의가 이뤄지는 것은 난감한 일이다. 아이 동반 출근은 여자만의 민폐가 아니다. 여자에게 육아를 전담하고 있는 남자들이야말로 가장 민폐다.

민폐가 되고 싶지 않고, 민폐를 당하기도 싫은 마음은 이해한다. 그러나 사람은 누구나 병에 걸리고 나이를 먹는다. 타인에게 민폐를 끼치지 않고 살아가기란 불가능하다.

아이 동반 출근이 누구에게 민폐인가를 생각하면, 다음 네 가지 관점에서 입장을 정리할 수 있다. 기업의 사정, 아이의 사정, 여자의 사정, 남자의 사정이다.

우선 하야시 파의 논리는 당연히 기업의 논리다. 현재의 남성 사회를 그대로 여성에게 적용시켰을 뿐이다. 무엇을 위해 기업의 사정에 맞춰 자신을 소모하지 않으면 안 되는가. 여자가 지금까지 바라온 여성해방은 남자처럼 되는 것이 아니다. 이번 논쟁으로 새삼 알게 된 것은, 여자들 중에서도 꿋꿋하게 버티고 살아가는 '오싱형 회사 인간'이 참으로 많다는 것이었다.

다음으로 아이의 사정을 생각하면, 아이 동반 출근은 아이에게 민폐다. 장난감도 없고, 놀아줄 상대도 없는 곳이 즐거울 수가 없다. 또 아이가 민폐가 되지 않는 장소를 찾으면 결국 자신의 가정밖에 남지 않는다. 이렇게 되면 여자와 아이는 사회에서 민폐이기 때문에 민폐가 되지 않는 장소에 머물러야 한다는 결론이 나온다.

그럼 어떻게 해야 할까? 탁아시설 확충밖에 없다. 공공시설에 탁아시설이 마련된 것은 1970년대 초반. 지금은 일반적이 되었다. 육아하는 사람들도 레스토랑이나 영화관에 가고 싶을 것이다. 그런 사람들 때문에라도 탁아시설 딸린 영화관 등은 사업으로서의 가치가 있지 않을까.

아이에게 좋은 것이라고 해도 그 판단과 결정은 어른이 하는 경우가 대부분이다. 그 기준도 절대적인 것이 아니라 개인에 따라 시대에 따라 달라진다. 그렇다면 여자는 자신이 좋다고 판단한 것, 즉 여자의 사정을 관철하는 것이 최선이다. 어느 소아과 의사가 한 말이 기억에 남는다. "어머니가 편해야 아이도 편하다."

그 편함의 조건은 사람마다 다르다. 일하는 것이라고 말하는 사람도 있겠고, 가정에 있는 것이라고 말하는 사람도 있을 것이다. 중요한 것은 여자가 편안하게 지낼 수 있는 사회 시스템을 만드는 것이다. 여자의 사정을 관철하는 것이라면, 그것이 비상식적인 것일지라도 나는 지지하고 싶다.

여자들이여, '오싱'은 이제 그만두자. 아그네스 씨의 아이 동반 출근은 설령 물의를 일으켰을지언정 하지 않은 것보다 훨씬 낫다. 세상 시스템은 뭔가 일이 터져야 바뀌는 법이니까.

다만, 아그네스 씨와 아이의 모자 일체감에는 의문이 든다. '한 돌 반까지 모유를 먹이는 것이 좋다. 유아기의 스킨십이 부모 자식 간의 안정된 신뢰 관계를 형성한다'라고 하지만, 이런 믿음은 일하는 어머니에게는 협박이고, 죄의식을 안긴다. 스킨십이 부족한 것과 아이가 어긋나는 것에는 아무런 관련성이 없다. 또 '아이를 낳고 비로소 많은 것을 알게 되었다. 여자는 아이를 낳아봐야 한다'라고 생각하는 것도 난감하다. 나는 아이는 없지만 아이 있는 어머니의 노고와 핸디캡을 알고 있고 또 이해한다. 일부 여성이 자신의 좁은 견문으로 판단한 것을 모든 여성에게 강요하는 것은 여성 전체에 마이너스로 작용한다.

마지막으로, 아그네스 논쟁에서 시종일관 제삼자의 태도를 보인 남자들에 대해 말해보자. 그들은 강 건너 불구경하듯 묵묵하게 상황을 방관했다. 육아는 여자만의 문제라는 관념을 분명하게 드러내 보여준 것이다. 육아에 관여하지 않는 남자에게 부자 관계는 없다. 아이를 포기한 것이고, 그 빚은 반드시 되돌아온다. 이 사실을 남자들이 하루빨리 깨닫기 바란다. 일본 사회는 '모성'은 중시하면서 정작 여자와 아이에게는 수수방관한다. 아이 있는 여성이 살기 좋은 사회 시스템을 만들어야 한다. 이것은 남성도 사회도 동참하는 형태로 이뤄져야 할 것이다.

헤이안의 아그네스
—— 1988

근무처인 여자전문대학 헤이안학원에서 공개수업이라는 것을 하고 있다. '지역 개방 대학'을 표방하는 헤이안학원은 지역 주민을 대상으로 공개강좌라는 것을 1년에 세 번 하고 있지만, 공개수업은 그와는 별개로 대학생들이 듣는 수업에 일반 사회인의 참가를 인정한 것. 올해부터 시작했다.

결과는 대성공. 학생들은 땡땡이를 치고 싶어 안달인데, 사회인 수강생들은 게으름을 피우지 않는다. "휴강입니다" 하면 학생들은 "와아" 환호성을 지르는 반면에, 사회인 수강생들은 "이런" 하고 실망한다. 그 반응의 낙차에 환호성을 질렀던 학생들도 꽤나 문화 충격을 받는 것 같다.

수업 중의 발언도 의욕적. 고도 성장기 때의 이야기가 나오면 "그 시절에는……" 하고 술회하는 역사의 산증인이 있다. 태어나기도 전의 이야기에 학생들은 신기해하며 귀를 기울인다.

때로는 "내가 학생들 나이 때는" 하고 설교가 시작되기도 한다. 자신의 어머니와는 다른 삶을 산 성인 여성의 이야기는 꽤나 흥미진진하다. 앞에서 선생이 떠드는 것보다 훨씬 흡입력이 있다.

효과는 학생에 한하지 않는다. 선생인 나도 자세가 반듯해진다. 사회 경험이 없는 어린 학생들을 상대할 때와는 달리, 개중에는 나보다 연장자도 있어 섣부른 소리를 하고 있을 수 없다. 올해는 교단에 서는 나도 긴장했다.

이 학교는 여대이기 때문에 아쉽지만 남성은 사절이다. 양해해주시길. 수업은 평일 낮이므로 대상은 상대적으로 시간이 자유로운 여성. 뚜껑을 열어보니 예상대로 자녀를 어느 정도 키워놓은 30대 중반 이상의 무직 여성이 많았다.

어느 날, 수업 중에 아그네스 논쟁이 화제가 되었다. 학생이라고 착각할 만큼 젊어 보이는 여성이 입을 열었다.

"저는 4살, 1살 아이가 있는데, 일주일에 한 번 시아버지에게 맡기고 여기에 옵니다. 다른 엄마들도 탁아시설만 있으면 공개수업에 오고 싶다고 말합니다. 그게 안 되면 차라리 아이 동반 출석이라도 허용하면 어떨까 싶은데……."

"데리고 오면 민폐일까요?" 하고 그녀는 물었다. 내가 "그러면 '헤이안의 아그네스'가 되겠군요"라고 말하자 모두 폭소했다.

아그네스 논쟁의 성과 중 하나는 '그러고 보면 나도 어머니가 일하는 곳에 따라다닌 기억이 있다'라고 증언하는 청년층이 속속 나타났다는 것. 아이 동반 출근은 10여 년 전에는 흔하게 있었다.

"아, 데리고 오세요. 솔직히 말해서, 수업에 아이는 민폐입니다. 아이에게도 물론 수업은 민폐이고요. 하지만, 뭐 어떻습니까? 민폐, 끼쳐주세요. 소란, 일으켜주세요. 그러면 대학 측에서도 '공개수업 탁아 가능' 같은 걸 고민해볼지 또 모르는 일이잖아요?"

이것이 내 대답이었다.

세상의 시스템이란 뭔가 문제가 일어나기 전에는 좀처럼 바뀌지 않는다. 헤이안의 아그네스가 되어 '문제'를 일으켜주세요, 라고 부추기고 싶다.

참고로, 헤이안의 영문명은 '성 아그네스'다.

신화를 깬 후에
—— 1988

1980년대 들어 여성론의 발전은 눈부시다. 지난 수년간, 르포, 다큐, 에세이의 영역을 넘어 전문적인 이론서가 집중적으로 간행되고 있다. 물론 이런 이론적인 성취는 70년대 우먼리브의 영향 아래 있다. 80년대의 여성론은 생각만 앞서고 표현이 되지 않았던 우먼리브의 언어에 분절적인 형태를 줬고, 그리고 10년의 시간을 겪은 뒤에 '우먼리브란 대체 무엇인가'를 페미니즘의 역사 위에 올려놓고 상대화를 시도했다는 점에서 의의가 있다. 그 안에서 '우먼리브와 페미니즘은 다르다'라고 하는 반박의견이 나오거나, 이론가와 활동가 사이의 분열도 일어나고 있다.

80년대의 여성론이 거둔 성과를 몇 가지 들어보겠다.

첫째로, 일본의 페미니즘이 서양 수입 사상으로 머무르지 않고 독자적 근거와 배경을 가지고 고유의 전개를 보이고 있음이 명확해졌다. 페미니스트 사회학자 에하라 유미코江原由美子는 『여성해방이라는 사상女性解放という思想』勁草書房, 1985에서 여성해방운동의 발자취를 더듬으면서, 일본의 우먼리브가 제기한 것은 '근대주의 vs 반근대주의'라는 대립축이

었다고 지적한다. 우먼리브의 공동체 지향이나 자연 회귀는 환경운동으로 이어져, 근대 비판 내신에 근내를 등지는 결과가 되었다. 또 '낳는 성'을 강조함으로써 여성에 대한 환상을 형성하는 데 일조하는 역할을 했다. 이처럼 우먼리브의 사정은 복잡하게 얽혀 있어서 한마디로 설명하기란 어렵다.

둘째로, 그 안에서 독자적인 이론이 계속해서 생겨난 것이다. 평론가 아오키 야요이青木やよひ는 『페미니즘의 우주フェミニズムの宇宙』新評論, 1983와 『페미니즘과 생태학フェミニズムとエコロジー』新評論, 1986에서 생태학적 측면에서 근대를 비판하고, 특히 천황제와 '집' 이데올로기가 어떻게 여성 억압적인 근대를 형성했는지 예를 들어가며 자세하게 논했다. 이반 일리치의 『젠더』가 '여성원리파'를 지지하고 이를 일본 남성 지식인들이 환영한 것에 대해, 내가 『여자는 세계를 구할 수 있을까女は世界を救えるか』勁草書房, 1986를 통해 통렬하게 비판함으로써 '페미니즘 논쟁'이 일었다. 또 여성학 연구자 가나이 요시코金井淑子가 『기로에 선 페미니즘転機に立つフェミニズム』毎日新聞社, 1985에서 '여성 주체의 형성'을 강조하는 프랑스 유파 '차이파 페미니스트'로서의 입장을 밝힘으로써 성차의 미니멀리스트(성차보다 개인차)와 맥시멀리스트(차이에 얽매임) 사이에서도 대립이 일어났다. 70년대에는 하나의 큰 혼돈으로 여겨졌던 페미니즘이 다양한 모습을 갖추고 등장했고, 서로 대립하고 논쟁하는 것을 두려워하지 않는 새로운 무대가 출현한 시기는 80년대였다. 에하라 유미코, 가나이 요시코, 그리고 내가 함께한 심포지엄의 기록 『페미니즘은 어디로 가는가フェミニズムはどこへゆく』日本女性学研究会85.5シンポジウム企画集団編, 松香堂書店, 1985는 여성론의 현재를 개괄하는 데 도움이 될 것이다.

셋째로, 페미니즘 이론이 여성의 시각에서 사회 전체를 재검토하는 일종의 패러다임 전환이라는 것이 분명해졌다. 우먼리브가 사회과학에 영향을 주면서 70년대에 여성학이 성립했다. 이노우에 데루코井上輝子가 『여성학과 그 주변女性学とその周辺』勁草書房, 1980에서 정의한 바에 따르면, 여성학은 '여성의, 여성에 의한, 여성을 위한 학문'이었다. 그렇다면 여성학은 여성이 여성을 위해 하면 되는 국지적 학문이 되지만, 여성학이 그 뒤 꾸준하게 밝혀온 것은 사회 인식을 지배하는 남성중심주의의 선입관이었다. '여성이라는 시각'에서 근대사회의 성립과 사회 인식의 패러다임을 들여다보면 그 왜곡이 확연하게 부각된다는 사실을 지적한 것이 필자의 『여자라는 쾌락女という快楽』勁草書房, 1986이다. 여성학 이전에는 '여성 문제론'이라는 연구 분야가 있었다. 이 '여성 문제'에서 '여성학'으로의 전환은, 사회 병리로서의 문제 여성을 연구하는 국지적 학문에서, 여성의 시각에서 사회 구조 전체의 왜곡을 구명하는 포괄적 학문으로의 확장을 의미하는 것이었다(山村嘉己·大越愛子, 『女と男のかんけい学』, 明石書店, 1986).

여성학이 대상으로 삼은 중심 과제 중 하나로 주부 연구가 있다. 일본에서 처음 '여성학'이라는 이름을 내걸고 나온 책은 이와오 스미코와 하라 히로코의 『여성학 입문女性学ことはじめ』岩男寿美子·原ひろ子編, 講談社現代新書, 1979이다. 이 책은 1978년 도쿄에서 개최된 국제여성학회에 기초하고 있는데, 그 안에서 하라 히로코는 주부 연구를 장려하고 있다. 이 학회의 보고서는 후에 『현대 일본의 주부現代日本の主婦』国際女性学会, NHKブックス, 1980라는 책으로 나오는데, 여성학이 주부를 연구 대상으로 삼은 전략적 태도에는 '결혼하면 주부'이고 그것이 곧 여자의 행복이라는 상식에 의문을 던짐으로써 사회 통념을 전복하려는 의도가 있었다. 같은 시기에 필자의『주부 논쟁을 이해한다 ─ 전 기록主婦論争を読む─全記録』勁草書房, 1982이 간행되어 주부 연구에 속도를 더했다. 이것은 나중에 가사노동 논쟁으로 이어지고, 가사노동 연구는 주부 연구와 더불어 80년대에 비약적인 진전을 보였다. 가사노동의 개념화에는 마르크스주의 페미니즘의 공헌이 크다. 필자의『자본주의와 가사노동資本制と家事労働─マルクス主義フェミニズムの問題構制』海鳴社, 1985은 마르크스주의 페미니즘의 입장에서 쓰인 책이다. 가사노동론의 고전, 달라 코스타의『가사노동에 임금을The Power of Women and the Subversion of the Community』Falling Wall Press, 1972과 두덴과 베르호프의『가사노동과 자본주의』같은 저술도 잇따라 번역되었다.

넷째로, 이런 경향 전체를 페미니즘의 역사 위에 배치하려는 움직임도 일어나고 있다. 후지에다 미오코는 페미니즘의 역사를 둘로 나누고, 20세기 초의《세이토》로 대표되는 여성해방 물결을 제1기 페미니즘, 60년대 말 우먼리브 이후의 새로운 여성해방 물결을 제2기 페미니즘이라고 부른다(朝日ジャーナル編,『女の戦後史Ⅲ』, 1985). 양쪽 모두 서구와의 동시대성을 가지고 있었다. 제1기 페미니즘도 다양한 시각이 모여 이뤄진 복합체로, 그 안에서 유명한 '모성보호 논쟁'이 일어났다(香内信子編,『資料母性保護論争』, ドメス出版, 1984). 경제적 자립 없이는 여자는 아이를 낳아서는 안 된다는 극렬한 근대주의자 요사노 아키코에 대해, 히라쓰카 라이초는 모성보호의 요구는 의타주의가 아니라고 반론한다. 거기에 야마카와 기쿠에평론가, 여성 문제 연구가가 끼어들어 모성의 개인주의적 해결도 복지국가적 해결도 모두 한계가 있음을 지적하고, 사회 변혁 없이는 여성해방은 있을 수 없다는 마르크스주의적 관점을 갈파한다. 이 모성보호 논쟁을 후에 아키코와 라이초의 '여권주의' 대 '여성주의'로 정리한 이가 다카무레 이쓰에시인, 여성사 연구가다. 이쓰에는 기쿠에의 견해를 '신여권주의'라고 부르고, 그것을 뛰어넘는 것이 자신의 '신여성주의'라고 말한다. 이쓰에는 일본 여성사에 한 획을 그었지만, 근대 개인주의를 뛰어넘는 '모성 주체'를 강조하며 '족모(族母)'가 이끄는 이상사회를 제창하는 이쓰에의 이념이 파시즘적 전쟁에 결탁되어가는 과정에 대해서는 최근 젊은 여성사 연구자들에 의해 비판적 연구가 이뤄지고 있다(社会主義理論フォーラム編, 『挑戦するフェミニズム』, 社会評論社, 1986).

80년대의 아오키 대 우에노 논쟁(『フェミニズムはどこへゆく』, 松香堂書店, 1985)을 제1기 페미니즘의 모성보호 논쟁에 맞대어 '제2차 페미니즘 논쟁'이라고 부른 이는 니시카와 유코프랑스 문학자, 여성학자다(脇田晴子編, 『母性を問う(下)』, 人文書院, 1985). 그 논법에 따르면, 미즈타 다마에水田珠枝(『女性解放思想の歩み』, 岩波新書, 1973)와 같은 근대주의적 '여권주의'에 대해, '여성원리'를 강조하는 아오키 야요이의 에코페미니즘은 '여성주의', 양자의 탈근대화를 지양하는 필자의 마르크스주의 페미니즘은 기쿠에의 '신여권주의'에 대응한다. 다음에 오는 '신여성주의'는 아직 공란이지만, 니시카와는 이쓰에의 후계자로 이시무레 미치코를 점찍는다. 이것은 여성성을 구제하는 길이기도 하지만, 동시에 내셔널리즘과 전통회귀로 향하는 덫이기도 하다. 일본의 페미니즘이 내셔널리즘과 경제 침략에 있어서 어느 정도 유죄임을 가노 미키요는 충실하게 파헤치고 있다(加納実紀代, 『女たちの銃後』, 筑摩書房, 1987, 鈴木裕子, 『フェミニズムと戦争』, マルジュ社, 1986).

제2기 페미니즘이 제1기 페미니즘의 단순한 재연이 아니듯이, 제2차

페미니즘 논쟁은 제1차 페미니즘 논쟁의 단순한 반복이 아니다. 가족사 연구자 오지아이 에미코는 페미니즘의 제1의 물결第一波은 '근대 가족'의 성립기에, 제2의 물결第二波은 그 해체기에 각각 대응한다고 냉철하게 분석하고 있다(女性学研究会編, 『女の目で見る』, 勁草書房, 1987). 페미니즘이 역사의 변동기에 논리적인 필연성을 가지고 대응하고 있음은 의심의 여지가 없다. 무효해진 '남성원리'를 대신해 '여성원리'를 찬양한다는 식의 단순한 이원론은 이제 성립하지 않는다. 여성성에 대한 온갖 확신과 신화를 돌파한 후에, 여성론은 총론의 시대에서 견실하고 다채로운 각론의 시대로 조용히 전환을 맞이하고 있는 것이다.

'루저남'과 '위너녀'의 위험한 관계
—— 1989

맨리브Men's Liberation 선언

"남자도 페미니스트가 될 수 있는가"라는 질문을 받을 때마다, 나는 "됐습니다, 당신들 앞에는 여성해방에 앞서 자기해방이라는 큰 과제가 놓여 있습니다, 부지런히 '맨리브'부터 하십시오"라고 대답해왔다.

그에 응하듯이 와타나베 쓰네오의 『탈남성의 시대』가 나오고, 드높이 맨리브 선언을 했을 때, 오, 기다렸습니다, 하고 반기는 한편으로, 반신반의하는 마음을 거둘 수 없었다. 읽어 내려가는 중에 의혹은 불신으로 바뀌었다. 아니, 아내와의 관계는 제쳐두고 '여성에게 빼앗긴 미'를 되찾기 위해 여장을 하는 것이 남성해방이라고? 남자의 여장을 관대하게 취미로 인정하고 성적인 기호의 다양화를 수용하는 것이 '여자와 남자가 좋은 관계'를 형성하는 방법이라고? 웃기지 마라. 성차별(sexism)의 달콤한 부분만 취하고 억압의 대가를 일시적인 도착倒錯으로 치르려고 하다니, 남권주의도 정도가 있다. 응석 부리지 마, 아저씨, 하고 말해주고 싶은 기분이었다.

일본에 진정한 맨리브를 실천하고 있는 남자들이 과연 있을까? 있다!

10년 전부터 나서지 않고 조용하고 묵묵하게 남성해방을 실천해온 이들이 있다. 육시연(育時連)의 남자들이다. 무엇보다 육시연이라는 겸허한 이름이 좋다. '남자도 여자도 육아시간을! 연락회'의 약칭이라고 하는데, 노동기준법이 정한 육아시간이란 것이 오전 오후 각 30분. 참으로 약소하다. 간사인 마스노 기요시 씨는 '남자도 여자도 1일 4시간 노동을'이라는 마르크스도 기함할 미래 사회상을 그리고 있지만 이런 혁명적인 제창은 제쳐두고, 일단 1일 총 1시간의 육아시간을 남자에게도 달라는 그들의 이 소박한 요구가 눈물겹다.

그렇지만 이런 소박한 요구조차 기업 사회에 속한 남자에게는 낙오될 것을 각오한 필사의 요구라는 사실을 그들은 잘 알고 있다. 직장에서 그렇게 요구해보라. 제일 먼저 같은 남자들로부터 차가운 시선을 받을 것이 틀림없다. 노동조합의 남자들이라고 다르지 않다. 어쩌면 더할지도 모른다. 노동운동의 대의를 들먹이는 그 영웅주의는 야쿠자의 미학과 비슷하다. 노동조합의 남자들도 육시연의 남자들 편에는 서주지 않는다. 물론 고용주의 저항도 강하다. 육아시간은 원래 수유를 위한 것이기 때문에 젖이 없는 당신에게는 인정되지 않습니다, 라는 생물학적 결정론도 논파하지 않으면 안 된다. 주위의 수군거림. 유아원 교사나 엄마들의 백안시. 친인척의 비아냥거림. 그깟 육아시간이라고 말하지 말라. 육시연의 남자들이 맞서야 할 적은 잔뜩 있다.

'루저남'과 '위너녀'

정부는 여성행동계획의 표어로 남녀공동참여사회의 건설이라든가 남녀 역할 구분에 대한 인식 개선 등을 내걸고 있지만, 여자의 영역에 자진해서 들어온 남자는 있었을까? 여자는 옛날부터 남자의 영역에 들어가기를 열망해왔고 실제로 이뤄왔다. 그리고 그런 여성들은 드세다거나 유별나다는 소리를 들었다. 그녀들은 여자 중의 '루저'였지만, 여자의 영역과 가치의 낙차가 나는 남자의 영역에서 남자와 대등하게 뭔가를 할 수 있다는 것은 '루저'라기보다 '위너'라고 해야 맞을 것이다. '여자다움'의 억압을 거부하는 그녀들은 뛰어나고 유능한 정력적인 여성들이었다.

맨리브를 외치는 남자들도 '남자다움'의 억압에서 내려오고 싶어 하는 이들이다. 그들은 남자 중의 '루저'. 이것은 명백한 '루저'다. 여자의 영역에 속한 육아나 가사가 하찮게 여겨지는 한, 여자의 영역에 들어오는 남자들은 '여자처럼' 전락하게 된다. 남자의 영역과 여자의 영역에 존재하는 이 낙차를 그대로 두고, 가사와 육아가 창조적이고 즐거운 일이라는 것을 남자들도 경험해봤으면 좋겠다고 말하는 것은 단지 허식일 뿐. 가치의 전환이란 것은 혁명적인 일이지만, 그것이 일어나기 위해서는 남자의 영역과 여자의 영역이 정말로 대등해지는 사상적이고 제도적인 변혁이 일어나야 한다. 육시연의 남자들은 자신이 '남자다움'으로부터 '루저'라는 심리적인 저항과도 싸우지 않으면 안 된다.

거기에 비하면 여장 운운하는 것은 안쓰러워할 거리도 못 된다. 생산과 권력을 빼앗는 대신에 여자에게 떠안긴 미까지 이번에는 다시 돌려달라고 하는 것이 도둑놈 심보가 아니고 뭐란 말인가. 자신들이 찬양하는 가치를 여자라는 매개를 따돌리고 획득하려는 이 남자들의 자기애와 소유욕은 끝이 없다.

페미니스트와 맨리브의 위험한 관계

페미니스트는 여자의 '위너', 맨리브는 남자의 '루저', 이 둘은 사이가 좋을까? 이게 좀 골치 아프다.

'여자다움'에서 내려온 여성들 중에는 활기차고 매력적인 여성이 많다. 사실 페미니스트는 젊은 여성들에게 긍정적인 롤 모델을 많이 제시해왔다. 그런데 맨리브 쪽으로 가면 이게 약간 애매하다. 젊은 남성이 본받고 싶다고 생각할 만한 롤 모델이 별로 없다. 당연한 일이다. 그들은 명명백백한 남성 사회의 '루저'이니까. '루저'가 되고 싶은 사람은 웬만해선 없을 것이다.

심지어 페미니스트 여성들에게조차 그들은 평가가 별로다. 일단은 '위너녀'가 내면화한 엘리트주의가 한 가지 이유다. 스스로 '씩씩하고 강하게'를 추구해온 능력 있는 여성들은 마찬가지로 '씩씩하고 강한' 능력 있는 남성만을 원한다. 깊숙이 엘리트주의를 내면화한 그녀들은 자신보다 못한 남성을 상대하지 않는다는 점에서 그녀들 자신이 지독한 성차별주의자(sexist)다.

'여자다움'이 '강함'이나 '씩씩함' 등을 수용하며 다양화한 것만큼 '남자다움'은 다양화하지 않았다. 남자의 멋짐과 섹시함도 야쿠자라는 모델에서 벗어나 다양화하길 바란다. 그 책임의 절반은 여자에게 있지만 '루저남'의 노력도 부족하다. 어차피 우리는 무리에서 떨어진 새라고 초라하게 있지 말고 확신범답게 자부심을 가지고 '루저'가 되길 바란다. 무엇보다, 좀 더 세련돼져라.

다음으로, '위너녀'와 '루저남'이 부부가 되는 경우. 이것은 실업대책사업에 비견할 만한 아이디어로 보이기도 하지만 내 생각은 부정적이다. 육시연이니 뭐니 해도 아이가 자라는 것은 금방이다. 실제로 육시연 핵심 멤버의 자녀들도 장성했다. 평균 수명 80세 시대에 여자에게 있어서도 육아 기간의 비중은 점점 줄어들고 있는데, 육아라는 가치에 몸을 내던져 남성 사회의 게임을 헛되이 하려는 남자는 대체 어떤 남자일까. 이런 남자가 육아 대디가 되면 아이로서는 잔소리를 하는 엄마가 한 명 더 생긴 꼴이다. 엄마가 한 명 있는 지금도 힘든데, 이것이 두 명이 되면 아이들은 숨이 막힐 것이다.

다만 육시연의 남자들은 육아 대디로 변신해서 엄마를 재연하려는 것이 아니다. 소산소사少産少死, 출생률과 사망률이 모두 낮은 상태의 시대. 육아 기간이 끝나면 이 남자들은 가족을 위해서도, 회사를 위해서도 아닌, 자기 자신을 위해서 본인이 원하는 대로 하려는 사람들이다. 여자가 육아를 명분으로 내세웠듯이 그들도 '자신을 위해' 살기 위해 '아이를 위해'를 남성 사회에서 내려오는 패스포트로 이용하고 있는 것이다.

물론 우먼리브가 '남편을 위해'서도 '아이를 위해'서도 아닌 '자신을 위해' 사는 여자들을 양산했기 때문에, 맨리브가 '자신을 위해' 사는 것을 비난할 근거는 전혀 없다. 사실 '자신을 위해' 사는 여자와 '자신을 위해' 사는 남자가 서로의 에고를 인정하고 협력하고 지지하는 공동체를 만드는 것이 우먼리브와 맨리브 모두의 이상이지만 현실은 만만치가 않다. 현실에서는 '위너녀'가 아수라나 혹은 강인한 '일본의 어머니'처럼 아이와 허랑방탕한 '루저남'을 품고 살아가는 '역전된 성차별' 패턴에 빠지는 경우가 많은 것 같다. 이런 여장부의 삶은 일본의 전통일까? 다만 요즘 여성들은 남편의 허랑방탕함을 묵묵하게 지켜보고 있을 정도로 담대하지 않기 때문에 불만을 터뜨리거나 홧김에 불륜을 저지르거나 한다. 잘 생각해보면 이런 비슷한 집, 주변에 있지 않은가?

남자들에게 응원가를

이런 이유로 '위너녀'의 앞길은 험난하지만 '루저남'의 앞길은 더더욱 다난한 것이다. 눈에 힘을 주고 용맹스럽게 나서는 것은 조금도 당신답지 않다. 가능한 한 무심하게, 세련되게, 섹시하게 이 앞길을 헤쳐 나가시라. 우와, 맨리브 멋있다, 라고 외야석에서 환호와 박수를 보낼 날이 오기를 진심으로 기원한다.

여자에 의한 여자 때리기가 시작되었다

—— 1989

최근 한 달, 본의 아니게 '화제의 인물'이 되었다. 그 발단은 다름 아닌 소노 아야코의 우에노 비판(《신초45》에 연재 중인 '새벽 신문의 향기', 1989년 9월 호). 무엇보다 일을 키운 것은 "소노 아야코에게 혼난 사회학자 우에노 지즈코 교수"라고 보도한 《주간 신초》(8월 31일 호)와 거기에 편승해서 "소노 아야코, 오랜만에 호통 치다—우에노 지즈코를 향해"라고 부추긴 《주간 포스트》(9월 8일 호)였다.

《신초45》에 실린 소노 씨의 글에 가장 빨리 반응한 것은 《주간 신초》다. 자사 잡지니까 당연하다면 당연하다. 내가 그 글의 존재도 모르는 와중에 연락을 해와 반론 글을 써달라고 요청했다. 후술한 이유로, 나는 단호하게 거절했다. 담화라도 하자고 집요하게 물고 늘어졌지만 무시했다. 그 결과 나온 것이 전술한 기사다. 상대는 '소노 vs 우에노' 구도를 기필코 쟁점화하겠다는 집념이 있었다.

참의원 선거['마돈나 돌풍'이 일었던 1989년 7월의 참의원 선거] 이후의 상황을 보고 있으면, '여자 vs 여자'의 여자의 '전쟁'—말해두지만, 이

'전쟁'이라는 표현은 《주간 포스트》가 처음 사용했다—이 매스컴의 얼마나 좋은 먹잇감인지를 알 수 있다. 그렇게 생각하면 내가 휘말린 이 사건도 참의원 선거 이후의 사상 형성을 위한 하나의 에피소드에 지나지 않는다. '논쟁'으로부터 한 달. 그 상황의 일부에 꼼목처럼 끼워져 있는 사상적 맥락에 대해 나 역시 한마디해두는 편이 좋을지도 모르겠다는 생각이 든다. 박해받은 가련한 어린 양 시늉을 하며 "우에노 때리기에 굴하지 않겠다"라고 하면 사람들의 동정을 살 수도 있겠지만, 어쨌거나 나는 사회학자니까. 또 상황을 '사회학화' 하고 싶은 사회학자 정신이 가만있지 않는다.

이런 저차원의 이야기에 상대하고 있을 여유는 없지만, 뭐 갈 길이 멀어도 몸에 튄 불티는 털어내야 하지 않겠는가?

경험을 독점하는 세대적 특권 의식

'소노 vs 우에노'를 '논쟁'이니 '전쟁'이니 하며 여론 몰이를 한 것은 주간지 측이다. 실제로는 '논쟁'도 '전쟁'도 일어나지 않았다. 소노 씨의 글은 정면으로 논쟁을 걸어왔다고 볼 수 없는 가벼운 에세이이고, 《주간 포스트》에 실린 논평을 봐도 그 이상 추궁하려는 태도는 보이지 않는다. 그 정도의 비판이나 비난에는 나는 이미 익숙해져 있다. 거기에 일일이 대응했다가는 배겨나지 못한다. 싸움꾼이라는 내 평판에 기대했겠지만, 가치 없는 싸움에 진지하게 맞붙을 마음은 없다.

내가 즉각 반론을 내지 않은 데에는 몇 가지 이유가 있다.

첫째, 소노 씨의 글은 '새벽 신문의 향기'라는 제목으로 《신초45》에 연재 중인 신변잡기류의 에세이다. 선거에서부터 리쿠르트 사건1988년. 정치인의 불법 정치자금 수수가 발각되면서 일상화된 정계의 부정부패에 국민들의 분노가 폭발한 사건, 우노 소스케 총리의 '여자 문제', 『꼬마 검둥이 삼보』1899년 영국의 동화작가 헬렌 베너만이 발표한 동화책. 인종 차별 논란으로 1988년 일본에서 절판, 한국에서는 『꼬마 쌈과 호랑이』라는 제목으로 개정 출간의 '자숙'에서 오페라에 이르기까지 다양한 화제가 열거되는 가운데, 내가 '천안문 사태'에 대해 논한 《아사히신문》 연재 칼럼('미드나이트 콜', 1989년 7월 23일 자)도 등장한다. '하는 김에' 언급한 것 같은 말투로, 문장의 완성도며 논리 전개도 상당히 가볍다. 논쟁을 걸 만한 성질의 것이 전혀 아니다. 글 안에는 페미니즘에 대한 비판도 포함되어 있지만, '학생 운동'이나 '페미니즘'이라는 큰 주제를 논하기에는 그 정도 매수로는 턱도 없다. 마땅한 이유도 대지 않고 다짜고짜 "나는 페미니즘이 싫다"라고 말하면, 그저 "아아, 그렇습니까" 하고 대꾸하는 수밖에 없다.

둘째, 소노 씨의 논리 전개가 상당히 조잡하고 사실 오류를 포함하고 있다는 것이다. 평소 마음에 들지 않는다고 여겨온 일이나 상대를 겸사겸사 모독하려는 안이함이 느껴진다. 어디가 '조잡'하고 또 어디가 '사실 오류'인지를 차례로 짚어보겠다.

첫째로, 소노 씨가 맨 먼저 들고 나온 것은 내가 사용했던 '전쟁'이라는 표현이었다.

"세대의 분기가 나이가 아니라 사회적인 사건에 의거해 세분된다면, 20년 전의 그 사건(전공투)은 우리에게 있어서 하나의 '전쟁'이었을지도 모른다."

이 문장을 지목하며 소노 씨는 "'전공투'는 어떠한 의미에서도 '전쟁'이라고 할 수 없다"라고 말한다. 《주간 신초》에 의하면, '투쟁'을 '전쟁'이라고 표현하는 '미숙한' 언어 감각을 소노 씨에게 지적당한 것이 된다.

소노 씨는 전쟁에 대해 이렇게 쓰고 있다. "전쟁은 두 가지 요소가 있어서 선생인 것이다. 생명의 위험이 항상 따를 것. 개인의 의지로 달아날 수 없을 것."

내 글을 차분하게 다시 읽어보길 바란다.

나는 '전쟁'을 따옴표로 싸고 '이었을지도 모른다'고 판단을 유보해 놓았다. 내가 '전쟁'이라는 표현을 여기서 비유적으로 사용하고 있음은 명백하다. 이 단어는 '우리에게 있어서' '하나의' 절실했던 경험을 표현하는 메타포로 사용하고 있다. 만약 '전쟁'이라는 단어가 비유적으로 쓰이는 것도 불편하다면, 항간에 넘치는 '수험 전쟁'이나 '일미 무역 전쟁' 같은 표현은 어떨까. 틀림없이 소노 씨는 그런 표현들도 내키지 않을 것이다.

소노 씨가 '전쟁'이라는 표현의 남용을 용납하지 못하는 것은 '진짜 전쟁을 십대의 나이에 겪은 나'라는 '전중파戰中派' 의식이 있기 때문이다. 자신이 경험한 진짜 전쟁에 비교하면 저런 투쟁 따위는 별거 아니라는 그들의 '세대 감정'은 그 범위에서 이해할 수 있다.

내 글에는 이런 구절이 있다.

"우에노 씨 같은 '전중파'는 말예요, 하고 자칭 '전무파戰無派'인 연하의 친구가 뻔뻔스럽게 말한다."

"20년 전의 어느 사건은 우리에게 있어서 하나의 '전쟁'이었을지도 모른다"라는 문장이 그 바로 뒤에 이어진다.

여기서 알 수 있는 것은, '전공투 경험'을 '전쟁 경험'에 비견한 것은 원래 이 '연하의 친구'라는 것, '뻔뻔스럽게'라는 내 표현 안에는 그의 견해에 대한 비평이 포함되어 있다는 것, 그럼에도 "'전쟁'이었을지도 모른다"는 표현으로써 그의 말을 수긍하고 있다는 것이다.

내가 그의 말을 일단 수긍한 까닭은, 모이기만 하면 '우리 때는' 하고 자랑스러운 듯이 떠드는 '전공투 세대'의 특권적인 세대 감각에 대한 비평 의식을 인정했기 때문이다. 당신들도 사사건건 '전쟁 때는……' 하는 그 '전중파'와 다를 것이 없지 않나, 라는 그의 비평 의식은 소노 씨 본인에게도 해당된다.

《주간 신초》에서 '무공투 세대_{학생 운동의 기운이 꺾인 이후에 성인이 된 세대, 1950년대}에서 1960년대 전반에 걸쳐 태어난 이들을 일컫는다'인 작가이자 비평가인 오쓰카 에이지가 "자신들의 경험을 '아름다운 이야기'로 재생하려고 한다"라고 전공투 세대에 불만을 드러낸 것에서, 그들의 눈에는 이 두 '전중파'가 그다지 다르게 보이지 않는다는 것을 알 수 있다. 그들이 날을 세우는 것은 '전쟁'이나 '투쟁'을 독점하려고 하는 세대적인 특권 의식에 대해서다. 그리고 소노 씨는 '진짜 전쟁'을 경험한 세대의 특권 의식을 그대로 드러내 놓고 '전쟁'이라는 말을 독점하려 하고 있다.

어른답지 못해요, 소노 씨. 그리고 '진짜 전쟁'을 경험했다고 뻐기는 당신의 지반은 서서히 무너져 내릴 겁니다. 전장에서 싸웠던 병사들은 이렇게 말할 겁니다. 십대의 나이에 경험한 전쟁을 '진짜 전쟁'이라고 말할 수 있을까? 더구나 소노 씨는 '여자라서' 징집 대상에서 제외되어 있었잖아요?

전쟁 경험은 시기, 연령, 성별, 지역, 형편에 따라 현저하게 다르다. 설마 소노 씨가 전쟁 경험의 '진정성' 따위를 진짜로 따지려고 한 것은 아닐 것이다. 그만큼 어리석지는 않으리라 믿는다.

매스컴의 '전공투' 보도는 정확했나

다음은 소노 씨의 '전공투' 평가에 대해서나. 여기에도 나는 신시하게 응할 마음이 들지 않는다. 일단 소노 씨의 글에는 사실 오류가 있고, '전공투'에 대한 무지가 그대로 드러나 있다. 어떤 사항에 대한 파악이 안된 상태에서 감정적으로 내린 판단을 일일이 들어줄 수는 없다.

사실 오류란, 소노 씨의 다음 문장이다.

"전공투 때 학생은 한 명도 죽지 않았다. 그에 반해 경찰은 여러 명 순직했다."

이 문장을 읽고 나는 아연실색했다. 동시에 변변한 편집자를 만나지 못한 그녀의 불운에 동정했다. '상식'이 있는 편집자라면 집필자의 착각이나 실수를 집어내 고쳐줄 것이다. '학생은 한 명도 죽지 않았다'라는 단순한 사실 오류를 왜 정정하지 못했을까.

1960년대 말의 학생 운동은 사망자를 여러 명 냈다. 1967년 제1차 하네다 투쟁에서 야마자키 히로아키 군이 죽었다. 내 도쿄대 동기였고, 그의 추모 집회가 내 첫 가두시위였다. '전공투'는 가두시위가 교내로 비화한 것이었다. 투쟁에서 여러 명의 학생이 죽었다. 최루탄을 직격으로 맞아 얼굴의 반이 날아가는 중상을 입고 병원에서 사망한 자. 경찰봉에 머리를 맞고 사망한 자. 쇠파이프에 맞아 실명한 뒤 사망한 자. 자살한 자. 내분으로 사망한 자. 그것을 '학생은 한 명도 죽지 않았다, 반면에 경찰은 여러 명 순직했다'고 말하는 것은 당시의 경찰 발표를 '대본영태평양전쟁 때 일본 천황 직속으로 군대를 통솔하던 최고 통수부 발표'처럼 믿는 무지함 때문이다.

'전공투'의 실태는 정확하게 알려지지 않았다. 그것은 '전공투'를 '아이들의 반란'으로 왜곡하여 보도한 당시 매스컴에 책임이 있다. 그래도 조금 관심을 기울였다면 메이저 언론에 가려진 마이너 기사나 당사자의 이야기를 통해 경찰 발표나 대학 당국의 발표가 얼마나 일면적인지 알아챘을 것이다. 그것은 같은 '사건'에 대해 이쪽에 선 지식인과 저쪽에 선 지식인이 소노 씨 세대에도 있었다는 사실에서도 알 수 있다.

더구나 '전쟁 경험'과 마찬가지로 이 역시 시기, 연령, 성별, 지역, 형편에 따라 '경험'의 내용이 극히 다양하다. '전공투'라는 역사적인 사건은 에세이 형식의 글 안에서 다루기에는 너무 무거운 주제이고, 여기서 내가 논할 만큼 간단한 일도 아니다. 다만 소노 씨가 '20년 전의 그 사건'에 대해 좋지 않은 감정이 있고, 그것이 20년이 지난 지금도 그대로 남아 있다는 것만은 선명하게 전해진다. 소노 씨 같은 '전공투' 혐오는 당시에도 있었고, 지금도 있다. 그런 의미에서 소노 씨의 의견은 '언젠가 어디선가 들은 것 같은' 내용이고, 어디에도 신선함은 없다. 소노 씨는 전부터 품고 있던 반감을 마침 기회가 닿아 겸사겸사 드러낸 것처럼 보인다.

그리고 무엇보다 놀란 것은 소노 씨의 다음 문장을 읽었을 때였다.

"학생 운동은, 고생 모르고 곱게 자란 도련님과 아가씨의 도락에 경찰들이 목숨 바쳐 상대해드린 꼴이었다."

이런 논리는 천안문 사태에 참가한 학생들에 대해 중국 정부가 낸 성명과 다를 바가 없다. 중국에서는 대학생은 엘리트 중의 엘리트다. 그 '도련님과 아가씨'의 민주화 투쟁이라는 '도락'에 '인민 해방군'이 목숨 바쳐 상대해드렸다, 라는 것이 중국 정부의 공식적인 견해였다. 물론 이런 '공식적인 견해'를 믿을 만큼 우리는 순진하지 않다. 중국 정부의 성명을 들으면서 우리는 암담함을 느꼈다. 역사는 이런 식으로 왜곡된다.

소노 씨의 사실 인식 오류를 또 하나 지적해두겠다. 이 경우는 사실 인식 편향이라고 하는 편이 맞을지도 모른다. 소노 씨는 이렇게 쓴다.

"그때나 지금이나 반체제에 서는 것은 보수 편에 서는 것보다 어느 면에서는 분명히 갈채를 받고 인기를 얻는 폼 나는 길이다. 그 점을 나는 확실하게 해두고 싶다. 실제로 우에노 선생은 '투쟁'을 해왔어도 언론계에서 퇴출당하기는커녕 오히려 사랑받고, 자유롭게 책도 쓰고, 남들이 선망하는 대학 교수 자리도 당당하게 차지하고 있다('조교수'로 정정하겠다). 그리고 이것은 우에노 선생에게만 해당되는 일은 아닌 것이다."

'그 점을 나는 확실하게 해두고 싶다'라고 힘주어 말할 정도로 소노 씨는 '반체제'파 지식인에게 감정이 있는 것일까. 소노 씨, 당신 정도의 보수파 거물이 이런 잔챙이들을 적수로 여겨서야 되겠습니까. 균형 감각이라는 것을 가지시길 바랍니다.

소노 씨는 '어느 면에서는'이라고 유보적인 태도를 취하고 있다. 그냥 구체적으로 '일부 소수자 사이에서는'이라고 써줬으면 한다. '반체제'인 것은 '소수자'의 입장에 서는 것이고, '보수파'인 것은 '다수자'의 입장에 서는 것이다. 실제로 소노 씨는 자민당 대회에 강연자로 초청받지 않는가. '보수파'인 것이 '반체제'인 것보다 사회적인 자원, 지위, 권력에 있어서 유리하다는 것은 누구나 알고 있다. 내가 '언론계에서 퇴출'당하지 않는 것은 그 세계가 일종의 '연예계'이기 때문이다. 실제로 아카데미즘의 세계에 속한 많은 언론계 연예인(=지식인)들이 직위와 연구비의 배분이라는 권력 구조 안에서 얼마나 무력한지는 '나카자와 사건'[1987년에 도쿄대학교 교양학부 인사를 둘러싸고 일어난 내분]만 봐도 쉽게 알 수 있다. 세상에 대해 논하려면 저널리즘의 표층에만 현혹되지 말고 권력과 자원이 어떤 식으로 배분되는지 객관적이고 냉정한 시선으로 바라봐야 할 것이다.

'세대'라는 말로 묶어 말할 수 있을까

'전공투 세대'라는 세대론적인 분류법에 대해서도 한마디해두고 싶다.

나는 '세대의 분기가 나이가 아니라 사회적인 사건에 의거해 세분된다면'이라고 썼다. 더 정확하게는 '사회적인 사건에 대한 대응 방법에 의거해'라고 써야 할 것이다.

'단카이團塊 세대제2차 세계대전 직후인 1947년에서 1949년 사이에 태어난 사람들'라는 연령별 분류법과 '전공투 세대'라는 사회적 경험에 의한 분류법은 한줄기가 아니다. '단카이 세대' 안에는 친전공투파도, 반전공투파도 있었기 때문이다. 그들의 명예를 위해서라도 말해두는데, '단카이 세대' 안에는 '목숨을 바쳐' 전공투 운동에 뛰어든 사람들도 있었다.

요코야마 게이코는 「전공투 세대 대졸 여성의 라이프코스life-course」(《여성학 연보》 제8호, 1987년 11월, 일본여성학연구회)라는 흥미로운 논문 안에서, 그녀 자신을 포함한 조치대학 1969~1973년 졸업 여성 1,685명(그중 회답자 430명)을 대상으로 전수조사를 실시해, 전공투파, 심정적 전공투파, 반전공투파, 심정적 반전공투파, 무관심파, 입장불명파로 나누고 있다. 전공투파는 전공투 운동에 적극적으로 참가했던 사람, 심정적 전공투파는 적극적으로 참가하지 않았어도 지지했던 사람, 반전공투파는 적극적으로 반대했던 사람, 무관심파는 말 그대로 어느 쪽에도 관여하지 않았던 사람이다. 그녀의 샘플에 따르면 전공투파 14%, 심정적 전공투파 6%, 반전공투파 9%, 심정적 반전공투파 8%, 나머지 무관심파와 입장불명파가 합쳐서 63%로 가장 많다.

흥미로운 것은, 전공투파 여성은 그 후의 라이프코스가 현저하게 다르다는 것이다. 이 유형은 다른 유형에 비해 초혼 연령이 높고, 미혼·기혼에 상관없이 취업 지속자가 많고, 부부의 나이 차가 적고, 부부의 연봉이 같거나 남편보다 높은 경우가 많다는 공통점이 있다. 그리고 다른 유형의 여성이 '인생의 전환기가 되는 사건'으로 결혼·출산·육아를 꼽는 것에 대해, 전공투파 여성은 '전공투 운동'을 가장 높은 비율로 언급하고 있다. '인생이 순조롭지 않다'고 느끼는 정도도 다른 유형에 비해 두드러진다. 하나의 사회적 사건에 대한 반응 방법은 인간의 질을 측정하는 리트머스시험지와 같은 역할을 한다. 같은 '전공투 세대'라고 해도 대응 방법이 이 정도로 다른 것이다.

또한 전공투 경험도 연령, 성별, 지역, 학교에 따라 차이가 크다. 당시에 대학생이었는지 대학원생이었는지 조교였는지 아니면 고교생이었는지, 수도권 대학이었는지 아닌지, 사립이었는지 국공립이었는지 등에 따라 전공투 경험은 크게 달랐다. 그리고 대학생이 다수파라고도 할 수 없었다. 당시 1948년생의 대학 진학률은 불과 14%. 여학생만 따지면 더 적다. '전공투 경험'은 학생이라는 한정된 집단 안에서의, 전공투에 관여한 일부 사람들이 공유했던 경험에 지나지 않았다.

인구지학적으로 말하면, '단카이 세대'는 선행 세대나 후행 세대와 다를 바가 없다. 평균 초혼 연령에 결혼하고, 평균 자녀 수를 출산하고, 결혼과 출산으로 대다수가 퇴직한다는 점도 다르지 않다. 다만 한 가지, 인구학적 평균에 이변을 보였던 것은 부부의 나이 차가 근접했다는 것인데, 이것이 '뉴 패밀리'나 '친구 같은 부부'가 만들어지는 기반이 되었다. 그런데 포스트 단카이 세대1950년에서 1953년 사이에 태어난 사람들에서 부부의 나이 차가 다시 벌어지는 현상이 나타난다. 단카이 세대 이전의 평균치로 역행하는데, 이렇게 보면 부부의 나이 차 접근은 이데올로기나 가치관이 초래한 결과라기보다 위아래 연령층에서 배우자를 찾을 수 없는 단순한 인구 압력에 따른 귀결임을 알 수 있다. 게다가 '뉴 패밀리'란 것도 실상은 변함없이 남편은 회사, 아내는 가정이라는 전통적인 성별 분업 패밀리였음은 주지의 사실이다.

'단카이 세대'는 통계적으로 말하면 이 정도로 특색 없는 세대인 것이다. '전공투'를 경험했다는 특색은 있다. 하지만 '단카이 세대'와 이것은 한 묶음이 아니다.

그것을 한데 싸잡아 "단카이 세대는 뻔뻔하다", "그들의 공통점은 언제나 자신들이 메이저 집단이고 자신들이 '노'라고 말하면 일본 사회는 돌아가지 않는다고 생각하는 이상한 자신감"이라고 '이상한 이야기'를 지어내는 일은 삼가주길 바랄게요, 오쓰카 에이지 씨. 오쓰카 씨의 말대로 단카이 세대에게 특유의 사상 같은 것은 없다. '뭉치는 꼴이 가관'이라고 그는 말하지만, 이 세대는 뭉친 적이 없다. 자민당 지지율 1위에, 성별 분업을 지지하는 파가 반대파보다 많은, 요컨대 보통의 일본인인 것이다. 하나의 시대적인 경험에 어떻게 반응했는가는 같은 연령층 안에서도 각기 다르다. 내가 칼럼 '미드나이트 콜'에서 다루고 싶었던 것은 그 반응의 다양함이었다.

'엘리트 여성'과 '엘리트주의자'

소노 씨는 글 안에서 겸사겸사 페미니즘을 비판했다. 그래서 나도 겸사 겸사 반비판을 해두겠다.

"나는 예전부터 이른바 페미니즘 운동이 싫었다."

이런. 여자들 중에도 페미니즘을 싫어하는 이들은 얼마든지 있다. 그 래서?

"옛날부터 정말로 실력 있는 여성들은 묵묵히 일해왔다. 전쟁 전에도 해녀나 행상하는 아줌마, 전화 교환원을 업신여기거나 있으나 마나 한 존재라는 식으로 생각하는 사람은 아무도 없었다."

이것은 종종 있는 공론이다. 일해왔던 여성에 주부가 없는 것은 왜일 까. 여성이 일하지 않으면 살림을 꾸릴 수 없었던 해녀의 집에서조차 여 성은 가사와 육아를 전담하고 남편을 섬겨야 했다. '일이 있는' 것과 '발 언권이 있는' 것이 일치하지 않는다는 것은 권력론의 기초다. 과거 농가 의 며느리는 '있으나 마나 한 존재'라는 식으로 아무도 생각하지 않았 지만 집안에서는 가장 무력한 존재였다. 묵묵히 일해온 결과를 정당하 게 평가받지 못하거나 실력을 발휘해도 결국 음지에서 돕는 조력자 역 할에 머물 수밖에 없었다는 것은, 여성이 많은 직장으로 알려진 통신회 사 NTT에서 이제까지 한 명의 여성 총재도 나오지 않았던 것으로도 알 수 있다. 참의원 선거에서도 그랬듯이, 이제 스스로 표면에 나서고자 하 는 여성에게 당신에게 어울리는 곳은 무대 뒤라며 밀어내는 것이 '여성 차별'이라는 것 정도, 소노 씨도 알 것이다. 그리고 무엇보다 실력을 발 휘하려고 해도 발휘할 수 없는 난관―부모로부터 교육을 위한 지원을 받지 못하는 것, 실력을 양성할 기회가 주어지지 않는 것, 발휘하려고 해도 발휘할 장이 주어지지 않는 것, 기껏 발휘하려고 하면 찬물을 끼얹는 것 등등 — 이 첩첩이 쌓여 있는 구조야말로 근본적인 여성 차별이다. 이런 초보적인 것을 지성과 교양과 인생 경험이 풍부한 소노 씨 같은 사람에게 하나하나 설명해야 하는 것이 안타깝다.

소노 씨의 판단을 흐리게 하는 것이 있다면 그것은 그녀의 엘리트주의일 것이다. '정말로 실력 있는 여성들은 묵묵히 일해왔다'라는 말에서, 자신은 실력이 있어서 발휘해왔다, 실력을 발휘하지 못하는 당신은 결국 쓸모없는 인간이다, 라는 본심이 드러난다. 이것은 여타 엘리트 여성에게서도 많이 보이는 사고방식이다. 엘리트 여성은 프라이드가 매우 높기 때문에 개인의 문제를 공통의 문제와 결부시키는 것이 불가능하다. 그 결과 그녀들은 강자의 논리를 몸에 익히고, 약자에 대한 상상력을 잃고 만다. 엘리트 여성의 엘리트주의는 골치 아프다, 라고 자숙의 마음을 담아 말해둔다.

페미니즘은 사회적 약자의 운동이다. 여성에게 이미 '실력'이 있다면 이런 운동은 필요 없다. 나는 객관적으로는 엘리트 여성이지만(어쨌거나 대학 조교수이니까), 자신이 혜택 받은 특권적 소수파 안에 있다는 것 정도는 자각하고 있다. 내가 했으니까 당신도 할 수 있다는 사고방식은 다름 아닌 슈퍼우먼 신드롬이다. 엘리트 여성과 엘리트주의자는 다르다. 자신의 처지와 다른 사람들에 대한 상상력을 잃었을 때, 엘리트 여성은 엘리트주의자가 된다.

소노 씨는 말한다.

"성차별은 운동으로는 사라지지 않는다. 실력으로 승부하는 요즘 같은 세상에 차별 따위 하면 오히려 손해이기 때문이다. 문단은 성차별 요소가 전무한 사회다."

이런, '요즘 같은 세상에 차별 따위' 도처에 횡행하고 있건만. 소노 씨의 표현에 따르면 '실력'이 없기 때문에 차별을 받아서 당연하다는 것이 된다. 실력이 없는 것이 아니라 실력을 쌓을 기회가 없는 것이 문제인데, 또 여성이 실력을 쌓는 데 여러 가지 구조적인 걸림돌이 있는 것이 문제인데, 그 구조적인 걸림돌을 없애려고 하는 것이 '운동'인데…… 왜 이런 사실을 일일이 열거해줘야 할까. '문단은 성차별 요소가 전무한 사회'라고? 그럴 수 있겠다. 문단도 일종의 '연예계'이니까.

소노 씨는 자신이 어차피 '연예계'에서밖에 실력을 발휘할 수 없었다는 사실을 잊고 있다. 여성은 지금도 아메리카의 흑인처럼 예능이나 스포츠 세계에서만 대등한 승부를 할 수 있는 것이다. 그 세계에서만은 핸디캡이 없으므로. 소노 씨는 의식적으로든 무의식적으로든 자신이 대학이나 기업이라는 핸디캡이 따르는 승부의 세계를 피하는 쪽으로 선택을 해왔던 것을 잊고 있다. 소노 씨는 "여성 의원이 늘어난 것이 그 정도로 뉴스거리가 되는 현실이 한심하다"라고 말하지만, 말마따나 일본은 그 정도로 한심한 사회인 것이다.

매스컴이 만든 '때리기 시나리오'

마지막으로 소노 씨의 발언을 하나의 '사건', 즉 '소노 아야코 현상'으로까지 끌고 간 매스컴의 행태에 대해서도 분석해보겠다.

이 정도 수준의 페미니즘 혐오나 '전공투' 비판은 전에도 얼마든지 있었다. 그것이 이렇게 사건으로까지 확대된 까닭은 '소노 vs 우에노', '보수파 대표 여성 지식인 vs 페미니즘의 기수', '여자 vs 여자'라는 대결 구도가 매스컴의 흥미를 끌었기 때문일 것이다.

소노 씨와 비슷한 발언을 하는 보수파 남성 지식인은 많이 있다. 하지만 남자의 여자 때리기는 곧 반발로 이어지므로 아무래도 조심스럽다. '남자 vs 여자'가 아닌 '여자 vs 여자'의 구도를 만들어 여자에게 여자를 때리게 하는 편이 유리하다고 매스컴은 계산했을 것이다.

이런 배경에는 보수파 남성의 위기감이 있다. 참의원 선거에서 '여성의 승리'와 '사회당의 약진'이 돋보였던 것이다. 이성을 잃고 아줌마 부대 때리기를 하는 보수파 남성 지식인이 참의원 선거 이후 매스컴에 다시 등장했다. 하지만 남성이 아줌마 부대 때리기를 하는 것은 흔하다. 더욱이 아줌마 부대를 적대시하는 남성은 어지간히 분별없고 경박한 남성에 한한다.

거기서 소환된 것이 보수파 여성 지식인이다. 여성 경제학자가 여성에게 "소비세 시스템도 모르면서 덮어놓고 반대부터 하는 멍청한 여자"라고 말한다. 여성 정치인이 여성에게 "부엌에서의 발상", "정치에 여자를 끌어들이지 마라", "여자 문제로 정치가의 역량을 평가하는 것은 어리석은 짓이다", "고소하는 여자가 규칙 위반"이라고 말한다.

'소노 아야코 현상'에서도 보수파 문화인을 기용하여 우에노 때리기를 하려는 시나리오는 빤히 읽힌다. 《주간 신초》는 니시베 스스무보수파 평론가의 논설을 실었고, 《주간 포스트》는 나카야마 아이코소설가를 소노 응원단으로 앉혔다. 이시도 도시로각본가, 평론가가 보낸 '여자의 적은 여자'라는 코멘트는 정중하게도 고딕체로 인쇄되어 있다.

미안하지만, 나는 '여자의 적은 여자'라고 생각하지 않는다. 여자들 중에도 페미니스트와 반페미니스트가 있다. 페미니스트의 석은, 반페미니스트. 그 안에는 여자도 남자도 있다.

이런 '여자의 전쟁'을 모의하는 것이 매스컴의 남성 편집자라는 것은 누구나 알고 있다. 편집자가 필자를 선별하고, 기사를 정리할 해설자를 지목한다. 《주간 신초》 7월 24일 자 '편집 후기'는 그 사정을 여실하게 들려준다. 편집자는 '냉전 상태'에 있었던 하야시 마리코와 화해가 성립한 것을 보고하며 이렇게 쓴다.

"사실 하야시 마리코 씨와의 화해는 원만하게 이뤄졌지만, '여성의 선거'에 대해 써달라는 청탁에는 좀처럼 답을 주지 않았습니다. 마지막으로 부탁한 게 참의원 선거일 밤이었습니다. ……'여성의 선거에 대해 썼다가 또 시달릴까 무섭다'라며 주저하는 것을 '걱정 마십시오, 편집부에 믿음직한 남자가 여러 명 있으니 지켜드리겠습니다'라고 부탁해서 나온 것이 '정치에 여자를 끌어들이지 마라'입니다."

아그네스 논쟁에 질린 하야시 마리코 씨의 망설임이 전해지는 한편으로, 편집부의 저 우쭐거림이란. 지켜주긴 뭘 지켜주겠단 말인가. 언론에 대한 비판은 언론으로 돌아오는 것을, 편집부의 '믿음직한 남자'들은 어떻게 지켜주려는 셈일까.

'소노 아야코 현상'에서도 《주간 신초》와 《주간 포스트》가 보수파 입장에 선 것은 명백하다. '소노 아야코가 트집을 잡았다'나 '말꼬리를 잡고 늘어졌다'가 아닌 '소노 아야코에게 혼났다', '소노 아야코가 호통쳤다'라는 표현 안에는 명백한 선입견이 있다. 기사를 접한 독자들은 어지간해서는 오리지널 정보, 즉 《신초45》에 실린 소노 씨의 글이나 《아사히신문》에 실린 내 글까지 찾아서 확인하지는 않는다. '혼났다'라고 한쪽으로 치우친 표현을 쓴 편집자의 의도가 훤히 들여다보인다. 그런 공정하지 않은 편집자가 있다는 사실은 기억해두겠다.

그렇다고 《주간 신초》나 《주간 포스트》라는 매체 자체를 적대시할 생각은 없다. 어쨌거나 《주간 신초》는 같은 호에서 야마시타 도쿠오 전 내각관방장관의 '여자 문제'를 폭로해서 그를 사임으로 몰고 간 '체제'인지 '반체제'인지 알 수 없는 애매한 매체인 것이다.

요는 '팔리면 그만'이라는 것이겠지만, 아니 땐 굴뚝에서 침소봉대한 기사를, 그것도 명백한 편들기식 기사를 만들어내는 잡스러운 짓을 했음은 틀림없다.

보이기 시작한 여자의 보수와 진보

왼쪽이 떠들면 오른쪽도 떠든다. 상황이 이렇게 되면 여성 문화인 사이에서도 보수와 진보의 차이는 점차 두드러지게 나타날 것이다. 여자이기 때문에 무조건 여자 편인 것은 아니다. 이번 참의원 선거에서도 보수파 여성 후보와 진보파 여성 후보에게 유권자는 다른 심판을 내렸다. 같은 여자라도 모리야마 마유미 씨와 도이 다카코 씨를 동일시하는 사람은 없다. 모리야마 씨는 자민당 당원이고 도이 씨는 사회당 당수. 사상 자체가 다르다. 여성이 관방장관이 됐다고 해서 자민당의 체질이 바뀔 리 없고, 또 그것은 사회당도 마찬가지다. 여성이 당수가 됐다고 사회당을 지지해야 하는 것이라면, 자민당에 대해서도 그리해야 할 것이다. 영국의 페미니스트는 대처 수상이라는 여성 총리를 둔 덕에 '우먼 인 파워women in power'에 대한 환상을 걷어낼 수 있었다. 대처 정권이 해왔던 보수 혁명은 여자를 포함한 약자를 쳐내는 정책이었다. 그리고 그 자리에 여자가 앉든 남자가 앉든 권력이라는 자리 자체가 사람을 부패시킨다는 사실도 깨달았다. 그것이 확연하게 드러난 사건이 다름 아닌 리크루트 의혹이었다.

어쨌든 여자들 간의 다름이 분명해지는 것은 좋은 일이다. 이제부터는 '누가' 말했나가 아니라 '무엇을' 말했나가 중요해질 것이다. 무슨 말을 하든 어차피 여자가 하는 말이라고 무시하는 시대는 끝났다. 어떤 여자가 어떤 말을 하는가에 귀를 기울이는 시대를 페미니즘은 바라왔다.

언론이 점점 우경화하는 가운데, 앞으로 보수파 여성 문화인이 잇따라 기용될 것이다. 《요미우리 신문》의 《This is》 10월 호는, 강경한 보수파 여성 문화인 가미사카 후유코와 소노 아야코의 대담을 싣고, 그 긴 대화 속에서 그저 한두 번 언급되었을 뿐인 '페미니즘이야말로 여성 차별'이라는 발언을 친절하게도 그대로 표제로 쓰고 있다. 《쇼쿤諸君!》 10월 호도 '헤이세이1989년 1월 8일부터 2019년 4월 30일까지 사용된 일본 연호의 어두운 예감'이라는 제목으로 역사학자 마쓰모토 겐이치와 철학자 하세가와 미치코의 대담을 실었는데, 여기서 하세가와는 참의원 선거의 '아줌마 부대 파워'를 극구 비판하고 있다. 이에 질세라 마쓰모토는 그것은 '전공투 정신'과 다를 바 없는 반근대주의이자 반지성주의라며 하세가와에게 지지를 보낸다. 참, 씁쓸하다.

다행인지 불행인지 보수파 여성 문화인 중에 인물이 없다. 지성과 교양을 갖춘 인재가 부족하다. '예능계' 여성이 '나는 페미니즘이 싫다'라고 말해도 파장은 미미하지만, 소노 씨 정도의 지식인이 하면 같은 말이라도 무게가 다르다. 매스컴이 달려드는 이유는 잘 안다. 그리고 매스컴은 소노 씨나 가미사카 씨를 이을 새로운 보수파 여성 문화인을 원하고 있다. 하지만 현재로서는 무슨 말만 하면 바로 '폭언'을 내뱉는 지식도 교양도 없는 인물밖에 없다. 선동해서 쓰다가 필요 없어지면 버리는 것이 매스컴이니 부디 조심하시길.

마지막으로, 《월간 ASAHI》에 이 글이 실리면 하이에나처럼 덤벼들어 물어뜯으려고 하는 무리가 나올 것이다. 내게 '아사히 어용 문화인'이라는 딱지를 붙이거나, 매체 간 전쟁으로 키우려고 할 것은 안 봐도 빤하다. 일단 내보낸 이상 이 글에 대한 책임은 내게 있지만 만약 인용해서 쓰려거든 《주간 신초》나 《주간 포스트》가 했던 것처럼 맥락을 무시하고 주작하는 짓은 하지 말길 바란다.

여자에 의한 여자 때리기 구도는 이제 막 시작되었다. 이번의 '소노 아야코 현상' 정도는 내버려둬도 곧 잠잠해지겠지만, 가까운 미래에 제2탄, 제3탄이 나올 것이다. 언론도 세상도, 사회당마저도 우경화하는 시대가 올 것 같은 꺼림칙한 예감이 든다.

2장

젠더 평등의 지각 변동

- 1990년대 -

여자와 남자의 역사적 시차
—— 1990

일본에서 우먼리브가 일어난 지 20년. 유엔 여성을 위한 10개년으로부터 15년. 일본 여성은 바뀌었는가?

일본 여성은 확실히 바뀌었다. 그리고 그 변화의 속도와 규모는 내 예측보다 훨씬 빠르고 컸다.

거리를 활보하는 여자들. 직장에서 만나는 중년 여성의 웃는 얼굴. 노래방을 점거하는 '야행성 주부'. 방송국에 아이를 데리고 출근하는 탤런트. 그리고 '산을 움직인' 마돈나 파워1989년 참의원 선거에서 사회당 당수 도이 다카코는 장기 집권한 자민당을 제치고 사회당을 제1야당으로 이끄는 데 성공하면서 이른바 '마돈나 돌풍'을 일으킴. 그녀는 그 승리에 대해 '산이 움직였다'라고 표현했다. 10년 전에 누가 이런 현상을 예상이나 했을까. 베를린 장벽이 눈앞에서 무너지는 것을 보고 모두 예상하지 못했던 일이 일어났다고 놀랐지만, '여자와 남자 사이의 장벽'도 보이지 않는 곳에서 천천히 무너져 내리고 있었으리라 생각한다.

'여자와 남자 사이'는 역사를 초월한 보편적 가치로 여겨져 왔는데 그것이 눈앞에서 허무하게 바뀌어가는 것을 보면, 역사에는 시작이 있으면 반드시 끝이 있다는 것을 잘 알 수 있다. 일본인이 '모두가 중류'가 된 것은 기껏해야 30년. 여자들이 '회사원의 아내'를 동경하기 시작한 것은 반세기 전. 여자들이 바지를 입기 시작한 것도 한 세기가 지나지 않았다.

역사의 변화는 남자와 여자, 아이와 어른에게 불균등하게 찾아온다. 변화의 예고를 가장 먼저 감지하는 것은 여자와 아이다. 이유는 그들이 사회의 주변부에 있기 때문이다.

'남자의 성城' 안에서 기득권을 쥐고 있는 남자들은 발밑까지 밀어닥친 변화의 물결을 알아채지 못한다. 여자가 바뀐 것은 필요에 의해 어쩔 수 없이 바뀐 것이다. 이제 이런 것은 할 수 없다고 여자들은 저마다 말하기 시작했다.

남자가 바뀌지 않는 이유는 간단하다. 그들에게는 변할 이유가 없었기 때문이다. 적어도 여자가 가만히 있었던 지금까지는. 하지만 남자들도 이제 그러고 있을 수만은 없게 되었다. 여자가 변해버렸기 때문이다.

변하지 않은 남자의 입장에서는 뒤통수를 맞은 느낌일 것이다. 부부의 상황을 떠올려보라. 신혼 때는 "당신만을 따르겠습니다" 했던 아내가, 20년이 지나자 자립을 원하고, 30년이 된 어느 날 아침 느닷없이 이혼을 요구한다. "내가 뭘 잘못했어? 나는 변한 것이 없는데. 변해버린 건 당신이잖아?"라고 말하고 싶을 것이다.

그렇다. 당신이 변하지 않은 것이 문제다. 이혼 서류를 받은 그날 아침까지 아내가 무슨 생각을 하며 지내왔는지 전혀 눈치채지 못한 당신의 그 둔감함이 문제인 것이다.

젊은 여성들은 이제 그런 남자는 안중에 두지 않는다. 학력이 높고 연봉이 많아도 배려가 없는 남자는, 설령 컴퓨터가 예스라고 답해도 배우자로 선택하지 않는다. 듣기로는 남자들의 결혼난이 심각해지면서 급기야 '신랑학교결혼을 목적으로 독신남과 그 가족을 교육시키는 비영리단체'라는 것까지 등장했다고 한다.

여성 문제는 제2단계에 들어섰다고 나는 생각한다. 제1단계는 여자가 변하는 단계. 제2단계는 남자가 변하는 단계. 작년 노동성이 정한 여성 주간 표어는 '여자가 변한다, 남자가 변한다, 사회가 변한다'였다. 가히 훌륭하다. 변화는 이 순서로 일어나는 것이다.

인간은 사상이나 이념으로는 변하지 않는다. 페미니즘이 여자를 변화시킨 것도 아니고,《크루아상》일본의 여성 잡지이 여자의 생활을 바꾼 것도 아니다. 현실적인 필요에 의해 여자가 먼저 변하고, 변한 여자를 보고 남자가 마지못해 변한다. 그리고 비로소 여자와 남자가 만드는 이 사회가 변한다.

이 역사의 전환기에 선 씩씩한 여자들에게 격려를 보낸다. 그리고 이 여자들을 눈부신 듯 바라보면서 머뭇머뭇 변하기 시작한 남자들에게도 응원가를 불러주고 싶다.

우먼리브 르네상스
—— 1994

요즘 나는 멋대로 '우먼리브 르네상스'라고 광고를 하고 다닌다. 이러는 데에는 몇 가지 근거가 있다.

첫째로, 여성 서적 전문 출판사 쇼카도松香堂에서 1992년부터 간행 중인 『자료 일본 우먼리브사』 전 3권. 전화번호부만 한 두께로, 당시의 전단지며 동인지가 가득 수록되어 있다. 편집자인 미조구치 아키요 씨, 사에키 요코 씨, 미키 소우코 씨가 이사 때마다 자료 박스를 들고 다니며 만든 집념의 산물이다.

둘째는, 1993년에 출간된 『페미니즘 컬렉션』 전 3권. 편집자는 가토 슈이치, 사카모토 가즈에, 세치야마 가쿠. 이 세 사람은 페미니즘 제2세대들이다.

셋째는, 필자 외 이노우에 데루코, 에하라 유미코, 아마노 마사코 편집의 『일본의 페미니즘』 전 7권. 별책으로 남성학을 다룬 단행본도 간행되었다.

마지막은, 영화감독 구리하라 나나코 씨의 여성해방운동을 다룬 다큐멘터리 〈후미코를 찾아서〉. 도쿄 상영회에 여성운동가 다나카 미쓰 씨를 비롯해 『여자·에로스』를 발행한 후나모토 메구미 씨, 싱어송라이터인 마토리 스에미 씨 등 주연 여배우들이 한자리에 모였다.

　여러 해 동안 각자 준비해온 것들이 한꺼번에 개화한 느낌이다. 『일본의 페미니즘』에 실을 글을 청탁받은 어느 저자는 "이런 전집에 글이 실리게 되다니, 마치 박물관에 입성하는 것 같다"라고 말했는데, 그 기분을 충분히 이해한다. 우먼리브가 탄생한 것이 1970년. 세상에 태어나지도 않았던 세대가 대학생이 되었다. 우먼리브는 역사가 되었지만, 그 말은 곧 기억하고 계승해야 할 무언가가 되었다는 의미일 것이다.

　도쿄 상영회에서 많은 젊은 여성들이 '이런 여성들이 있었기에 지금의 우리가 있는 것이다'라고 절실하게 느낀 것 같다. 마토리 스에미 씨가 한 말이 그 마음을 정확하게 표현하고 있다.

　"히라쓰카 라이초_{일본을 대표하는 여성해방운동가, 여성 잡지 《세이토》 창간} 같은 여러 여성들이 있어준 덕분에 우리 앞에 푹신한 방석이 여러 장 깔려 있었던 거군요. 한 장인가는 귀찮아서 던져버렸지만, 하하."

'낙태'라는 여성의 권리가 세계적으로 위협받고 있다
—— 1992

참의원 선거에서는 PKO유엔평화유지활동가 쟁점이 되었지만 — 결국 불완전 연소였지만 — 미국의 대통령 선거에서는 낙태가 쟁점이 되고 있다.

1973년 1월 22일, 미국 대법원은 낙태를 합법화하는 역사적 판결을 내렸다. 그 후로도 낙태 합법화를 반대하는 보수파의 움직임은 끊이지 않았고, 루이지애나, 유타, 미주리 등 남부 여러 주에서는 실질적으로 낙태를 규제하는 주법이 차례로 성립되었다. 그리고 1992년 6월, 대법원은 펜실베이니아 주법의 낙태 제한을 인정하면서 1973년의 역사적 판결을 스스로 뒤집었다.

이 소식은 미국의 여성들뿐만 아니라 일본 여성들에도 큰 충격을 주었다. 20년이나 지난 지금에 와서 대체 왜? 낙태는 여자가 쟁취한 권리인데, 왜 이제 와서 반동이 일어날까? 1982년의 남녀평등 헌법 수정안 통과 운동이 패배로 끝난 뒤, 아메리카합중국 헌법 안에는 '남녀평등'을 명시하는 조항이 없다. '강제적 헌법'인 일본 헌법에는 있는데 말이다. 낙태를 둘러싼 이 대법원의 반전 판결은 미국 여성 운동의 또 하나의 큰 패배로 보인다.

전미 베스트셀러가 된 수전 팔루디의 『백래시』황성원 옮김, 아르테, 2017가 지적하듯이, 보수파의 반격이 시작된 것일까? 여성의 권리 주장은 이미 충분하다, 라고 페미니즘을 못마땅하게 여기는 이들의 반격이 도처에서 시작되었다. 부시는 낙태 자유화를 반대하는 입장으로서 대법원 판사를 반낙태파로 구성했다. 작년 TV 청문회를 통해 전미를 뒤흔든 아니타 힐 '성희롱 의혹'1991년 클레런스 토마스 대법관 지명자를 검증하는 인준청문회에서, 변호사이자 법대 교수였던 아니타 힐이 과거 그에게 당한 성희롱을 폭로한 사건에서도, 사건의 주인공 토마스 판사가 대단한 반낙태파라는 사실이 여성들의 공분을 샀다.

낙태를 둘러싼 백래시는 미국만의 문제가 아니다. 독일에서는 동서 통일 후 양쪽의 낙태법을 절충하는 일이 과제로 떠올랐고, 올해 6월 26일 통일 낙태법이 가결되었다. 구서독에서는 낙태는 비합법화, 구동독에서는 12주까지 합법. 여당인 기독교민주당은 낙태 자유화에 반대했지만, 동서 양쪽이 합의한 절충안은 '상담 후 12주 이내 합법'이라는 것. 구서독 여성에게는 전진, 구동독 여성에게는 후퇴를 의미한다. 구동독 여성은 여기서도 기득권을 또 하나 잃은 셈이다.

그것보다 올해 세계를 떠들썩하게 한 사건은 아일랜드의 '강간 임신' 낙태 금지 판결이었다. 친구의 부친에게 성폭행당해 임신한 14세 소녀가 낙태 금지국인 아일랜드에서 영국으로 건너가 임신 중절 수술을 받는 것에 대해 더블린 고등재판소는 출국 금지 결정을 내렸다. 이 같은 조치는 국론을 분열시켰고 낙태 권리를 요구하는 많은 여성과 시민을 거리로 나오게 했다. 소녀는 출산할 바에는 죽음을 택하겠다고 호소했고, 그러는 사이에도 낙태 가능 시기는 시시각각으로 다가왔다. 대법원은 긴급 심리 후 소녀의 출국을 인정했다. 낙태가 국민적 논쟁으로 번진 한편으로, 소녀를 강간해 임신케 한 남성을 엄벌에 처하지 않은 것을 보면 가톨릭교국 아일랜드의 윤리관도 남성에게 관대한 쪽으로 기울어져 있다.

낙태가 정치 과제나 법적 규제의 대상이 될 때마다 나는 곤혹을 느낀다. 왜? 여자의 자궁은 여자의 것이 아닌가? 낙태가 합법인지 비합법인지를 논하는 사람들의 머릿속에는 여자의 자궁은 국가의 것이라는 생각이 들어 있는 것 같다. 내 자궁과 관련된 일인데 왜 일일이 국가의 허가를 받아야 할까. 그렇게까지 해서 낳게 한 아이의 육아에 대해서는 전혀 관여할 마음이 없으면서.

지난 미국 대통령 선거에서는 여성 단체가 낙태를 지지하느냐 반대하느냐로 후보자를 고르자는 캠페인을 벌였다. 낙태가 그만큼 여성해방의 핵심에 있고, 후보자의 성향을 측정하는 척도가 되기 때문이다. 이것은 자궁과 재생산의 관리가 가부장제 지배의 근간에 있다는 말이기도 하다. 알면서도 낙태가 정치의 쟁점이 될 때마다 왜 원래부터 자신의 것인 권리를 탈환하거나 지키지 않으면 안 되는 것인지, 불쾌감은 쉬이 가라앉지 않는다. 그리고 낙태를 둘러싼 세계적인 백래시가 보여주듯이, 이 권리는 끊임없이 반대 세력으로부터 위협받고 있으며 노력해서 지켜내지 않으면 안 되는 것이다.

'낙태 천국' 일본에서도 작년에 충분한 논의도 거치지 않은 채 낙태 합법 기간이 임신 23주까지에서 22주까지로 개정되었다. 심지어 심의회 위원 15명 중 여성은 5명이었다. 왜 여성의 신체에 관한 문제를 남자들이 결정하는가. 우생보호법은 아직까지도 낙태를 위법으로 다루고 있고, 운용하기에 따라서 얼마든지 조건을 엄격하게 할 수 있다. 저출생이 사회 문제로 떠오른 오늘날, 또다시 낙태 규제를 강화하려는 움직임이 일어나지 않으리라고는 장담할 수 없다. 낙태 백래시로 향하는 '국제화'는 사양하고 싶다.

기업 사회라는 게임의 룰
—— 1993

지난해 신규 졸업자 취업은 불황 탓에 혹독했다. 불황의 바람은 특히 여학생에게 강하게 불어닥쳤다. 내가 근무하는 대학에서도 역시 여학생들은 고전을 면치 못했다. 졸업식 당일까지 갈 곳이 정해지지 않아서 울며 매달리는 학생도 있었다.

남녀고용기회균등법은 있지만, 그림의 떡. 기업 인사 담당자에게 전화하면 목소리만 듣고 "올해는 여성 사원 채용 계획은 없습니다"라는 노골적인 법률 위반 발언이 돌아온다. 심지어 내정된 채용을 취소하는 사례도 있다. 기업은 위로금 선에서 적당히 해결하려고 하지만, 일본의 고용 관행으로는 내정은 고용 계약에 준하므로 일방적으로 계약을 파기한 기업에는 책임을 따져 물어야 한다.

간사이 소재 대학 여학생들이 연합해서 만든 학생여성문제연구회가 여대생을 대상으로 조사한 결과에 따르면, 구직 활동 중에 여자라는 이유로 차별을 당한 경험이 1인당 평균 5건에 달했다. '여직원은 필요 없다'라는 노골적인 반응에 시험조차 볼 수 없었던 사례도 있었고, '여직원은 자택 통근에 한한다'라고 조건을 단 경우도 있었다. 보고서는 기업의 실명을 공개하고 있지만, 균등법 위반으로 판명되어도 노력 의무만 있을 뿐 처벌 규정은 없고, 유명무실한 균등법으로는 법적인 제재도 받지 않는다. 분쟁이 발생해도 달리 호소할 곳이 없는 것이 가장 큰 문제다.

종합직일반적으로 일본 기업은 핵심 업무에 종사하는 '종합직'과 일반 사무를 담당하는 '일반직'으로 구분하여 직원을 채용하고 있다. '종합직'은 임원급 승진이 가능한 데 반해, '일반직'은 대부분 평사원으로 퇴직한다. 이니 여성 관리직이니 하고 떠들어댔지만, 이것은 균등법의 영향으로 경영자가 남녀평등을 실천한 결과가 아니었다. 단지 인력 부족과 버블 덕분이었다. 불황이 닥치면 직장의 남녀평등 따위, 채용 시점에서 싹 지워져버린다.

『워킹우먼의 서바이벌 가이드』라는 책을 낸 후쿠자와 게이코 씨와 최근 함께 일을 했다. '일하는 여성이 곤경에 빠졌을 때 읽는 책'이라는 부제가 붙은 이 책은 그녀 자신의 경험과 많은 사례를 통해 일하는 여성에게 친절하고 간곡하게 '이럴 땐 이렇게 하라'고 실천적 노하우를 전하고 있다.

예를 들면 이런 식이다. 동료 여성이 결혼으로 퇴직할 때, 남성 상사가 당신에게 이렇게 말한다.

"있으라는 사람은 나가고, 나가라는 사람은 붙어 있고."

여기서 버럭 화내거나 기가 죽어서는 안 된다. 그의 얼굴을 똑바로 쳐다보고 빙긋 웃으며 이렇게 말해주자. "정말 그러네요."

여자로서 기업에서 꿋꿋하게 살아남으려면 이 정도의 유머는 몸에 익힐 필요가 있다. 이 책에는 수준 높은 유머가 가득하다. "남녀의 역할이 명확하게 구분된 회사와, 남녀가 대등하게 일하는 회사, 어느 쪽이 분위기가 좋을까? 답은 전자"라는 식의 날카로운 통찰도 여기저기 눈에 띈다.

이 책을 읽은 여대생이 감상을 말했다. "일하는 여성들에게는 많은 응원과 격려가 필요하군요." 그렇다, 여성은 직장에 나가기는 하지만 직종이나 노동 환경은 기대에 못 미친다. 남자처럼 일하는 것을 '평등'이라고 강요당한 종합직 여성의 생존율은 낮은 한편으로, 일반직 여성의 근속 연수는 늘어나고 있다. 그런 현실을 반영해서 『그녀가 종합직을 그만둔 이유』라는 책도 나왔고, 『여성이 일하기 좋은 회사 지침서』나 성희롱 대처법을 소개하는 『섹슈얼 해러스먼트 퇴치 매뉴얼』과 같은 책도 출간되었다.

"그런데 정말로 필요한 건 말예요, 남자들이 만든 조직에 풀타임 멤버로 참여할 때, 그 여성들에게 조직의 원리나 운용과 관련된 정보 등을 알려주는 거예요. 경영학 비법 말입니다" 하고 내가 말하자, "그거라면 여기 있습니다" 하고 후쿠자와 씨가 넙죽 내민 것은 그녀가 번역한 베티 레한 해러건의 책 『여성을 위한 비즈니스 게임론』최은정 옮김, 폴라북스, 2010이었다. 원제가 '엄마가 가르쳐주지 않은 게임'인 이 책은 미국에서 1977년에 출간된 후 판매 부수 100만 부를 넘기며 베스트셀러가 되었다. 지금 읽어도 전혀 고루하지 않다.

경제학과 경영학은 비슷한 것 같으면서도 전혀 다르다. 경제학은 시장의 움직임을 분석하는 학문이고, 경영학은 조직을 분석하는 학문이다. 시장은 근대화했지만 그 시장에 행위자로서 존재하는 기업이라는 조직은 조금도 근대화하지 않았다. 여전히 수직적인 군 조직이다. 시장

게임과 조직 게임은 성립도 룰도 다르다. 조직에 참여하는 여성은 온전한 플레이어로서 살아남으려면 그 룰을 익혀야 한다.

그것은 동화되기 위함이 아니다. 룰의 허점을 간파하기 위해서, 또 룰을 바꾸기 위해서, 일단은 자신이 참가한 게임이 어떤 질서 위에 있는지, 게임을 계속하는 한 알 필요가 있는 것이다.

지금도 계속되는 '군대와 성범죄'
—— 1993

'종군 위안부'를 영어로 'sexual slaves성적 노예'라고 말하는 것을 듣고 눈이 번쩍 뜨이는 것 같았다. 그녀들이 처했던 상황은 '위안' 따위로 표현할 만한 것이 아니었다. 감금된 노예 상태에서 병사들로부터 끊임없이 강간당했던 여성을 일본어로는 '종군 위안부'라고 부르는 것이다. 이런 여성으로부터 '위안'을 받을 수 있는 남자란 대체 어떤 남자일까.

1992년 오키나와를 방문했을 때, 121곳에 달하는 오키나와 위안소 지도를 만든 '오키나와 여성사를 생각하는 모임'의 멤버들과 교류할 기회가 있었다. 그들로부터 '위안부'에는 한국 여성과 오키나와 여성이 있었다는 것, 그 여성들은 병사용과 장교용으로 구분되어 있었다는 것, 오키나와에 일본군 병사를 위한 위안소가 설치되었던 것은 외지에 준하는 지역으로 취급되었기 때문이라는 것, 오키나와 사람들이 본토 병사로부터 핍박받으면서 한편으로 한국인을 차별하고 박해했다는 것……등의 복잡한 사정을 들었다.

오키나와에는 지금도 '위안부'를 경험한 이들이 남아 있지만 그들은 강제 연행된 한국 여성들과 달리 약간의 보수를 받았기 때문에 나서기를 꺼린다는 이야기도 들었다.

한국의 '위안부' 소송 배경에는 내셔널리즘의 고조나 일본과의 경제력 근접이라는 요인이 있다. 거기에는 한 국가의 타국민에 대한 범죄를 고발한다는 명분이 있다. 그렇다면 국적의 유무만으로, 또 보수의 유무만으로 오키나와 피해자들은 고발할 자격을 잃는 것일까.

'종군 위안부'는 '국가에 의한 범죄'일 뿐만이 아니라 '남자에 의한 성범죄'이기도 하다. 그 인식을 확립하지 않으면 한국 여성의 '종군 위안부'와 오키나와 여성의 '종군 위안부' 사이에 다시 깊은 국적의 늪이 끌려 들어오고 만다. 그리고 그 인식 속에, '종군 위안부' 문제가 전후 46년이 지난 지금 '이제 와서'가 아니라 '이제야' 나온 이유가 있다.

《사상의 과학》 1992년 12월 호 특집 '기억의 정치학'에서 에하라 유미코는 "왜 제소에 이르기까지 46년이나 걸렸는가?"라는 질문에, "성폭력이나 강간 피해를 당한 여성이 그 피해 사실을 육체적 치욕으로 느끼게 하는 사회 통념이나 문화는 그 자체로서 용서할 수 없는 성폭력이다, 라는 페미니즘적 인식이 확립되었기 때문이다"라고 말한다.

전후 일본이 국적을 박탈한 구 식민지인에 대한 전후 보상은 원대만인元臺灣人 병사의 군인 은급恩給이나 유족 연금 청구 등을 통해 되풀이해서 논란이 되어왔다. 하지만 '종군 위안부' 문제를 국적 문제나 국가 배상 문제로 환원하면 '지난 46년'이 가지는 현재적 의미가 상실된다.

피해를 피해자의 책임이나 수치로 돌려서 침묵시키는 가부장제의 역학이 작용한 탓에 '위안부'는 침묵해왔다. 작년에 "나는 아무 잘못이 없습니다" 하고 실명을 공개하고 성희롱 소송을 단행한 여성이 있었다.

그녀의 용기 있는 일보가 사건이 되기까지 걸린 시간이 '지난 46년'이었던 것이다.

'종군 위안부'가 '국가에 의한 범죄'일 뿐만 아니라 '남자에 의한 성범죄'라는 인식이 확립되면, 국경의 벽을 넘어 기지촌 여성들과 연결되는 길도 열린다.

유엔평화유지군이 파견된 아시아 지역에서는 기지 주변에 가설 술집이나 바가 형성되어 있다. '바 UNTAC'가 있다는 웃지 못할 이야기도 들었다. UNTACUnited Nations Transition Authority In Cambodia, 유엔캄보디아과도행정기구의 아카시 야스시 대표가 위안소 설치를 지지하는 뉘앙스의 '실언'을 했다고 현지 신문을 통해 전해지고 있다. 공공연한 폭력에 의한 강제이든, 금전에 의한 유도이든, '군대와 성범죄'는 과거의 망령이 아니라 오늘날에도 여전히 계속되고 있다.

'진보와 개발'이라는 이름의 폭력
—— 1994

하나 된 유럽

국제교류기금에서 일본·유럽 간 여성 교류 사업을 하고 싶다고 상담해 왔을 때 나와 또 한 명의 담당자 와타누키 레이코샌태학자 반핵평화운동가 씨가 가장 먼저 한 생각은, 1994년 현재의 유럽은 지금까지 우리가 '서구'로만 알고 있던 유럽과는 다르다는 것이었다. '서구인'이라면 일본에도 이미 많이 와 있다. 하지만 '서구'라는 이름이 말해주듯 우리가 오랫동안 '유럽'이라고 불러왔던 것은 독일, 프랑스, 영국을 주축으로 하는 '서유럽'이었다.

유럽에는 '서구'만 있는 것이 아니다. '중구', '동구', 그리고 '남구', '북구'도 있다. 1980년대의 세계사적인 격동을 통해 유럽은 하나가 되었다는 것이 우리의 공통된 인식이었다.

1989년에 '베를린 장벽'이 무너지고 동유럽 개혁을 거쳐 냉전 구조가 해체된 것만으로 유럽이 하나가 된 것은 아니다. '유럽 연합' 실현이 그렇게 만든 것만도 아니다. 그런 남자들의 정치적인 흥정으로 '위에서부터의' 유럽 통합이 진행되고 있었지만, 결정적으로 유럽을 하나로 만들어버린 중대한 사건이 있었다. 바로 1986년의 체르노빌 원전 사고다.

환경오염은 간단하게 국경을 넘는다. 국경은 사람과 사물의 유입을 막을 수는 있어도 방사능 오염은 막을 수 없다. 체르노빌 때문에 '환경 오염이 유럽을 하나로 만들었다'라는 얄궂은 사태가 일어났다. 그뿐만이 아니다. 이때만큼 유럽의 여성이 협력하고 연대하여 하나가 된 적은 없다. 체르노빌은 체제의 차이를 넘어 유럽의 여성을 하나로 만들었다. 아니, 유럽의 여성만이 아니라 풀뿌리로 연결된 세계 각지의 여성을 하나로 만들었다. 이 과정에서 '여성·환경·평화'가 테마로 부상했다.

우리는 새로운 '하나의 유럽'을 전제로, 이제까지 교류가 거의 없던 여성들을 초청하고 싶다고 생각했다. 그 결과, 첫째로 러시아를 포함해 동유럽과 중유럽 여성일 것, 둘째로 학자나 연구자만이 아니라 풀뿌리 활동가를 적극적으로 포함할 것이라는 인선 기준이 세워졌다.

초청하는 일본 측도 거기에 맞춰 방침을 정했다. 첫째로 일방적으로 보거나 듣기만 하는 것이 아니라 가능한 한 교류의 결실을 맺도록 일본 측에서도 그에 상응하는 연구자나 풀뿌리 활동가의 발언을 준비할 것. 둘째로 도쿄를 벗어나 지방 현장을 답사할 것. 셋째로 '여성·환경·평화'라는 테마에 적합한 장소를 선택할 것. 그렇게 해서 2주간의 일정으로 히로시마, 오키나와, 시가를 차례로 방문하게 되었다.

히로시마에서는 원폭 자료관을 방문해 피폭자와 직접 만났다. 현지 여성 단체와도 교류했다. 오키나와에서는 제2차 세계대전의 전적지를 방문해 기지촌 매춘이나 '종군 위안부' 문제를 토의했다. 일정에 쫓겨 미나마타를 방문할 수 없었던 것은 아쉽지만, 환경 문제의 또 하나의 쟁점인 시가 현 비와 호湖 오염을 둘러싸고 지역 사회가 어떻게 대처하고 있는지를 자세히 들여다볼 수 있었다.

일정 마지막에는 강연과 심포지엄이 사흘에 걸쳐 도쿄에서 진행됐다.

4월 7일에는 오차노미즈여자대학 여성문화연구센터의 협력으로, 마리아 미즈(독일)와 메리 멜러(영국)의 에코페미니즘에 관한 강연과 토론이 이뤄졌다. 사회는 아오키 야요이가, 해설은 오고시 아이코여성학자가 맡았다. 같은 날 국제문화회관에서 '피스보트세계 평화와 인권 증진, 환경 보호 등을 목적으로 1983년에 설립된 일본의 시민 단체'와의 공동 개최로 크로아티아 참가자 빌리아나 카시치가 '전쟁과 여성'을 주제로 강연을 했고, 일본에서 '종군 위안부' 문제에 몰두하고 있는 후쿠시마 미즈호와 교류했다. 사회와 진행은 피스보트의 쓰지모토 기요미가 맡았다.

이튿날 8일에는 마리아로사 델라 코스타(이탈리아), 마리아 미즈, 클라우디아 폰 베르호프(오스트리아) 세 사람을 모시고 '여성의 무임금 노동과 세계 체제'라는 주제로 심포지엄을 열었다. 일본 쪽에서는 오사와 마리경제학자, 이토 루리사회학자, 구바 요시코사회과학자가 보고서를 발표하고, 하나자키 고헤이철학자, 이다 구미코여성학자가 논평했다. 사회는 내가 맡았다.

그리고 마지막 4월 9일에는 조치대학 사회정의연구소의 협력을 얻어, 참가자 전원을 초대해 '체르노빌 여성 네트워크'와 공동으로 '여성·환경·평화' 심포지엄을 개최했다. 오전에는 '성과 생식에 대한 건강과 환경'을 주제로 와타누키 레이코생태학자, 마리아 구민스카(폴란드), 마르가리타 미카일엔코(러시아)가 주로 체르노빌 피해의 실상과 이후 상황에 대해 이야기했다. 해설은 지프카 다미아노바(불가리아), 나가오키 사토코사회학자가, 사회는 내가 맡았다. 오후 기조 강연에는 베르호프와 나카니시 준코환경공학자가 나섰고, 해설은 오치아이 세이코저술가와 이리나 이

바센코(폴란드)가, 사회는 와타누키 레이코가 맡았다. 중의원 의장인 도이 다카코 씨도 인사차 방문했다. 마지막 세션은 '여성의 제안 ― 인간과 환경의 관계를 다시 만들자'라는 주제로 모두 모여 자유롭게 토론하는 자리를 기획했다. 쓰루미 가즈코_{사회학자}가 진행을 맡아 훌륭하게 중재해 주었다.

── 환경

왜 지금 '여성·환경·평화'인가? 이 세 주제는 너무 광범위하게 보일 수도 있다. 각지에서 열린 강연과 심포지엄 주제도 피폭에서 호수 오염, 강간 캠프에서 '종군 위안부', 또 무임금 노동에서 '지속 가능한 사회'까지 산발적이고 즉흥적으로 보일지도 모른다.

하지만 이 과정을 통해 참가자와 기획자 모두가 발견한 것은, 이 세 주제가 놀라울 정도로 구조적인 동일성과 일관성이 있다는 것이었다.

'여성과 환경'에서 우리가 제시하고자 했던 것은 여성을 포함해 인간도 역시 환경의 일부라는 시각이었다. 환경에는 '체외 환경'과 '체내 환경' 두 가지가 있다. 우리는 종종 인간 밖에 있는 '체외 환경'만을 '자연'이라고 잘못 이해하지만, '체내 환경' 역시 하나의 '자연' 그것도 '자연 보호'라는 이름 아래 보호받지 못하는 '자연'이다.

마지막 날 강연에서 베르호프가 이야기한 '환경으로서의 여성'은 그런 뜻을 함의하고 있었다. 와타누키 레이코의 '미나마타에서 체르노빌까지'도 공해로 인한 '체내 환경'의 회복 불가능한 파괴와 그 빛이 세대를 넘어 무구한 다음 세대로까지 대물림되는 것의 공포를 논하는 것이었다. '성과 생식에 대한 권리Reproductive Rights'에서 '성과 생식에 대한 건

강'Reproductive Health'으로의 전개는, 인간을 재생산 환경으로서 유지하려고 하는 것의 문제를 확대하고 심화하는 데 중점을 두었다.

여성이 '환경'을 이야기하는 것은 여성이 '낳는 성'이기 때문이 아니다. 여성이 남성보다 '자연'과 밀접하기 때문도 아니다. 남성을 '문화'에, 여성을 '자연'에 할당하고, '문화'의 뒤처리를 '자연'에 떠넘기는 종래의 발상은 이제 누구에게도 허락되지 않는다. 마리아 미즈도 역시 강연에서 "우리는 남녀 모두 자연의 일부임을 깨달아야 한다"고 지적한다. 특히 "남자들은 특별히 그 사실을 배워서 깨우쳐야 한다"고 강조한다. 마리아 미즈도 메리 멜러도 이콜로지ecology를 논할 때 '모성'이라는 단어를 사용하지 않는다. 이콜로지를 이야기하는 데 있어서 여성만이 특권을 가지고 있는 것이 아니다. 남성 또한 '낳는 성'이다('낳게 하는 성'이라는 남성 지배적이고 무책임한 표현을 나는 쓰지 않는다). 남성은 자기 자신과 다른 생명에게 무신경함으로써 생명이 지속하는 환경 그 자체를 위기로 내몰고 있다. 그리고 이 '자연'에 대한 '폭력'이야말로 '성장과 개발의 신화'가 초래한 것이라고 할 수 있다.

—— 평화

전쟁은 여성에 대한 직접적인 폭력 행사다. 여성에 대해서만이 아니다. 전쟁은 조직된 남성의 폭력이고, 그 행사가 국가에 의해 정당화된 폭력이다. 국가는 폭력을 조직하고 그 행사에 정당성을 줌으로써 '남성성'을 규정한다. 그리고 그것으로부터 여성을 조직적으로 배제한다. 여자도 전투에 참가시켜 달라고 요구하는 것이 아니다. 전쟁은 폭력에 의한 '남성성'의 정의定義가 행사되는 '성역', 그것으로써 남자와 여자가, 그리고

'영웅'과 '겁쟁이'가 구별되는 궁극의 '남자다움'의 아성이다. 그리고 그 공격적인 '남성성'을 증명하기 위해 여성은 그저 비전투원으로서 숙임을 당할 뿐만이 아니라 성적인 침략의 대상이 된다. 히코사카 다이彦坂諦, 평론가, 사회운동가는 『남성 신화男性神話』径書房, 1991에서, '종군 위안부'를 범한 일본군 병사들은 성욕 때문이 아니라 억압의 이양과 공격성의 연대를 위해 희생자를 필요로 했다고 증언한다. 그것은 많은 강간범들의 범행 동기가 오직 성욕 문제만이 아닌 것과 부합한다.

여성에 대한 전쟁 폭력이 결코 과거가 아님을, 유고슬라비아 내전은 강간 캠프라는 역겨운 현실로써 증명해 보였다. 오늘날의 유럽은 '유럽의 불씨', 유고슬라비아 문제를 빼놓고는 말할 수 없다. 특히 유고슬라비아의 해체가 냉전 구조 붕괴의 직접적인 결과이고, 이익 공동체로서의 '하나의 유럽'에 올라타기 위한 움직임인 것을 생각하면 '하나의 유럽'이 안은 난제로서 이 문제를 다루지 않으면 안 된다.

빌리아나 카시치는 크로아티아의 수도 자그레브에서 난민 센터를 지원하는 여성 단체에 속해 있다. 전쟁이 시작된 후 그녀는 오랜 친구들로부터 "나는 첫째로 세르비아인이다. 그리고 그다음으로 페미니스트다"라는 말을 자주 들었다고 한다. 남자들의 가부장적인 대립이 여자들을 분단하는 상황 속에서, 그녀들이 지원하는 난민 센터는 수용자의 국적을 묻지 않는 몇 안 되는 시설 중 하나다. 구조 단체조차도 국적과 민족으로 분단된 가운데, 그녀들은 "우리는 크로아티아인이나 세르비아인이기 이전에, 먼저 페미니스트다"라고 하며 남자들이 그어놓은 국경과 내셔널리즘에 맞서왔다.

이 문제를 '종군 위안부' 문제나 기지촌 매춘 문제와 연결 짓고 싶다고 생각한 것은 다음과 같은 이유에서다. 첫째로, 전쟁 수행에 동반하는 성범죄나 성폭력은 결코 과거의 일이 아니라는 것. 특히 '종군 위안부' 문제는 피해자에게 아무런 공식적인 사과도 개인적인 보상도 이뤄지지 않았다는 점에서 전후 50년이 지난 지금까지도 여전히 현재 진행형이다. 둘째로, 폭력에 의한 강제이든 금전에 의한 유도이든 '매춘買春'이 성범죄인 것에는 변함이 없고, 여성에 대한 인권 침해임은 명확하다. 이 관점을 분명히 함으로써 외국인 '종군 위안부'와 일본인 '종군 위안부' 간의 구분을 없애고 싶다고 생각했다. 용기를 가지고 앞에 나선 한국과 필리핀 피해자들에 대해, 일본인 '종군 위안부'들의 침묵은 그 자체가 일본이 안은 거대한 가부장제의 그늘이다. 그리고 그 문제를 오늘날에도 아시아 각지에서 계속되고 있는 기지촌 매춘 문제로 재차 연결 지음으로써, 여성에 대한 전쟁 폭력이 국가와 국가의 가부장제적 싸움의 도구로 이용되는 것을 근절하고 싶다고 생각했다. 그 이면에는 페미니즘을 내셔널리즘에 의한 회수로부터 어떻게 지켜내느냐, 하는 거대한 문제가 가로놓여 있다.

── 노동

약간 뜻밖으로 보였던 '여성의 무임금 노동과 세계 체제'라는 주제도 이 맥락 위에 놓고 보면 문제의 구조적인 일관성이 확실하게 보인다. 이매뉴얼 월러스틴'세계체제론'을 확립한 미국의 사회학자으로 대표되는 세계체제론자들은 자본에 의한 세계 체제를 '중심부'와 '주변부'로 분할하여 개념화하지만, '여성의 시각'을 빠뜨리고 있기 때문에 세계 체제의 '코어(중심)' 한복판에 '주부'라는 이름의 여성의 무임금 노동이라는 '주변부'가 편입되어 있는 것을 알아차리지 못한다. 델라 코스타, 베르호프, 미즈는 이 여성의 무임금 노동을 자본의 이윤 형성과의 관계에서 실명해온 신구자적인 연구자들이다. 이 구조는 제3세계에 수출되어, 여성을 '생존 경제'에서 떼어놓음으로써 비공식informality 부문에서의 무임금 노동자로 변해가는 '노동의 주부화'를 일으킨다. 이 '무임금 노동'이야말로 노동의 '코어'를 지탱하고 있다는 그녀들의 분석은 공식formal 경제만을 분석 대상으로 하는 세상 일반의 '남성적' 경제학에 파산을 선고한다.

미즈에 따르면, 풀타임 임금 노동자라는 노동의 '코어' 부문은 자본주의가 세계적인 규모로 확대된 데에도 불구하고 결코 확대되지 않았다. 오히려 고용의 '풍화風化'나 '공동화空洞化'가 일어나고 있다. '코어' 부문의 고용은 점점 희소한 자원으로 바뀌어가고, 그 분배를 둘러싸고 선진국 노동자들도 심각한 실업 위기를 맞고 있다. 자본주의의 발전에 동반하는 '임금 노동자화'는 엥겔스독일의 철학자, 경제학자가 예상한 것처럼은 진행되지 않았다. 그러기는커녕 '노동의 주부화'는 먼저 여성부터, 그리고 언젠가는 남성으로까지 확대되어 진행된다고 베르호프는 불길한 예언을 한다. 1990년대에 여러 선진국에 불어닥친 불황은 이 '고용의 위기'가 '코어' 한복판에서 진행되고 있음을 입증해준다.

그리고 변함없이 이 '고용의 위기'에 가장 먼저 타격을 입는 것은 여성이다. 1990년대의 불황은 많은 파트타임직 여성을 해고로 몰고 갔고, 사무직 여성을 고용 조정 대상에 올렸으며, 노동시장에 새롭게 참가하려고 하는 대졸 여성들을 극심한 취업난에 빠뜨렸다. 이때, 노동조합이 아무런 도움도 되지 않는다는 것도 분명해졌다. 일본만이 아니라 많은 선진국들의 노동조합은 이미 일자리를 얻은 정규직 남성 노동자의 기득권을 지키는 일 외에는 관심이 없다. 그런 측면에서 볼 때 노동조합은 현상 유지를 꾀하는 지극히 보수적인 경영자와 이해가 일치한다.

이렇게 여성을 노동시장으로부터 조직적으로 배제하는 행위가 여성에 대한 간접적인 폭력이 아니고 무엇일까? 그것은 눈에 보이지 않는, 완만하지만 치명적인 폭력이다. 여성이 생활을 영위할 수 없는 현실이야말로 평시平時에 존재하는 가부장제의 구조적인 폭력인 것이다. 실업은 여성에게서 생존의 기반을 앗아가고, 정체성과 자존감의 근간을 흔들어버린다. 그것은 여성을 남성에게 경제적으로 의존시키고, 그로써 가정 내 남편의 폭력을 참게 만든다. 또한 여성을 '실업이냐, 매춘이냐' 하는 갈림길로 몰아넣는다. 동유럽의 경제 위기 과정에서 발생한 대량의 여성 실업이 초래한 것은, 이혼율과 출생률의 급감, 그리고 가정 폭력의 증가였다. 동유럽 여성의 원정 매춘이나 아시아 각지의 기지촌 매춘도, 그 배경에는 여성이 다른 방법으로는 생활을 영위할 수 없는 현실이 자리하고 있다.

여성이라는 이유로 일자리가 없다, 라는 사회적인 불공정은 여성에 대한 폭력이다. '일자리가 없다'는 것은 '일하지 않아도 된다'는 것을 의미하지 않는다. 그러기는커녕 임금 노동보다 더 악질인 무임금 노동을 할당받는 것을 의미한다. 델라 코스타, 베르호프, 미즈는 연구를 통해 성별 이데올로기의 배경에 있는 적나라한 여성 억압을 철저하게 밝혔다.

가부장제의 폭력

이번 교류 사업에서 우리가 배운 것은, 여성에 대한 폭력과 환경에 대한 폭력은 뿌리 깊게 연결되어 있다는 사실이었다. 전쟁과 강간이라는 육체에 대한 직접적인 폭력, '체외 환경'과 '체내 환경'을 파괴하는 생명에 내한 폭력, 그리고 여성을 '생존 경제'로부터 격리하고 노동 시장에서 배제하는 구조적인 폭력…….

그것은 '진보와 개발'이라는 이름으로 현재도 진행 중이다. 심포지엄 마지막에 '지속 가능한 발전'과 '지속 가능한 사회'의 차이에 대해 열띤 토론이 벌어졌다. 사회의 '지속 가능성'과 '발전'은 양립할 수 없다, '지속 가능한 발전'이란 것은 논리적 모순이다, 라는 지적에, 우리 모두가 직면해 있는 문제의 중대함에 아찔함을 느꼈다.

토론에 참가한 이시카와 현 스즈 시의 시의원이자 반핵 운동가인 오치아이 세이코 씨는 지역 정치 구석구석에 침투한 금권 정치의 실태를 자세하게 보고하면서, "이것은 돈과의 싸움입니다"라고 언명했다. 눈앞의 이익에 눈이 먼 지역 유력가들과, 자연과 생명에 골몰하는 여자들과, 그리고 남자들. 승산 없는 싸움처럼 보인다. 하지만 그녀들의 싸움은 이 세상에는 돈으로는 살 수 없는 것이 있다는 것을 깨우치기 위한, 지속 가능한 가치관의 투쟁인 것이다.

이번 교류 사업은 '여성'이 키워드였으므로 참가자도 여성 중심으로 구성되었다. 하지만 이 안에서 다뤄진 문제는 여성과 남성을 포괄하는 범세계적인 문제였다. '여성의 시각'은 여성용 문제에만 머물지 않는다. '여성과 환경'이라는 여성의 영역에 대해 여자들끼리 모여 내담을 나눈다고 생각하는 남자들은, 그 안에서 튀어나온 자신들의 이야기에 주춤할 것이다. '여성의 시각'이란, 왜곡된 '남성의 시각'을 추궁하지 않으면 안 되는 새로운 세계에 대한 패러다임인 것이다.

새로운 네트워크를 향해

마지막으로 유럽 참가자들의 일본 방문 소감을 몇 줄 기록해두고 싶다. 2주 동안 휴일도 없이 네 곳을 방문해야 하는 '일본적인' 강행군에 혀를 내두르면서도 그녀들은 각지의 교류 사업을 열정적으로 소화했다. 그녀들은 이구동성으로, 일본 여성들은 어쩜 이렇게 활발하고 적극적이냐고 말했다. 각지의 참가자들은 진지하게 토론에 참가했고, 질문 수준도 높았다. 그녀들은 풀뿌리 단체의 활동에도 감탄을 표하면서, "일본 여성에게 많이 배웠다"라고 기탄없이 말하고 일본을 떠났다.

그것은 선진국의 호의도, 허식도 아니다. 풀뿌리로 연결된 활동가로서의 인간적인 겸허함 때문만도 아니다. 나도 많은 외국인 내방객을 맞아봤지만 일본 여성을 이렇게 긍정적으로 평가하는 것을 처음 들었다. 소위 '일본통'이라고 자칭하는 많은 외국인들로부터 "일본 여성은 다 어디에 있는가?", "일본에 페미니즘은 있는가?"라는 질문을 지겹게 들어온 터였다. 당신들이 보지 못하는 것일 뿐이다, 그런 사람들을 만날 수 있는 장소에 가려는 노력을 하지 않았을 뿐이다, 라고 말해주고 싶지만 실제로 일본 기업이나 관청 고위직 사람들을 접하는 한에서는, 일본 여성은 '보이지 않는 존재'일 것이다.

국제교류기금으로서도 이번 사업은 새로운 경험이었음에 틀림없다. 그들 역시 NGO를 포함한 새로운 분야의 사람들과 유대를 만들어가고 있었다. 일본의 풀뿌리 NGO 활동은 넓고 두텁다. 그리고 그것을 지탱하는 것은 많은 여성들이다. 나는 그 사실을 알고 있다. 단지 그곳에 가기만 하면 누구나 그들과 만날 수 있다. 유럽에서 온 그녀들은 그런 사람들을 만났던 것이다. 그리고 그 여성들은 일본 여성에 대한 고정 관념을 경험을 통해 스스로 깼다.

또 하나의 결실은, 이 2주간의 '단체 여행'을 통해 서로 낯설기만 했던 유럽 각지의 여성들이 더 단단하게 결속된 것이다. 이런 기회가 없었다면 평생 서로 만날 일도 없었던 사람들이다. 아이러니하게 재팬 머니가 가능하게 한 이 만남을 통해 그녀들은 체르노빌과 환경, 전쟁과 강간이라는 주제를 둘러싸고 유럽 여성들의 네트워크를 또 하나 만들어 냈다. 서유럽 여성들은 러시아나 동유럽 여성들과 동행하면서 "동유럽에 대해서 정말로 모르는 게 많았다는 것을 알았다"라고 술회했다. 그녀들의 만남과 그 흥분에 대해서는 이 말이 대신해줄 것이다.

"일본에서 이렇게 만나기 전까지 우리는 서로를 전혀 몰랐습니다. 하지만 이야기를 나누는 순간, 우리가 같은 생각을 하고 있다는 것을 바로 알 수 있었습니다."

그녀들이 만난 일본 여성들도 그랬을 것이다. 나는 이것을 '의외의' 결실이라고 생각하지 않는다.

축제 그 후

7월, 독일에서 나는 그녀들과 재회했다. 7월 18일부터 23일에 걸쳐 빌레펠트대학에서 열린 국제사회학회에 델라 코스타와 미즈도 저마다 세션을 조직해 참가했던 것이다. 베르호프와 멜러까지, 학회는 때아닌 동창회 분위기가 되었다. 델라 코스타는 여성 인권 문제에 대해 보고하면서 환경 문제도 언급했다. 그녀는 빈 국제인권회의에서도 일본의 '위안부' 문제에 깊은 관심을 보였다.

만찬 자리에서 멜러는 독일어로 번역되어 나온 자신의 저서를 소개하면서 이렇게 말했다.

"'지금이 아니면 언제?'라는 제목입니다. 부제는 '페미니스트, 그린사회주의를 향해'. 이 문제에 대해 페미니스트를 설득할 필요는 없습니다. 환경운동가들도 마찬가지고요. 설득해야 할 상대는 사회주의자들입니다."

지금이 아니면 언제? 시스템이 회복 불가능한 지경에 이르기 전에 남자들을 설득할 수 있을까?

베이징 세계여성회의 리포트
—— 1995

악조건에 굴하지 않는 NGO의 투지

베이징에 입성한 우리를 '열렬하게' 환영한 것은 삼엄한 경비, 목에 건 신분증 없이는 한 발짝도 움직일 수 없는 감시, 대회장에 들어갈 때마다 행해지는 '안전 검사'라는 명목의 소지품 검사……였다.

베이징에서 NGO 포럼 대회장이 있는 화이러우까지 50킬로, 버스로 1시간. 끝에서 끝까지 걸으면 족히 30분은 걸리는 광대한 대회장에는 순환 버스도, 짐 보관소도 없다. 저마다 자신들의 의견을 내세우기 위해 많은 자료와 장비를 들고 온 NGO 활동가들은 커다란 짐을 안고 넓은 대회장 안을 우왕좌왕한다. 프로그램 안내장에 딸린 지도는 부정확하고, 좀 더 자세한 지도는 수가 부족하다. 고령의 여성이나 장애가 있는 여성들도 참가하는데 이 거리를 어떻게 이동하라는 것일까.

게다가 건물 안에는 엘리베이터가 없어서 장애가 있는 이들은 대부분 회의에 참가하는 것을 포기해야 하는 상황이었다. 장애 여성이 워크숍을 위해 배정받은 방은 턱이 네 단. 그들은 방의 사용을 거부하며 사무국에 항의했다.

사무국은 완전히 비효율적이었다. 어디서 무엇이 행해지는지, 행사가 취소됐는지 추가됐는지, 제대로 된 답변을 주지 않았다. 대회 인상은 한마디로 '혼란'이었다.

하지만 그것은 국제회의에 익숙하지 않은 개발도상국에서는 자주 있는 일. 주최국의 열의가 전해지면 참가자와 주최자가 서로 부족한 부분을 메워가려고 노력하는 그 NGO 특유의 분위기가 생겨난다.

하지만 우리가 마주한 것은 중국 측의 감시와 방해였다. 대회 3일째 날 티베트 여성이 주최한 워크숍에서 중국인 사찰자가 진행을 방해한 일은 이미 보도된 바다. 그뿐만이 아니다. 영상이 중간에 끊기거나 '분실'된 경우도 있었다. 대회장 곳곳에서 산발적으로 벌어지는 시위에는 공안의 삼엄한 제재가 들어왔다. 특히 인권 억압을 규탄하거나 핵실험을 반대하는 시위에는 신경을 곤두세우는 모습이었다.

유엔의 NGO 포럼 위원회는 9월 2일, 중국 측 조직위원회 앞으로 24시간 이내에 방해 행동을 멈추지 않으면 보이콧을 비롯한 구체적인 행동을 취하겠다고 경고 메시지를 보냈다. 그 때문인지 9월 4일부터는 경비가 눈에 띄게 완화되고, 호텔의 도어맨조차 미소를 보였다.

하지만 같은 날 《헤럴드 트리뷴Herald Tribune》은, 그것을 '포럼 대표, 중국과의 대결 태세 무너뜨렸다'라고 보도했다. 경고는 유엔 측의 단순한 제스처였나?

이런 사태는 중국 측이 금년 3월에 급작스럽게 대회장을 교통이 불편한 화이러우로 변경한다고 일방적으로 통보해왔을 때부터 예견된 일이었다. 지명은 '화이러우懷柔, '회유'를 뜻한다'인데, 실태는 '강경'이다.

때마침 악천후까지 겹쳤다. 비가 내리면 진창이 되는 대회장에는 비에 대한 대책도 없었다. 가설 천막은 비바람이 들이쳐 무용지물. 짐을 짊어지고 차가운 빗속을 뛰어다니면서노 어니나 마땅히 항의할 곳도 없었다. 이럴 거면 왜 굳이 대회를 베이징에서 개최하려고 한 것일까, 하는 불만의 목소리가 여기저기서 터져 나왔다.

하지만 그런 악조건 속에서도 각국의 NGO는 충분히 건투했다. 1975년 멕시코 회의에서부터 축적된 경험이 여기서도 결실을 맺었다. NGO의 힘은 이제 무시할 수 없는 수준에 이르렀다고 생각한다. 자연스럽게 화합을 이루고, 그 안에 누구든 받아들이고, 세계 어디나 비슷한 문제를 안고 있음을 인식하고, 경험과 감정을 공유하고, 장래의 네트워크를 약속하고 헤어진다, 라는 여성 NGO의 힘은 이번에도 역시 빌휘되었다.

일본 정부 대표단의 노사카 고켄당시의 관방장관 단장(참고로 약 190국 중 남성이 단장을 맡은 나라는 4곳이었다)이 대표 연설에서 '여성의 임파워먼트'라는 말을 강조했는데, 이 말은 원래 '여성이 힘을 키워 권리를 획득한다'라는 NGO 용어다. 정부도 조금은 NGO의 영향을 받은 것일까.

일본군 '위안부' 문제를 둘러싸고

약 9만 평에 이르는 대회장은 20개의 건물에 회의실 73개, 가설 천막이 86개, 거기서 워크숍과 심포지엄이 100개 이상 동시에 진행되었다. 대회 의장에서는 전체 회의가 개최되고, 야외에서는 자발적인 모임이나 퍼포먼스, 그리고 항의 행동이 끊이지 않았다. 10일간 5천 개 이상의 행사가 진행된 이 대회의 전모를 파악하기란 쉽지 않다.

이번 베이징 회의의 초점은 중국에서의 인권 억압과 핵 억지. 이에 대해 중국 측은 필요 이상으로 경계하고 있었던 것 같다. 마침 프랑스가 핵실험을 강행하려는 시점이기도 해서, 프랑스 정부에 대한 항의 시위가 연일 벌어지고 반핵 활동가들도 바쁘게 대회장 안을 뛰어다녔다.

여성 인권과 관련해서도 이번에 초점이 맞춰졌던 것은 여성에 대한 폭력이다. 성희롱이나 가정 폭력과 더불어, 전시하의 성폭력에 대해 유고슬라비아 여성들과 이슬람권 여성들이 열띤 토론을 벌였다.

아시아에서의 '군대 위안부' 문제도 일본으로서는 피해갈 수 없는 중요한 안건 중 하나였다. 나 자신이 관계했던 이 문제에 대해 자세하게 기록해두겠다.

일본군 '위안부'에 대해 일본인 관계자가 주최한 워크숍은 8개. 한국, 필리핀, 재미 여성이 주최한 회의는 8개. 어느 것이나 여러 국적의 사람들이 참가한 국제적인 회의였다.

대회 후반 아시아여성회의 네트워크가 개최한 워크숍에는 70명 정원의 회의장에 100명이 넘게 모였다. 대회를 통해 쌓아온 국제적인 NGO의 관심이 성과를 거둔 느낌이었다. 베이징 회의에 와서 처음으로 이 문제를 알았다고 하는 외국인 참가자도 많았고, 일본인 참가자의 관심도 무척 컸다.

베이징 회의에 앞서 정부에 정식 사과와 개인 보상을 요구했던 아시아여성회의 네트워크는 '민간기금'에 반대하는 서명을 회의장 내외에서 받아 2,252명의 서명을 정부 대표단에 건넸다.

어느 회의장에서나 비난의 대상이 되었던 것은 피해자에게 정식 사과와 개인 보상을 하려고 하지 않는 일본 정부였다. 회의장에 있었던 일본인 참가자들은 틀림없이 부끄러운 마음이 들었을 것이다.

일본 정부가 '여성을 위한 아시아평화국민기금'이라는 이름으로 진행하고 있는 통칭 '민간기금'이, 정부가 책임을 회피하기 위한 얼마나 기만적인 기금인가가 비판의 도마 위에 올랐다.

외국인 참가자들 사이에서 이 기금은 '무라야마 기금'1995년 무라야마 정권 당시에 기금이 발족되었다으로 불리고 있었다. '민간'이라는 이름하에 실은 정부 주도로 운영되고 있는 기금이 분명하기 때문이다. 정부가 기금 발족을 서두른 것도 베이징 회의를 의식해서였을 것이다.

9월 4일 1,000명이 참가한 가운데 열린 '무력 분쟁과 여성 폭력에 대한 국제 심포지엄'을 지켜봤던 한 정부 관계자는 기자단 앞에서 이것을 "생각이 같은 사람들로만 이뤄진 모임"이라고 평가했는데, 그렇다면 왜 '민간'의 이름으로 설립되었다는 기금에서는 단 한 명의 관계자나 지지자도 워크숍에 참가해 목소리를 내지 않았는지 되묻고 싶다.

NGO란 시민의 모임이다. 그 안에는 찬반양론이 있어도 된다. 대회장에는 '불륜 반대, 동성애 반대'라고 적힌 피켓을 들고 시위하는 이슬람 여성들도 있었을 정도다.

기금 측의 목소리가 들리지 않았던 것에는 의문을 품는다. '민간기금'은 일본인의 양심이다, 정부와 협력해서 우리는 이렇게 하고 있다, 라는 목소리가 들려야 마땅하지 않은가? 워크숍 참가 등록을 제때에 하지 못했던 것이라면 부탁해서 발언할 기회를 마련하든지, 아니면 전단지를 돌리든지 하면 될 일이다. NGO에서 자기주장을 할 수단은 얼마든지 있다.

'민간기금'을 지지하는 '시민'의 목소리가 전혀 들리지 않았던 것이야 말로 '민간'이 실은 '민간'이 아님을 무엇보다 확실하게 증명해주고 있다.

이번 회의에서 건투한 일본 NGO는 외국 참가자들로부터 호평을 받았다. 참가 등록자 3만 명 중 일본인이 6,000명. 항상 수적 우세에 비해 존재감이 약했던 일본 참가자가 그 자발성과 퍼포먼스로 국제무대에서 눈에 띄는 활동을 한 것은 처음이 아닐까. 1975년부터 축적해온 NGO의 경험이 이제야 발휘된 느낌이었다.

폐회식 전날 일본 정부는 각국에 대한 NGO 브리핑을 열었다. 그 자리에서 오와다 히사시 유엔 대사는 'GO(정부)와 NGO(민간)의 대화'를 강조했다.

하지만 맞지 않는 NGO 회의와 GO 회의 일정, 뚝 떨어진 회의장 간 거리, NGO 회의장에 나타나지 않는 정부 관계자, 정부 간 회의에 접근을 제한당하는 NGO 참가자…… '대화'를 방해하고 있다고밖에 생각할 수 없는 악조건 속에서, 대체 어떤 '대화'가 가능하단 말인가.

회의장에서는 일본과 필리핀 혼혈아에 대한 일본 남성의 무책임함이나 인권 억압국에 대한 일본의 공적개발원조ODA와 더불어, '위안부'에 대한 일본 정부의 무책임함에 비난이 집중되었지만, 오와다 유엔 대사는 정부 답변을 되풀이할 뿐이었다. 회의장을 가득 메웠던 각국의 NGO는 일본 정부의 발언을 엄중한 시선으로 지켜보고 있었다.

여성 회의와 베이징 시민

그런데 베이징 시민은 이 대회를 어떻게 생각하고 있었을까?

우리가 머문 호텔은 대회 조직위원회의 요구에 따라 객실에서 내객과 만나는 것을 엄금하고 있었다. 호텔에는 외국인 참가자들만 투숙했고, 객실에 출입할 때는 매번 참가증을 제시해야 했다. 면회가 있을 때는 눈

매가 매서운 감시원이 따라붙었다. 중국 측은 대회 참가자와 일반 중국 시민을 철저하게 격리하려는 것 같았다.

회의장에는 놀랄 만큼 중국인 일반 참가자가 적었다. 이런 국제 대회에는 유리한 지리적 조건 때문에 지역 참가자가 절반 가까이 점유하기 마련이다. 국제 대회의 목적 중 하나는 개최국 시민과 외국인 참가자의 교류가 아니었던가. 중국어로 번역해 간 자료집도 결국 남았다. 대회를 주최한 단체는 중국부녀연합회라는 전국 단체이지만 실상은 국책 단체. 중국에는 NGO가 없다고 들었다.

회기 중에는 차량 2부제가 시행되었고 경비도 삼엄했다. 자신들과는 무관한 행사임에도 대부분의 베이징 시민이 강제에 의해 생활의 불편을 감수하고 있다는 것이 솔직한 인상이었다.

대회 때문에 베이징 거리가 깨끗해진 것은 좋은 일이다. 시민들에게는 아시안게임에 버금가는 대규모 국제 대회로서, 유치에 실패한 올림픽 대신이라는 인식이 있었을 것이다. 하지만 이 국제 대회는 텔레비전 중계로 함께 즐길 수 있는 스포츠대회와는 엄연히 다른 것이었다.

《세계일보》 등의 공식 기관지나 텔레비전에서는 질서 정연한 개회식의 모습이나 회의의 성공만을 전하고, 참가자와 중국 측의 갈등은 보도하지 않았다. 베이징 시민의 가장 일상적인 정보원인 《베이징완바오北京晚報》에는, '자전거 판매가 늘었다'거나 '식당 주인이 생일을 맞은 외국인 참가자에게 장수면을 대접했다'거나 하는 대회를 예찬하는 미담만이 소개되었다.

베이징 시민에게는 공식 정보원 외에 뉴스를 퍼 나르는 소식통이 있다. 발신지가 대회장에 드나드는 택시 기사라고 전해지는 소문에 따르면, 이 대회가 '매춘부와 레즈비언의 모임'이라는 유언비어가 베이징 시민들 사이에 공공연히 퍼져 있다는 것이었다.

어느 쪽이나 중국으로서는 환영하고 싶지 않은 '위험 분자'이지만 호기심을 자극하는 존재임에는 틀림없다. '여자다움'에서 일탈한 여성들에게 꼬리표를 붙이는 것은 어디나 판에 박은 듯 똑같다.

좀 더 교육을 받은 여성이라면 정확한 정보를 알고 있었을 것이다. 하지만 놀랄 만큼 대회장에 일반 중국인 여성이 적었던 것은, 참가하는 방법을 알고 있어도 후폭풍이 두려워 선뜻 나서지 못했기 때문이라고 생각한다.

바깥 세계를 접할 좋은 기회라는 것은 알고 있다. 자신의 어학 실력도 시험해보고 싶을 것이다. 하지만 1989년 '그날'의 악몽에서 아직 벗어나지 못한 것이다. 천안문 사태가 있기 전까지는 그래도 학생들의 자주적인 활동은 비교적 자유로웠다. 지금은 당국의 눈 밖에 나면 장래에 불이익이 따른다고 그녀들은 생각하고 있다.

여성이 '하늘의 절반을 지탱하는' 중국에서 남녀평등은 앞서 있을지도 모른다. 하지만 시민의 권리는 보장되고 있다고 보기 어렵다. 개혁과 개방의 물결 속에서, 여성은 효율을 중시하는 경제로부터 서서히 배제되고 남녀 격차는 점차 확대될 것이다.

이번 베이징 회의는 NGO의 힘이 무시할 수 없는 수준에 이르렀음을 세계에 보여주었다. 주최국인 중국에서 '시민의 영역'이 성장하는 계기가 될 수 있을까.

캠퍼스 성차별 실태
—— 1997

'세쿠하라'`섹슈얼 해러스먼트(sexual harassment)'의 일본식 줄임말`가 유행어 대상을 받은 것은 1989년. 지금 다시 '아카하라'`아카데믹 해러스먼트(academic harassment)'의 일본식 줄임말`를 문제화하려고 하는 것은 다른 게 아니다. 이성과 양식의 산실인 대학에서도 성차별은 예외가 아니기 때문이다. '아카하라'를 여기서는 '연구직 고유의 성차별'이라고 정의해두겠다.

지난 3월, 교토대학 교수 '세쿠하라' 의혹을 제기한 교토대학 여성교관간담회 대표 오노 가즈코 씨를 상대로 한 명예훼손 소송은 오노 씨측의 승소로 마무리됐는데, 그 판결문은 섹슈얼 해러스먼트를 다음과 같이 정의하고 있다.

"상대방의 뜻에 반하여 성적인 성격의 행위를 하고, 그에 대한 대응에 따라 일을 하는 데 있어서 일정한 불이익을 주거나 혹은 그런 행위를 지속함으로써 노동 환경을 현저하게 악화시키는 것." (1997년 3월 6일)

'세쿠하라'는 일종의 산업 재해로서 고용주 측에 책임이 있음이 분명해졌다. 실제로 이 사건 이후 교토대학에서는 상담 창구를 설치하는 등

대책 마련을 강구하고 있다.

'세쿠하라'는 '아카하라'의 일부이지, 전부는 아니다. '아카하라', 즉 아카데믹 해러스먼트는 연구직 여성이 경험하는 성차별을 의미한다.

교토대학 여성교관간담회의 활동에 자극을 받아, 뒤늦게나마 도쿄대학에서도 도쿄대학 여성교관간담회(후에 '여성연구자간담회'로 개칭)를 1994년에 결성해 '도쿄대학 여성 연구자에 대한 성차별 실태 조사'를 실시했다. 조사 보고를 겸한 심포지엄에서 한 참석자는 "공명정대해야 할 대학에 이런 성차별이 존재한다는 사실에 충격을 받았습니다"라고 성토했다. 내 저서 『캠퍼스 성차별 실태キャンパス性差別事情』三省堂, 1997는 수년에 걸쳐 각지의 여성 연구자 문제에 관심을 두고 맞붙어온 결과물이다.

아카데믹 해러스먼트에는 다음과 같은 것이 있다.

하나는, 일하는 여성의 공통적인 고민인 가정과 일터의 양립과 이름 문제가 있다. 연구자는 자신의 이름으로 연구 논문을 발표하는데, 결혼 후에 성이 바뀌면일본에서는 결혼한 여성은 남편의 성을 따르게 되어 있다 학술 정보 데이터에서 검색이 되지 않는 등의 문제가 생긴다. 별성부부가 각기 다른 성을 갖는 것 선택은 여성 연구자에게는 꼭 필요한 부분이다.

두 번째는, 지도나 연구에서의 차별, 연구 프로젝트에서의 배제, 연구비 배분에서의 불이익 등 연구직 고유의 성차별이다. 아이디어를 도용하거나 연구 성과를 독점하는 예도 있다. 여성 연구자와 남성 연구자가 공저로 쓴 논문에서 제1저자와 제2저자의 순서를 바꿔 써넣은 쓰쿠바대학 사건은 전형적인 예다. 이런 종류의 불이익은 연구자로서의 위치가 낮은 사람에게는 남녀를 불문하고 발생하기 쉽지만, 분명한 것은 여성이 하위직에 집중되어 있다는 것이다. "우리 연구실은 여성은 사양한다"

라고 공언하는 교수도 있지만 대부분은 암암리에 채용이 이뤄지기 때문에 실제로 여성 차별이 있는지 어떤지 증명하기는 어렵다. 하지만 학부생, 대학원생, 조수, 강사, 조교수, 교수로 직위가 올라감에 따라 여성 비율이 현저하게 줄어드는 것에서, 성차별 여부를 역학적으로 증명할 수는 있을 것이다. 비상근 강사에도 여성이 많다.

세 번째는, 역시 '세쿠하라'다. 그리고 연구상의 차별과 '세쿠하라'는 대부분 밀접하게 연관되어 있다.

그뿐만이 아니다. 대학에는 '아카하라'를 문제화하기 어려운 구조적 장애가 있다.

첫째, 학부 및 학과의 자율성 보장에 따라 서로 간섭할 수 없는 데다, 감독 책임이 부재하다.

둘째, 연구직은 전문 분화되어 있고 학계가 협소하다. 연구상의 보복을 당하면 피해자는 단지 일자리뿐만 아니라 연구자로서의 장래를 잃을 수도 있다는 두려움을 느낀다.

그리고 셋째로, 어디보다도 공정해야 할 연구의 장에서 '있어서는 안 되는 일'인 성차별을 문제화하는 것, 그것 자체가 억압되고 있다. 그 결과, 민간 기업에서는 있을 수도 없을 법한 무책임하고 무분별한 차별적 언행이 횡행하는 일도 있다.

여성 연구자가 늘어나면서 대학도 여타 기업들처럼 여성이 일상적으로 일하는 직장 중 하나가 되었다. 그녀들은 무엇이 가치 있는 연구인가, 하는 판단 기준도 계속 업그레이드해가고 있다. '아카하라'를 문제 삼는 것은, 지식의 재생산 제도 그 자체의 젠더 바이어스Gender Bias, 성역할에 대한 편견를 문제 삼는 것이라고 할 수 있겠다.

캠퍼스 섹슈얼 해러스먼트
—— 2000

최고 학부와 섹슈얼 해러스먼트, 이렇게 부조화한 조합도 없을 것이다. 그렇게 믿어온 아주 최근까지는. 어떻게 된 일인지, 요 몇 년 사이 대학에서 섹슈얼 해러스먼트가 횡행하고 있다. 그것은 부정할 수 없는 사실이고, 대학 특유의 '세쿠하라' 체질조차 지적되고 있다. 이것은 환영해야 할 변화일까? '눈 가리고 아웅'하기보다는 부인하고 싶은 현실이라도 그것을 정면으로 마주하는 것이 문제 해결을 향한 첫걸음일 것이다. 여기서는 대학 내 섹슈얼 해러스먼트의 실태와 배경을 밝히고, 그 해결을 저지하는 대학의 구조적인 요인을 살펴보겠다.

경험의 재정의

섹슈얼 해러스먼트, 즉 '세쿠하라'라는 네 글자가 일본어 안에 정착한 것은 1989년의 일. 『현대 용어 기초 지식』의 1989년도 유행어 대상을 수상한 것에 따른다. 섹슈얼 해러스먼트는 1980년대 들어 일부 페미니스트들 사이에서 '성적 괴롭힘'으로 번역되어 쓰이면서 보급되기 시작했다. 그런데 아이러니하게도 이 단어의 토착화에 공헌한 것은 '세쿠하라'의 문제화를 조롱하는 반페미니스트적인 보수 매체였다. 당시 남성 주간지 등에는 '그렇다면 어디까지 허락되나? 세쿠하라 광상곡'이라든가 '예쁘다는 말도 안 돼? 삭막한 직장' 등과 같은 야유로 가득한 표현이 범람했다. 그런 잡지를 사서 읽는 독자들은 말할 것도 없고, 신문이나 지하철 광고 등을 통해 '세쿠하라'라는 말이 노출되면서 많은 사람들에게 익숙해져갔다.

'조롱'이 상대의 메시지를 무효화하려는 악의적인 권력 행사인 것은 에하라 유미코의 「조롱의 정치학」(『女性解放という思想』에 수록, 勁草書房, 1985)에서도 밝혀놓았지만, '세쿠하라'를 둘러싼 매체의 전략은 결과적으로 '세쿠하라'라는 말을 몰랐던 이들, 특히 여성들에게 어필되어 '경험의 재정의'를 유도하는 역설적인 효과를 낳았다. '페미니즘'이 매체의 조롱에 오염되어 금기어가 된 것에 비하면, '세쿠하라'는 그들의 의도에 반하는 결과를 가져왔다.

'경험의 재정의'란, 새로운 카테고리에 의해 자신의 경험이 다른 의미를 부여받는 것을 말한다. '경험의 재정의'는 과거로 소급해 올라가서 이뤄지기도 한다. '세쿠하라'라는 카테고리를 획득함으로써, 많은 여성들은 과거에 이름 붙일 수 없었던 불쾌한 경험에 대해 "그게 '세쿠하라'였구나"라고 이름을 부여할 수 있게 되었다. 그리고 카테고리화가 움직임의 일보였다면, 적극적이든 소극적이든 그 경험과 대면할 '대책'이 시작되었다. 그것은 '세쿠하라' 소송 건수가 1989년을 기점으로 눈에 띄게 증가한 것에서도 알 수 있다. 물론 소송은 '대책'의 일부분에 지나지 않지만, 소송까지 가지 않은 방대한 고발 건수를 생각하면 1990년대 이후 '세쿠하라'가 문제화되기 시작했음은 의심의 여지가 없다.

'세쿠하라'는 대수롭지 않은 일? – 야노 사건의 경위

세쿠하라의 문제화는 대학도 예외일 수 없었다. 가장 유명한 것이 교토대학 야노 사건일 것이다. 이 사건은 뒤에 서술할 도호쿠대학 사건과 더불어 대학이라는 장소의 특이성을 밖으로 끌어냈고, 모종의 전형을 보여주는 사건이었다.

1992년 교토 변호사회에 고노 이쓰코(가명) 씨가 인권 침해 구제 신청서를 제출하면서, 교토대학 동남아시아연구센터 야노 도오루 교수의 장기간에 걸친 '세쿠하라'가 언론에 보도되었다. 그 후 사건은 의외의 방향으로 전개된다. 고노 이쓰코 씨는 소송을 제기하지 않았다. 따라서 야노 씨는 법정 피고석에 한 번도 서지 않았다. 그런데 어찌 된 일인지 야노 씨 본인이 명예훼손 등의 이유로 세 건의 소송을 제기하는 일이 발생한다. 사건이 쉽게 수습되지 않자, 야노 씨는 동료의 권유에 따라 사직. 《교토신문》에 본인의 실명을 거론하며 그 책임을 추궁한 교토대학 여성교관간담회 대표 오노 가즈코 씨를 명예훼손으로 고소했다. 또 부당 해고에 따른 억울함을 호소하며, 문부대신 앞으로 교토대학 교수 지위확인 행정 소송을 제기했다. 또한 야노 씨의 아내가 고노 이쓰코 씨를 상대로 명예훼손 손해배상 청구 소송을 일으켰다. 하지만 야노 재판이 아닌 오노 재판 과정에서, 오노 씨가 쓴 문장의 진위를 가리기 위해 고노 이쓰코 씨가 증인으로 출석함으로써 야노 씨의 '세쿠하라'는 결국 사실로 인정되었다. 만약 오노 씨의 글이 허위라면 명예훼손은 성립하지만, 사실이면 이야기는 달라진다. 야노 씨는 자신이 일으킨 재판에서 자신의 잘못이 까발려지는 예상 밖의 전개를 맞았다. 사직원 무효 소송은 각하, 아내의 이름으로 일으킨 소송노 이후 기각되었다.

1999년 12월, 야노 씨가 오스트리아 빈에서 사망한 소식이 전해졌지만, 신문은 야노 씨의 업적과 함께 '세쿠하라' 사건으로 사임한 사실도 실었다. 이 '오점'이 없었으면 야노 씨는 동남아시아 연구 분야의 권위자로서, 또 스웨덴왕립과학원 노벨상위원회의 유일한 일본인 회원으로서, 그리고 클래식 음악 애호가로서 명예롭게 소개되었을 것이다.

사실 교토대학 관계자 중에는 "그런 대수롭지 않은 일로 인재를 잃은 것이 안타깝다"라고 변호한 이도 있었다. 오노 씨가 더욱 거세게 저항한 배경에도 이 '세쿠하라는 대수롭지 않은 일인가?'라는 물음이 있었다. '세쿠하라는 대수롭지 않은 일인가?'는 오노 씨가 소송당한 계기가 된 신문 칼럼의 제목이었다. '세쿠하라'가 권력을 남용한 인권 침해임을 정확하게 이해하고 있으면, 이 같은 중대한 인권 침해가 업적에 의해 면죄될 여지가 없음은 당연한 일일 것이다.

덧붙여 말해두자면, 지금까지도 야노 씨의 직장이었던 동남아시아연구센터 및 교토대학에서는 야노 씨의 사직서를 수리한 것 외에는 야노 씨에 대해 어떤 처분이나 징벌도 내리지 않았다. 교수회라는 의사 결정 기관은 이 문제에 대해서는 의사 결정을 회피하고 있다. 야노 씨는 권고 퇴직으로 퇴직금을 받았을 뿐만 아니라, 법적으로는 경력에 아무런 오점도 남기지 않았다. 애초에 고노 이쓰코 씨가 인권 침해 구제 신청서를 제출한 것도 동남아시아연구센터의 미온적인 대응에서 촉발되었다. 1992년 봄, 연구실 비서가 잇따라 사직하는 과정에서 야노 씨의 지속적인 '세쿠하라' 사실이 드러났지만, 그에 대한 책임은 야노 씨가 당시 맡고 있던 센터 소장 자리에서 자발적으로 내려오는 것으로 마무리되었다. 사태가 더욱 확대되자 그제야 교수회에서 조사위원회를 조직했고, 당사자의 증언을 들은 뒤 '빼도 박도 못하는' 상황임을 인식한 교수회가 온정적 처분으로써 야노 씨에게 사직을 권고했다. 문제는 개인 차원에서 처리되었고, 조직은 아무런 의사 결정도 하지 않았다.

야노 사건은 많은 대학 관계자에게 쓰라린 교훈을 남겼을 것이다. '세쿠하라'가 발각되면 연구 업적도 사회적 지위도 물거품이 된다. '그깟 세쿠하라'로는 끝나지 않는 것이다.

캠퍼스 '세쿠하라'가 문제화된 배경

일본에서 '세쿠하라' 소송이 유명세를 탄 것은 완전 승소로 알려진 1992년의 후쿠오카 재판이다. 이로써 '세쿠하라'는 '당사자가 원하지 않는 성적 행위나 언어이고 노동 환경을 위협하는 것'이라는 정의를 획득했다. 후쿠오카 재판은 다음 두 가지 이유에서 의미가 있었다. 첫째는, 직접적인 신체 접촉이나 침해 없이 언어적인 모욕만으로도 '세쿠하라'가 성립하게 된 것이다. 후쿠오카 재판의 경우는 피고가 원고에 대한 성적인 소문을 내고 다녔다. 둘째는, 업무를 지속하기 어렵게 한다는 점에서 '세쿠하라'가 일종의 '산업 재해'라는 합의가 이뤄진 것이다. 이것은 이후에, 노동 환경을 유지해야 할 사용자에게 '세쿠하라'에 대한 책임을 묻는 기반이 되었다.

산업 재해인 '세쿠하라'가 교육의 장인 대학에서 문제화된 배경에는 복수의 요소가 얽혀 있다.

첫째는, 야노 사건을 비롯한 소송 사건과 그 보도다. 나루토교육대학 사건, 류큐대학 사건, 아키타현립농업대학 사건, 그리고 최근의 도호쿠대학 사건까지, 너무 많아서 일일이 열거할 수 없을 징도다. '세쿠하라' 소송 목록에 대학 이름이 오르내림으로써 '지성의 산실'에서 그런 일은 있을 수 없다는 식의 말은 이제 아무도 할 수 없게 되었다.

둘째는, 대학뿐만이 아니라 중고등학교 등을 포함한 교육의 장의 탈성역화다. 대학의 '세쿠하라'를 문제화하는 것이 더 까다로운 것은 '그런 일이 있어서는 안 되는 곳'이라는 원칙이 존재하기 때문이다. 교직은 성직이고, '세쿠하라'는 있어서는 안 된다, 따라서 없다, 라는 비합리적이고 비논리적인 삼단논법이 버젓이 통용된다. 1995년 6월 도쿄대학 여성교관간담회가 도쿄대학 여직원조합과 공동으로 개최한 '캠퍼스 성차별을 생각한다'라는 심포지엄에서 이런 발언이 나왔다.

"대학은 좀 더 공명정대한 곳이라고 생각했습니다. 환상이 깨졌습니다."

교육의 장은 성역이라는 환상이 무너지고 나서야 비로소 '스쿨 세쿠하라'를 문제화하는 것이 가능해졌다. 일본성교육협회가 정기적으로 실시하는 '청소년 성행동 실태 조사' 1993년 제4회 조사에 처음으로 '스쿨 세쿠하라'에 대한 항목이 추가되었는데, 그에 따르면 여학생의 '세쿠하라' 경험은 중학교에서 41%, 고등학교에서 62%, 대학교에서 69%로 상급 학교로 올라갈수록 높게 나타난다. 여기에는 동급생에 의한 '세쿠하라'나 아르바이트처에서의 '세쿠하라'만이 아니라, 교사에 의한 '세쿠하라'도 포함되어 있다. 이것은 교사라는 전제적인 위치를 남용하여 저항할 수 없는 학생에게 접근한 성적 인권 침해다.

셋째는, 대학의 탈남성화라고 할 만한 변화다. 대학에 여성 교원이 급증하면서 대학도 여성의 직장 중 하나가 되었다. 그에 따라 다른 기업들처럼 모집과 채용, 배치와 승진 등에서 여성 노동자에 대한 성차별이 문제화되기 시작했다. 대학의 여성 교원도 남성 중심의 기업에서 일하는 여성 노동자와 크게 다르지 않다. 개성改姓, 여성이 결혼 후 남편 성을 따라 성을 바꾸는 것 후의 명칭 사용이나 육아와 연구의 양립은 전부터 문제가 되어왔다. 여기서 분명하게 말해두고 싶은 것은, '세쿠하라'는 광의적인 성차별을 기반으로 발생하는 협의적인 '성적' 인권 침해라는 점이다. 따라서 '성적'인 요소를 띠지 않는 성차별 일반에서 '세쿠하라'만을 집어내 문제화하는 것은 현실적이지도 적절하지도 않다. 그리고 성차별은 상상 이상으로 '성적'인 차별과 결부되어 있기도 하다.

넷째는, 앞의 사례에서 분명해졌듯이 다른 직장에는 존재하지 않는 연구직 고유의 성차별, 즉 '아카하라'다. 쓰쿠바대학 논문 저자명 순서 교체 사건, 나가사키지볼트대학 조교 퇴직 권고 사건 등이 그 예다. 이 공계에서는 논문의 제1저자가 누구인지가 중요한 문제다. 논문 내용은 제1저자의 업적으로 기록되기 때문이다. 쓰쿠바대학 사건에서는 학회지에 투고한 공저 논문의 저자명 순서가 저자도 모르는 사이에 뒤바뀌어 있었고, 게다가 그 업적을 바탕으로 인사가 이뤄진 사실이 확인되었다. 일종의 논문 도용 사건이다. 피해를 입은 오쿠보 유키코 씨는 소송에서 사실 관계가 인정되어 승소 판결을 받았지만, 현재까지 쓰쿠바대학 측에서는 아무런 조치도 취하지 않았을뿐더러, 해당 인사를 취소하지도 않았다. '아카하라'는 직위가 낮은 연구직에는 이전부터 존재했고, 성별을 불문한다. 다만 남성보다 여성이 낮은 직위에 머물기 쉽다는 점, 또 남성에 비해 전직의 기회가 열려 있지 않다는 점에서 여성이 장기간에 걸쳐 낮은 직위에 고정되기 쉬운 경향이 있다. 이론적으로는 성별을 불문하는 '아카하라'도 현실적으로는 젠더 바이어스가 존재한다.

마지막으로, 1997년에 개정되어 1999년 4월부터 시행된 개정 균등법의 영향을 들 수 있겠다. 개정 균등법은 처음으로 '세쿠하라' 방지 및 대책에 대한 사업주 책임을 명기했다. 이로써 '세쿠하라'는 더 이상 '직장내 개인 간의 일'로 취급할 수 없게 되었다. 즉, 피해자는 가해자뿐만 아니라 사업주를 상대로도 소송할 수 있게 된 것이다. 최근 기업의 '세쿠하라' 연수가 활발해진 것도 직접적으로는 개정 균등법의 효과다. 대학도 예외가 아니다. 대학도 여성 노동자를 고용하는 이상 '사업주'로서의 책임을 피할 수 없다.

캠퍼스 '세쿠하라'의 실태

이런 까닭에 대학에서도 '세쿠하라' 실태 조사가 이뤄지고 데이터가 급속하게 축적되었다.

그 중 가장 규모가 큰 것은, 교토대학 여성교관간담회가 실시한 '여성 교원과 여성 졸업생을 통해 본 교토대학 ─ 교육·연구 환경 조사' (1996년 3월)일 것이다. 여성 연구자의 라이프코스 조사나 여학생에 대한 성차별 경험 조사는 이전에도 있었지만, 거기에 '성적 피해'를 추가한 것은 '세쿠하라'가 문제화된 이후의 일이다. 여성 교원 180명과 여성 졸업생 2,000명 중 각각 89명과 589명이 응한 이 조사에서는, 여성 교원중 46%가 학교에서 성차별을 경험한 적이 있고, 그 중 25%가 '성적 피해'를 경험했으며, 여성 졸업생 중 47%가 성폭행을 포함한 '성적 피해'를 재학 중에 경험했다고 답했다. 이 조사의 특징은 졸업생도 조사 대상에 포함시켰다는 점이다. 그 결과 '연구와 학업을 단념했다', '자살까지 생각했다'라는 등의 심각한 후유증이 이후의 이력에 영향을 미치고 있음을 알 수 있었다. 이 조사는 야노 사건을 계기로 실현되었고, 학내 경비를 받아 교토대학 여성교관간담회가 조사를 맡은 것으로써, 뒤에서 설명하겠지만 이상적인 형태를 채용하고 있다.

도호쿠대학에서도 '세쿠하라' 사건을 계기로 학생 조사가 실시되었다. '도호쿠대학의 섹슈얼 해러스먼트 실태―제2회 학생 생활 실태 조사 데이터로부터'(1997년)에 따르면, 여자 대학생·대학원생의 '세쿠하라' 경험은 대학생 20.5%(응답자 185명 중 38명), 대학원생 32.3%(응답자 62명 중 20명)로 나타난다. 도호쿠대학 조사의 특징은 남녀 대학생·대학원생을 조사 대상으로 하고 있다는 것이다. 남자 쪽은 대학생 2.6%(응답자 50명 중 13명), 대학원생 4.4%(응답자 272명 중 12명)라는 결과가 나왔다.

도쿄도립대학에서는 1998년에 남녀 교원 및 대학원생을 대상으로 전수 조사를 실시했다. 그에 따르면 여성의 세쿠하라 경험은 46%. 남녀 간의 인식 차이도 분명하게 나타났다.

와타나베 가즈코와 여성학교육네트워크가 1995년에 독자적으로 실시한 조사에서는 '성적 괴롭힘'을 경험한 비율은 대학생이 13.5%(응답자 1,108명 중 150명), 대학원생이 34.2%(응답자 79명 중 27명)로 대학원생에서 높게 나타난다.

참고로 1998년 3월 인사원에 의한 인사원공무원의 인사 관리를 맡아 보는 일본의 관청 국가공무원 섹슈얼 해러스먼트 조사 결과를 덧붙여두겠다. 이 조사도 개정 균등법 시행에 맞춰 급하게 실시되었다. 그에 따르면 여성 공무원의 '세쿠하라' 경험은 17%조사에는 국립대학 연구직은 포함되어 있지 않다. 노동성연구회의 민간 기업 조사 데이터에서는, '세쿠하라' 경험은 11%. 놀랍게도 여성이 오래 일할 수 있는 좋은 직업으로 인식되어온 공무원직이 오히려 '세쿠하라' 경험률이 높다. 이건 대체 무엇을 의미할까. 노동성의 조사는 신뢰도가 떨어진다고 말할 수도 있다. 실태보다 낮게 보고되어 있을지도 모르기 때문이다. 어쨌거나 이들 숫자가 말해주고 있는 것은 '세쿠하라'는 언제 어디서든, 어떤 직장에서든 일어날 수 있다는 것이다.

조사 결과를 보면, 캠퍼스 '세쿠하라' 경험률은 관청이나 민간 기업에 비해서도 높다. 캠퍼스는 성역이기는커녕 오히려 성적 침해에 무방비한 특수한 환경인 것은 아닐까? 이에 대해서는 뒤에 나올 '대학의 구조적인 세쿠하라 체질'에서 분석해보겠다.

도쿄대학 실태 조사에서

도쿄대학도 도쿄대학 여성연구자간담회에서 회원을 대상으로 '도쿄대학 여성 연구자 성차별 경험'이라는 자유기술식 조사를 실시했다. 간담회 회원 40명 중 설문에 응한 회원은 14명. 실로 적은 수지만, 그 안에서도 몇 가지 실태를 파악할 수 있었다. 그 조사 분석 결과는 '캠퍼스 성차별에 대한 고찰'이라는 제목의 보고서로 정리되어 있다.

보고서 간행을 기념하여 1995년 6월 도쿄대학 여성연구자간담회가 여직원조합과 공동으로 심포지엄 '캠퍼스 성차별을 생각한다'를 개최했다. 그리고 이것을 바탕으로 『캠퍼스 성차별 사정─스톱 더 '아카하라' キャンパス性差別事情─ストップ・ザ・アカハラ』上野千鶴子編, 三省堂, 1997가 간행되었다.

그 조사 결과를 간략하게 소개한다.

첫째, 연구직 고유의 성차별, 즉 아카데믹 해러스먼트가 부상한 것이다. 연구팀에서 배제되거나, 학회 참가 기회가 주어지지 않거나, 승진에서 차별을 받는 것 등이 포함된다.

둘째, 위치가 낮은 여성 연구자에게 문제가 집중되는 경향이 있었다. 발족 당시에 도쿄대학 여성교관간담회는 교토대학 여성교관간담회를 성원하는 차원에서 그 명칭을 그대로 채용했지만, 이 조사를 통해 교관직에 속하지 않는 기사나 예비 연구자라고 할 수 있는 대학원생의 심각한 실태가 분명하게 드러났으므로 교관직 이외의 사람들도 포함한다는 뜻을 명확하게 밝히고자 도쿄대학 여성교관간담회를 '도쿄대학 여성연구자간담회'로 개칭하기로 결정했다.

셋째, 문과계에 비해 이공계에서 여성 차별이 더 심각한 것으로 나타났다. 이유는, 이공계가 압도적으로 남성 중심의 일터인 점, 업무 특성상 철야 등 장시간 노동을 강요당하는 점, 대규모 연구를 위해서는 연구팀에 속해야 하고 그러지 않으면 실적을 올릴 수 없는 점 등을 들 수 있다. 이공계에 비하면 문과계 여성 연구자는 그나마 개인플레이가 가능하므로 스스로 살아남기 수월한 환경에 있다고 말할 수 있겠다.

넷째, 연구·교육상의 차별과 '세쿠하라'가 예상보다 훨씬 밀접하게 결부되어 있었다. 따라서 '성적 차별'은 광의적인 '성차별'의 맥락 안에서 취급할 필요가 있다.

다섯째, 문제를 일으키기 쉬운 대학 특유의 제도적·조직적 결함이 지적되었다. 예컨대 민간 기업에서는 생각할 수 없는 일상화된 폭언이나 노골적인 성차별이 '대학임에도 불구하고'가 아니라 '대학이기 때문에' 횡행하고 있다. 이 문제는 뒤에서 자세히 이야기해보겠다.

'세쿠하라' 대책의 첫걸음은 우선 현실을 정확하게 파악하는 것이다. 따라서 실태 조사는 무엇보다 중요하다. 도쿄대학 여성연구자긴담회는 앞의 사전 조사를 근거로 좀 더 본격적인 실태 조사를 실시할 것을 대학 당국에 요청했다. 얼마 안 되는 샘플에서 이 정도의 사실이 밝혀진 만큼, 조사의 필요성은 충분히 있다고 하겠다. 다만 이를 위해서는 다음과 같은 배려가 필요할 것이다.

  첫째, 조사 주체가 대학 당국이 아니라, 중립적인—오히려 피해자 쪽에 설 수 있는—제삼의 기관이어야 한다. 고용 관계에 있는 대학 당국에 대해, 게다가 사생활을 침해당할 우려가 있는 조사에 대해, 피해자가 솔직하게 응답하기란 어렵다. 왜냐하면 가해자는 대부분 기관의 상사이고, '세쿠하라' 사실이 드러났을 경우 피해자가 불리한 방향으로 일이 진행될 것은 뻔하기 때문이다. 어떤 경우에도 불리해지는 일이 없다는 조사 주체에 대한 신뢰가 있어야 정확한 사실을 파악할 수 있다. 따라서 교토대학 실태 조사에서 교토대학 여성교관간담회가 학내 경비를 받아 조사를 실시한 예는 거의 이상적이라 하겠다.

  둘째, 조사 대상에 남녀를 모두 포함시키는 것이 바람직하다. 도호쿠대학의 예에서는 남녀 모두에게 '세쿠하라' 피해 경험을 묻고 있는데, 여기서 남녀 모두를 조사 대상에 포함시키자고 하는 것은 '세쿠하라'가 성별과 무관하기 때문이 아니다. '세쿠하라'의 당사자는 여성이라기보다 오히려 남성이기 때문이다. 너무나도 명백한 사실이지만 가해자가 없으면 '세쿠하라'는 일어나지 않는다. 그런 의미에서 '세쿠하라' 연수를 받아야 하는 쪽은, 피해자가 될 가능성이 있는 여성보다는 가해자가 될 가능성이 있는 남성 집단이다. '세쿠하라'라는 개념이 등장하면서 시작된 '상황의 재정의'는, '세쿠하라'를 '여성이 자초한 오명'에서 '약자임을 이용한 남성의 권력 남용'으로 바꾸어놓았다. '세쿠하라'가 여성의 문제에서 남성의 문제로 전환한 것은 의미가 크다.

도호쿠대학 조사는 '세쿠하라' 피해에 대한 조사이지만, '세쿠하라'가 성별과 무관하다면 피해와 가해 양쪽 모두에 대한 조사가 이뤄져야 한다. 이렇게 되면 조사 자체가 무엇을 하면 '세쿠하라'를 한 것이 되는지에 대한 '상황의 정의'를 당사자에게 전하는 효과가 있다. 가해 응답은 피해 응답보다 낮을 것으로 예상된다. 가해가 무자각으로 행해지는 것 역시 '세쿠하라'의 특징 중 하나다. 도쿄 도都의 가정 폭력 실태 조사 보고서 『여성에 대한 폭력 조사 보고서』(1997년)는 남녀 모두를 조사 대상으로 포함시켰지만, 의식과 행동 양 측면에 걸쳐 질의하면서, 남성 쪽 질의에서는 행동면의 항목을 의도적으로 뺐다. 여성에게 '남편이나 애인에게 다음과 같은 정신적·언어적·육체적 폭력을 당한 적이 있습니까?'라고 묻는 한편으로, 남성에게는 그에 대응하는 질문, '다음과 같은 폭력을 행사한 적이 있습니까?'라고 묻지 않는다. 이러면 남성의 가해 사실이 여성의 피해 사실을 훨씬 하회하는 결과가 나올 것이고, 그 수치는 맥락을 벗어나 '자, 봤지, 여자가 소란을 떠는 것만큼 남자는 폭력을 휘두르지 않아'라는 주장의 논리적 근거로 사용될지도 모른다. '세쿠하라' 정의에 따른 피해자 기준(또는 피해 당사자가 판단한다는 기준)에서 볼 때, 가해자 측과 피해자 측의 이 젠더 갭이야말로 해명되어야 할 문제라고 할 수 있다.

대학의 구조적인 '세쿠하라' 체질

"캠퍼스 '세쿠하라'나 '아카하라'는, 일반 기업에 존재하는 '세쿠하라'와는 약간 성질이 다르다"라고 에하라 유미코 씨는 지적한다. 내가 편집한 『캠퍼스 성차별 사정』에, 에하라 씨는 "'아카하라' 해결을 구조적으로 어렵게 만드는 대학 체질"이라는 한 문장을 써 보냈는데, 대학의 구조적인 '세쿠하라' 체질에 대해 이만큼 통찰력 있고 설득력 있게 쓴 문장을 나는 보지 못했다. 그녀의 문장을 되새기면서, 내 의견을 보태 몇 가지 문제점을 꼬집어보겠다.

첫째로, 일반 기업과 달리 대학에서는 직속 상사에 해당하는 지도 교관이나 교수가 인사권을 포함한 재량권이 있다는 점이다. 에하라 씨의 표현을 빌리면, 이것은 '소황제'나 '독재자'를 낳는 결과가 된다.

둘째는, 대학 사회의 폐쇄성이다. 연구실 안에서 치명적인 타격을 입으면 평생 몸담게 될 학회라는 공동체 안에서도 리스크를 계속 지게 된다. 게다가 전문성의 분화는 연구자 집단의 규모를 축소시키는 경향이 있다. 에하라 씨는 이 연구자 집단을 '부락 사회'에 비유한다.

셋째는, '대학 자치'에 따른 상호 불간섭과 무관심이다. 대학 자치는 학부 자치, 학과 자치, 연구실 자치로 세분화되어 있고, 서로 간섭하지 않는 것을 불문율로 하고 있다. 게다가 그 안에는 교수회 멤버가 고용자인 동시에 고용에 대한 의사 결정권을 가진다는, 일반 기업에서는 상상할 수 없는 미분화된 구조가 존재한다. 그것이 조직 이기주의와 방어로 치닫기 쉬운 것은 뒤에 나올 도호쿠대학 사례가 잘 보여주고 있다.

넷째는, 감독의 부재와 조직의 불투명성을 들 수 있다. 인사는 밀실에서 이뤄지고, 일반 기업에 비해 이동도 현저하게 적다. 에하라 씨는 양식이 부족한 구성원에 대한 관리 능력의 부족이 대학 조직이 안은 문제라고 지적한다.

다섯째는, 피해자가 지불하는 비용의 크기를 들 수 있다. 리스크를 피하려면 전공을 바꾸거나 연구자의 길을 단념해야 한다. 대학 사회는 일반 기업과 달리 이동이나 전직이 상당히 어렵다. 대부분의 연구직 희망자는 거기에 이르기까지 시간과 에너지 등 많은 비용을 지불했고, 다른 선택지들을 포기해왔다. 그리고 만약 '세쿠하라' 때문에 진로를 어쩔 수 없이 변경하게 된다면, 그것은 그 후의 인생에도 큰 영향을 미친다. 캠퍼스 '세쿠하라'가 심각하게 다뤄지는 가장 큰 이유는 이 '돌이킬 수 없음'이 항상 따라다니기 때문이라고 사회학자 무타 가즈에 씨는 언급하고 있다(「캠퍼스 성희롱은 왜 심각한가(キャンパスセクハラはなぜ深刻か)」,『書斎の窓』第485号, 1999).

여섯째는, 대학이나 학자에 대한 환상일 것이다. '양식의 장에서⋯⋯', '설마 그 사람이⋯⋯'라는 성역 환상이 대학에서의 '세쿠하라'를 방조해왔다. 하지만 앞에서 서술한 바와 같이 여러 사건과 소송 등으로 이 환상은 산산조각으로 깨졌다. 이것을 대학인의 한 사람으로서 마냥 기뻐해도 좋을지. 실태 조사로 분명해진 것은 대학의 '세쿠하라' 체질이 일반 기업 이상으로 뿌리 깊다는 것이다. "피해자가 목소리를 내기 어려운 구조, 목소리를 낸 피해자가 도움을 받기 어려운 구조, 이것이 대학 사회의 체질이다"라고 에하라 씨는 말한다. 여러 사례에서 가해자의 무방비함이나 부주의함을 볼 때마다 대학이 '양식'은커녕 '상식'이 통하지 않는 특수한 사회라는 것을 통감하지 않을 수가 없다.

캠퍼스 '세쿠하라' 대책의 문제점

실태 조사와 1999년 4월부터 시행된 개정 균등법에 따라, 전국 국공사립대학은 일제히 '세쿠하라' 대책 마련에 나섰다. 노동성은 '방침의 명확화 및 주지·계발·상담·고충에 대한 대응'과 '사후의 신속하고 적절한 대응' 등 '사업주의 배려 의무'를 요구하고 있다. 이에 대학들은 ①학내 가이드라인 작성, ②상담 창구 설치, ③조사위원회 설치, ④팸플릿 배포 등의 방안을 마련 중이다. 각지의 대학에서는 위원회 멤버나 실무진에 여성 교원이 임명되는 등 전국적으로 이른바 페미니스트 교원이 총동원되고 있는 상황이다. 참여해서 더 나은 대책을 마련할지, 행여나 조직 방어를 위한 방파제 역할로서 이용당하는 것은 아닐지, 아니면 참가하지 않고 비판의 자유를 유지할지…… 많은 페미니스트 교원은 햄릿과 같은 고민을 했을 것이다.

캠퍼스 섹슈얼 해러스먼트 전국 네트워크가 1999년 9월 시점에서 파악한바, 가이드라인을 마련한 대학은 전국에서 86곳, 그중 국립대학은 99곳 중 도쿄대학, 도호쿠대학, 지바대학 등 35곳, 공립대학은 오사카시립대학, 오사카부립대학, 에히메현립의료기술단기대학 등 6곳, 사립대학은 와세다대학, 도쿄경제대학, 국제기독교대학 등 45곳이다. 이들 대학은 과연 '세쿠하라' 대책 선진 대학이라고 말할 수 있을까? 한발 앞서서 가이드라인을 만든 것은 사실이지만, 뒤집어 말하면 이들 대부분의 대학은 '감추고 싶은 흠을 지닌 몸'이다. 쉬쉬하고 넘어갈 수 없는 수준으로 '세쿠하라'가 문제화된 적이 있기 때문에 서둘러 대응할 수밖에 없었던 셈이다. 소송으로까지 가지 않고 당사자의 자진 퇴직이나 합의로 조용히 수습한 사례나, 운 좋게 언론 보도를 피한 사례도 있다. 이

'선진' 86교 중, 학내에 문제가 발생하기 전에 가이드라인을 만들려고 움직인 예는 극히 일부다.

그런데 가이드라인을 만들고 상담 창구를 설치하면 그걸로 된 것일까? '세쿠하라'에 대한 대책이 전혀 마련되어 있지 않은 대학도 문제지만, 대책을 마련한 대학도 거기에 여러 문제가 있음이 지적되고 있다. 캠퍼스 섹슈얼 해러스먼트 전국 네트워크는, 바람직한 가이드라인을 위한 체크 항목을 제시하고 그것을 바탕으로 각 대학의 가이드라인을 평가하고 있다. 『가이드라인 안내서』에서 소개하는 '가이드라인에 포함해야 할 내용'은 크게 ①목적과 정의, ②상담, ③분쟁 처리 및 구제, ④예방, ⑤그 전반에 이르는 것 등이다. 이와 관련한 상세한 설명은 다음 기회로 넘기고, 여기서는 일단 대학 내 '세쿠하라' 대책의 포인트를 몇 가지 짚어보고 싶다. 그 이유는, 가이드라인이나 창구는 제대로 기능하지 않으면 오히려 문제를 어렵게 만들고, 최악의 경우 피해자의 이익보다도 조직 방어를 위해 기능할 수도 있기 때문이다. 대책이 있음으로써 일어날 수 있는 2차 피해의 가능성을 방지하기 위해서도 그 내용을 자세하게 들여다보고 검토할 필요가 있다.

먼저, '세쿠하라'가 지위와 권력을 남용한 인권 침해임을 이해하고 있는지의 여부다. 상담 창구는 '성적'인 인권 침해만이 아니라 '성적'이지 않은 인권 침해도 취급해야 한다. 거듭 말했듯이 '세쿠하라'는 광의적인 성차별의 맥락 안에서 일어나는 '성적'인 침해이기 때문에 '세쿠하라'만을 성차별 일반에서 추려내기란 어렵다.

둘째는, 그 대상에 당사자가 피해자인지 가해자인지를 불문하고 대학 구성원 선부를 포함하고 있느냐 하는 것이다. 그 안에는 유학생이나 비상근 강사, 연구실의 개인 비서 등도 포함된다. 또 학생의 아르바이트 처에서의 피해도 포함된다. 어느 부국의 담당자가 "우리 과에는 여성이 없으므로 '세쿠하라'와는 무관합니다" 하고 말하는 것을 듣고 놀란 적이 있는데, '세쿠하라' 당사자가 누구보다 가해자인 것을 생각하면, 남성 집단은 결코 '세쿠하라'와 무관할 수 없다. 오히려 남성으로만 이뤄진 조직일수록 구조적인 여성 배제 논리가 작용하고 있지 않은지 의심해볼 필요가 있다.

셋째는, 분쟁 처리 과정에서 ①상담 업무, ②분쟁 처리와 조정 기능, ③조사 기능이 상대적으로 독립되어 있느냐 하는 것이다. 이것은 각 과정에서의 독립성이나 중립성, 공정성을 확보하기 위해서 중요한 조건이다. 상담 업무를 담당하는 상담 창구는 '위원회 방식'과 '전문가 방식'으로 운영될 수 있는데, 다음과 같은 이유에서 '위원회 방식'은 지양한다.

'위원회 방식'이란 임명 또는 호선조직 구성원들끼리 서로 투표하여 그 안에서 사람을 선출하는 것으로 교직원 내에서 위원을 선정하여 상담 창구를 운영하는 방식이다. 애초에 전문가가 아니므로 연수를 받아야 하는 것은 물론이지만, 대응 과정에서 2차 피해를 막을 만한 실력을 갖추고 있을지는 의문이다. 또 위원회 방식은 위원 교체제로 운영되므로 기수를 거듭하는 과정에서 적절치 않은 인물이 취임할 가능성이 있다. 반대로 일부 교직원에게 담당 업무가 집중되는 경향이 나타나기도 한다.

참고로 도쿄대학의 어느 부국에서는 총장의 요청으로 신속하게 상담 창구를 설치했는데, 그 담당자에 각 연구실의 장이 그대로 임명되었다. 날림 대응일 뿐만 아니라, '세쿠하라'에 대한 인식 부족을 여실히 보여주고 있다. 각 조직의 장이야말로 '세쿠하라' 가해자가 될 개연성이 가장 높은 사람일뿐더러, 직접적인 이해관계에 있는 상사에게 '세쿠하라' 피해를 상담하기란 결코 쉬운 일이 아니다. 그런 의미에서 상담 업무나 조정 기관은 해당 부국 밖에서 이뤄질 필요가 있다.

한편 '전문가 방식'이란, 상담 초기 면접 단계에 상담사 등의 전문가를 배치하는 방식이다. 그리고 그 결과를 담당자가 조정위원회나 조사위원회에 보고한다. 상황에 따라서는 창구 담당자가 조사위원회 멤버를 겸해도 좋다. 이 방식을 도입해서 성공적으로 운영하고 있는 대학으로는 도쿄경제대학이 있다. 내가 들은 애로 사항은 다음 두 가지다. 하나는 전문가를 고용할 여유가 없다는 것. 다만 사태의 심각성을 생각하면 여기에 예산과 포지션을 배정하는 것은 '사업주 책임'의 범위 안에 들어갈 것이다. 또 하나는 그런 전문성을 가진 인재를 찾기 어렵다는 것. 이것은 각지의 여성회관이 상담 창구를 설치하고 페미니스트 상담사를 두고 있는 것이 참고가 될 것이다. 이와 관련해서는 각종 단체가 결성되어 있을 뿐만 아니라, 단체와 업무 위탁 계약을 맺고 있는 사례도 있다.

넷째는, 상담·조사·조정 과정의 공정성을 확보하기 위해 외부의 시각을 수용하고 있느냐 하는 것이다. 먼저 조사·권고·조정의 권한을 가진 조정위원회는 다음 3자를 구성원으로 포함하는 것이 바람직하다. 첫째는 대학 당국(사업주), 둘째는 피해자의 이익을 대변할 수 있는 집단의 멤버(여성 교직원, 여성 대학원생 및 학생대표 등), 셋째는 외부 전문위원(상담사, 변호사 등)이다. 마지막의 외부 위원은 대학이라는 폐쇄적인 조직에 대해 감시 기능을 수행할 뿐만 아니라, 분쟁 처리의 공정성과 정보 공개를 확보하기 위해서도 필요하다. 이미 국립내학의 평가위원회에 외부 위원이 임명되고 있는 선례를 생각하면 이것은 결코 의외의 아이디어가 아니니다. 외부 위원의 위촉은 상부 기관의 감독과 개입을 배제하는 동시에 대학의 자정 능력을 키워주는 시스템이기도 하다.

마지막으로, 어떤 대책도 시행 후 재검토가 필요함을 강조해두고 싶다. 대책을 마련했다고 끝이 아니다. 상담 창구에 상담이 들어오면 들어오는 대로 운용의 실제가 엄격하게 평가될 것이고, 상담이 없으면 없는 대로 안심하고 있을 수 없다. 상담 사례가 없는 것은 '세쿠하라가 없다'는 것과 등가가 아니라, 단지 '세쿠하라 상담이 없다'는 것을 의미할 뿐이다. 이제까지의 실태 조사가 '세쿠하라'는 언제 어디서든 일어날 수 있는 일임을 보여준바, 상담 사례가 없다는 것은 대학 측의 대응을 신뢰하고 있지 않다는 것의 증명일 수도 있다. 상담 창구 설치 후 1년이 지나도록 상담이 한 건도 없다면, 의기양양할 것이 아니라 오히려 대책을 재점검하는 것이 우선되어야 할 것이다.

대학에 자정 능력은 있는가?

'세쿠하라' 대책에 대한 이 같은 움직임은 대학의 자치 및 자정 능력과 관련이 있다. 대학의 구성원은 '세쿠하라'라는 사태에 대응할 능력이 있을까? 이에 대해 비관적으로밖에 생각할 수 없게 만드는 심각한 사례를 마지막에 소개할까 한다. 이미 잘 알려진 도호쿠대학 국제문화연구과 사건이다. 사건의 경위를 간략하게 살펴보겠다.

1995년부터 1997년에 걸쳐 당시 국제문화연구과 박사 과정에 있던 여대학원생이 지도 교관으로부터 성적 관계를 지속적으로 강요당했다. 97년 4월 이 여성은 국제문화연구과 조교로 채용된 후, 피해 사실을 우선 자신이 소속된 도호쿠대학 직원조합 기타카와우치지부에 호소했다. 지부는 이 사실을 연구과장에게 전달했고, 교수회 직속으로 조사위원회가 설치되었다. 조사위원회는 양쪽 이야기를 들은 후 일치하는 부분만을 사실로 인정한다는 놀라운 보고를 내놓았다. 그 결과 피해자가 신고한 사실은 없던 일로 처리되었고, 가해자로 지목되었던 교관에게는 어떤 처분도 내려지지 않았다. 교수회를 교관회의라는 비공식 자리로 바꾼 다음, 해당 교관에게 시말서를 쓰게 한다는 '원만한' 조치를 취했을 뿐이다. 시말서의 내용도 사건에 대한 구체적인 언급 없이 소란을 피운 것에 대해 사죄하는 애매모호한 것이었다.

이미 이 과정에서 여러 문제를 지적할 수 있다. 첫째는 노동조합의 대응이다. 피해 여성은 노조에 호소했지만 이 호소를 들어준 것은 당사자가 속한 지부뿐, 대학 차원에서는 대응하지 않았다. 이제까지도 대부분의 노조는 '세쿠하라'를 개인 간의 트러블로 취급하며 관여하지 않는 것으로 대응해왔다. 둘째는 조사 과정에서의 2차 피해. 조사위원회는 첫 면담에는 노조 관계자의 참관을 인정했지만 그 이후부터는 노조 관계자 없이 강압적인 분위기 속에서 면담을 실시했고, 피해자에게 일을 시끄럽게 만들지 말라는 경고까지 했다고 한다. 셋째는 조사 결과의 사실 인정 문제다. 가해자와 피해자 양쪽 이야기에서 서로 일치하는 부분만을 사실로 인정한다는 태도는 언뜻 중립적이라고 생각될지 모르지만, 전혀 그렇지 않다. '세쿠하라'와 같은 권력 관계를 배경으로 한 피해에서는 '중립적'인 것은 곧 '강자의 입장에 서는' 것을 의미한다. 넷째는 교수회의 대응인데, 해당 연구과는 온전히 가해자 옹호와 조직 방어에만 치중했다. 이 부분에 있어서는 교수회 구성원도 공범자였다.

이 결과에 불복한 피해 여성은 1998년 3월 센다이 지방법원에 소송을 냈다. 소송이란 것은 대부분 거기에 이르기까지의 과정에서 피해자가 승복하기 어려운 부적절한 대응이 있었기 때문에 큰 비용을 각오하고서라도 어쩔 수 없이 선택하는 최후의 수단이다. 추측건대, 처리 과정에서 관계자가 사태를 악화시켜 2차, 3차 피해를 낳았을 것이다. 소송과 동시에 '도호쿠대학 섹슈얼 해러스먼트 재판 원고를 지지하는 모임'이 꾸려졌고, 도호쿠대학 여성인권간담회가 지원에 나섰다.

1999년 5월, 원고 측 전면 승소. 손해배상 청구액 1,000만 엔에 대해 과거 최고액인 750만 엔의 위자료를 지급하라는 판결이 나왔다. 이 판결은 다음과 같은 점에서 의의가 있었다.

첫째는, 재판이 신속하게 이뤄졌다는 점이다. 소송에서 판결까지 약 1년. 최근 재판의 신속화가 논의되고 있는데, 재판의 장기화로 피해자가 고통을 받는 기간이 연장되는 2차 피해를 생각하면, 이 재판의 신속화는 환영할 만하다.

둘째는, 언론에서도 크게 다뤄졌던 배상금의 액수다. '세쿠하라' 가해가 실제로 경제적인 비용을 발생시킨다는 것이 분명해진 것은 일정한 효과가 있다. 미국에서도 사업주가 '세쿠하라'에 대한 대응을 진지하게 생각하기 시작한 것은, 소송에 걸리면 돈이 많이 든다는 사실이 상식이 되고 나서부터의 일이다.

셋째는, 언어나 태도상의 직접적인 강제와 저항이 없어도 지도 교관과 학생이라는 관계만으로 지위를 이용한 강제적인 성관계로 인정한 것이다. 이제까지는 가해자가 강제한 증거와 피해자가 저항한 증거가 요구되었지만 이 판결로 '세쿠하라'가 권력 관계를 배경으로 한 인권 침해임이 분명해졌다.

판결에 대해 피고 측은 항소를 제기했다. 도호쿠대학 학장과 국제문화연구과 과장이 성명서를 각각 냈지만, 양쪽 모두 '현재 계류 중'인 사항만 담고 있을 뿐 언명을 피하는 눈치였다. 여기에 불복해서 '도호쿠대학 섹슈얼 해러스먼트 재판 원고를 지지하는 모임'은 학장과 국제문화연구과 과장 이하 교수회 전원에게 '공개 질문장'을 보냈다.

국제문화연구과 교수회는 해당 부국의 최고 의사 결정 기관으로서 이번 사태에 책임이 있다. 피해자의 호소에 일단 조사위원회는 설치했지만, 그곳에서의 조사 보고와 법원의 사실 인정이 180도 다른 것에 대해서는 조사 능력의 미비함을 반성하고 판결에 어떻게 대응할지 태도를 분명히 해야 할 것이다. 학과 자치라는 이름 아래 교수회 민주주의가 기능하고 있다면, 교수회 구성원 한 사람 한 사람에게 책임이 있음은 자명하다. 이 '공개 질문장'에 회답을 보낸 사람은 교수회 구성원 47명 중 고작 6명이었다. 그중 한 명은 신임, 두 명은 당시 연수차 외국에 있었으므로 교수회 결정과는 무관하다. 교수회 결정에 가담한 멤버 중 소수파로 추측되는 세 사람만이 회답했고, 나머지는 침묵으로 일관하고 있다. 회답의 일부를 소개한다.

Q. 현재 캠퍼스 섹슈얼 해러스먼트와 관련하여 '대학의 자정 능력'이 문제되고 있습니다. 귀 연구과는 '국제문화연구과'라는 이름에 부끄럽지 않은 '자정 능력'을 갖추고 있다고 생각합니까?

— 현재의 국제문화연구과는 자정 능력이 전혀 없는 부패한 조직입니다.

— 이 문제와 관련해서 당 연구과 교수회에 자정 능력을 기대하기란 어렵다

고 생각합니다.

— 유감스럽지만 이 부분에 있어서 제 생각은 비관적입니다.

연구과의 판단과 센다이 지방법원의 판결이 정반대인 원인을 규명하기 위해 재조사 차원에서 조사위원회의 설치를 제안했지만 이조차 통과되지 않았는데, 회답은 그런 교수회의 현실을 잘 보여주고 있다. '대다수의 멤버가 존경스러울 정도로 침묵을 유지하고 있는' 이 교수회에 대해, 마찬가지로 그곳에 몸담고 있는 멤버가 스스로 내린 판단이 이런 것이다.

대학 자치는 구성원의 자치 능력에 의존하고 있다. 능력이 없으면 반납해야 옳다. 나는 지금 대학 상부 기관이나 외부에 의한 관리·감독이 강화되어야 한다고 말하고 있는 것이 아니다. 대학이 나서서 스스로 외부에 정보를 공개하고, 또 외부 전문가를 초빙하여 스스로 관리하고 평가하는 시스템을 적극적으로 만들어야 할 것이다.

이제 더 이상 참지 않는다 — 다시 한 번 '세쿠하라'

마지막으로 '세쿠하라'를 둘러싼 남성들의 당혹감에 대해 한마디해두자. 무엇을 하면 '세쿠하라'가 되는지, 짐작 가는 일이 없는데 여성에게 일방적으로 몰아세워지는 상황이 벌어지지나 않을지, 불안하고 초조한 마음이 들 수도 있다. 가해에 대한 자각이 거의 없는 것이 '세쿠하라'의 특징이기도 하지만, 한편으로 그들의 불안과 불신은 근거가 없다고만은 볼 수 없다.

경험에 따르면, '세쿠하라' 가해자 중 상당수는 상습범이다. 야노 씨도 그랬다. '세쿠하라' 가해자들은 과거와 똑같은 자신들의 행동에 대해 여성들의 반응이 달라진 것을 깨닫지 못하고 있다. 과거에는 문제없었던 행동이 왜 이제 와서 고발의 대상이 되는가? 의아해할 만도 하다. 남자는 바뀌지 않았다. 바뀐 것은 여자다. 더 구체적으로 말하면, '경험의 재정의' 효과로 여성들의 수인한도가 낮아진 것이다. '과거에는 문제없었던 행동'은 문제가 없었던 것이 아니다. 아무도 문제화하지 않았던 것일 뿐이다. '세쿠하라'의 증가는, 곧 '세쿠하라'의 문제화의 증가를 의미한다. 여성은 이제 더는 참지 않는다. '세쿠하라' 문제의 배경에는 이 여성의 변화가 가장 크게 자리 잡고 있다.

말을 바꾸면 세상이 바뀐다
—— 1997

요즘 '표현의 자유' 대 '단어 사냥'의 대립이 시끄러운 듯하다. 특정한 단어의 사용을 규제한다고 그 표현이 없어질 리 없다. '가정부'를 '가사도우미'로 바꿔 부른들 현실은 크게 달라지지 않는다. '대머리'를 '머리털이 부자유한 사람'이라거나, 단신을 '수직 방향으로 도전받은 사람'이라고 순화해서 말해야 하느냐고 비아냥거리는 소리마저 들린다. 있는 것을 은폐하는 PCPolitical Correctness(정치적 올바름), 차별적인 언어 사용이나 활동을 금지하려는 운동으로 1980년대에 미국에서 시작되었다주의적 '교체어'가 아니라, 또 하나의 표현을 제시함으로써 사물을 보는 관점을 바꿔주는 그런 단어가 있다.

말싸움은 말로. 말싸움에서 졌다고 손이 나가서는 안 된다. 싸움에는 정면 돌파만 있는 것이 아니다. 게릴라전, 풍자, 야유 등 방법은 다양하다. 상대가 강적이면 정면으로 맞붙기보다 비용 대비 효과가 좋은 방법으로 대응해야 한다. 유머도 큰 무기 중의 하나다.

페미니즘은 새로운 표현을 다양하게 만들어냈는데, 그것은 차별을 은폐하는 '교체어'가 아니었다. 알고 나면 세상을 보는 관점이 확 달라지는 표현들을 몇 가지 소개하겠다.

세쿠하라

먼저 1989년 유행어 대상을 받은 '세쿠하라'가 있다. "섹시하다는 말도 세쿠하라?!"라고 남자들은 전전긍긍했다. '그렇다면 어디까지 허락되나? 세쿠하라 광상곡' 따위의 표현이 주간지에 실려 지하철 광고판을 장식하는 등, 보수 매체가 이 말의 보급화에 일조하는 웃지 못할 희극이 벌어졌다. 지금은 완전히 정착한 이 표현 덕분에, "아, 그때 그게 세쿠하라였구나" 하고 뒤늦게 분개한 여성도 많았을 것이다. 그저 '재수 없어', '기분 나빠'라고만 생각하고 넘겼던 개운치 않은 일들에 '세쿠하라'라는 이름을 붙일 수 있게 된 것이다.

'세쿠하라'는 지난 3월, 교토대학 모 교수의 '세쿠하라' 의혹을 재판하는 법정에서 다음과 같은 정의를 부여받았다.

"상대방의 뜻에 반하여 성적인 성격의 행위를 하고, 그에 대한 대응에 따라 일을 하는 데 있어서 일정한 불이익을 주거나 혹은 그런 행위를 지속함으로써 노동 환경을 현저하게 악화시키는 것."

세쿠하라는 일종의 산업 재해다. 따라서 그 대책과 관련해서는 사용자 측에 책임이 있다. 사무실에 노골적인 누드 달력을 걸어둔 동료 남성에게 "기분 나쁘니까 치워주시죠" 하면, "그래요? 나는 기분 좋은데"라거나, 심지어는 "알 거 다 알면서 순진한 척은" 하고 뻔뻔하게 나오던 상대에게, 이제 "이거 세쿠하라입니다" 하고 확실하게 말할 수 있게 된 것이다. '세쿠하라'라는 표현은 직장 내 여성의 수인한도를 확실하게 낮춰줬다. 아니, 여성이 직장에서 중요한 노동력이 되었기 때문에 여성을 위한 업무 환경에 신경을 쓰게 되었다고 말하는 편이 좋을지도 모르겠다.

직장 분위기가 삭막해졌다고 말하는 이들도 있을 것이다. 지금까지 직장이 원만하게 돌아가고 있는 것처럼 보였던 것은 남자의 사정에 여자가 참고 맞춰왔기 때문이라는 것을 그들은 알아야 한다. '세쿠하라'는 여성의 문제가 아니라 남성의 문제다. 아니, '문제남'의 문제라고 해야 할까. '세쿠하라' 연수가 필요한 쪽은 오히려 남자 직원이다. '이런 상황에서는 이렇게 대처해라'라고 여자 직원에게 '세쿠하라' 연수를 받게 하는 것은 본말이 전도된 것이다.

매춘買春

'매춘'을 한자로 변환하면 '賣春여기서 매(賣)는 팔 매'은 나오지만 '買春여기서 매(買)는 살 매'은 나오지 않는다. 물론 사전에 없는 단어다. '買春'이라고 쓰면 매춘이 여성의 문제가 아니라, 사는 쪽인 남성의 문제가 된다. 신문 기사를 한번 보자.

"PKO에서 소녀 매춘(賣春)—이탈리아군 장병들을 상대로"(《요미우리신문》1994년 1월 30일)

이러면 마치 소녀들이 자발적으로 매춘을 하고 있는 것처럼 들린다. 성 산업에 대해서는 '닭이 먼저냐, 달걀이 먼저냐' 식의 논쟁이 반복돼왔지만, 수요가 있으니까 공급이 발생하는 것이다. 이 문장을 이렇게 바꿔 쓰는 것만으로 대상에 대한 관점은 확 달라진다.

"PKO에서 소녀 매춘(買春)."

누가 '범죄자'인지, 이러면 분명해지지 않나?

보수 언론의 최근 히트작은 '원조 교제'일 것이다. 떠오르는 스타 사회학자 미야다이 신지에 따르면, '원조 교제'는 '아저씨들'의 완곡어다. 여고생들 사이에서는 '몸 파는 아이'라고 단도직입적으로 부른다고 한다. 어린 여성을 상대로 한 '매춘(買春)'을 '원조 교제'라고 바꿔 부르면 '아저씨들'의 죄악감은 조금은 줄어드는 것일까. 고갸루갈색 머리, 검은 피부, 짧은 교복 치마, 헐렁한 양말 등으로 대표되는 독특한 패션의 여고생들을 지칭, 1990년대 중반에 유행나 블루세라 소녀자신이 입던 속옷을 파는 소녀들로 이들의 물건을 전문적으로 판매하는 가게가 성행했다보다, 자신의 행위를 '원조 교제'라고 미화하는 '세쿠하라' 체질의 '아저씨들'이 훨씬 병적이지 않나? 미야다이 씨도 '원조 교제'에 대해 연구하려면 소녀들보다는 '아저씨들'을 탐구해야 할 것이다.

무임금 노동

페미니즘이 '발명'한 여러 표현 가운데 최대 히트작은 '무임금 노동'이다. 가사도 노동이다, 심지어 돈도 못 받고 하는 부당한 노동이다, 라는 사실을 인식하면 부부 싸움에서 아내를 침묵하게 만드는 남편의 필살기, "누구 덕에 먹고 사는데?"라는 공격에도 반박할 말이 생긴다.

"당신이야말로 누구 덕분에 매일 편하게 출근하는데? 나도 온종일 쉬지도 못하고 일한다고."

남편은 더 격분해서 말할 것이다.

"당신이 하는 일은 돈이 안 되잖아. 그런 건 일이라고 할 수 없지."

그럴 때는 이렇게 되받아쳐주자.

"당신이 하는 일이 돈이 되는 건, 남자라는 허울 때문이야. 결코 당신이 잘나서가 아니라고."

페미니즘은 여성을 이론으로 무장시켰기 때문에 이런 아내를 둔 남편은 쉽지 않을 것이다. 페미니즘을 공부하면 부부 사이는 확실히 나빠진다(하하). 아내의 수인한도가 낮아지기 때문이다. 아니, 지금까지는 '나 하나만 참으면' 하는 아내의 포기와 인내로 부부 사이가 평탄하게 유지돼왔던 것이다.

'무임금 노동'이라는 개념이 등장했을 때, 가장 저항한 이들이 당시의 마르크스주의 경제학 전문가들이었다. 그들은 벽창호 남편들처럼 돈이 안 되는 것은 일이 아니라고 하면서 "왜냐하면 마르크스가 그렇게 말했으니까"라는 황당한 이유를 댔다.

'무임금 노동'이라는 개념은 설령 돈이 되지 않더라도 자신이 하는 일은 가치가 있다, 라는 인식을 여성에게 심어주었다. 자신의 노부모 간병을 아내에게 맡겨놓은 남편은 뭔가 느끼는 바가 있을 것이다.

이제 주부들도 "우리도 일하는 여성"이라고 목소리를 내기 시작했다. '워킹맘'도 마찬가지다. 모든 어머니는 '일하는 여성'이다. "밖에서 일하고 집에 돌아와서도 가사와 육아를 해야 하는 나는?" 하는 '워킹맘'에게는 다른 용어가 기다리고 있다. 당신이 하고 있는 것은, '이중 부담'이다.

성적 학대

아이에 대한 성적 학대에도 '근친상간'이라는 말을 써왔다. '상간(相姦)'이라고 말하면 당사자 간에 합의가 있었던 것처럼 들린다. 하지만 8세 안팎의 아이(90% 이상이 여아)와 성인(90% 이상이 계부를 포함한 부친) 사이에 어떤 '성적 합의'가 이뤄질 수 있단 말인가? 이것은 단순히 부모에 의한 성적 학대이고, 도망칠 수 없는 상황에서의 지속적인 강간이다.

참고로 모 메이저 신문사의 『기자 핸드북』은 '강간'은 차별어, 불쾌어에 해당하므로 '폭행', '폭력'으로 바꿔 쓰도록 지시하고 있다. 그렇다면 '살인'도 불쾌어 아닌가, 라고 묻고 싶다. '폭행'이나 '폭력'으로는 뜻이 정확하게 전해지지 않는다. 그러기는커녕 일의 중대함이 희석된다.

'위안부'라는 말도 남성들 사정에 맞춘 말 중 하나다. 남성에게는 '위안'일지 모르나 '위안'을 제공하도록 강제당한 쪽은 전혀 그렇지 않다. 허울은 좋지만, 여기에는 역시 '강제 노동' 내지는 '성적 노예'라는 말이 적합할 것이다. 이런 표현을 들이대면 그들도 수치심을 느낄까. 느끼길 바란다. 그것이 과거 자신들이 한 짓이니까. 현실을 받아들여라.

"그깟 말"이라고 말하지 마라.

돈도 힘도 없는 가난한 사람이나 약자의 무기는 온갖 지혜를 다 짜내서 말로 응수하는 것이니까.

지금을 살아가는 딸들에게
—— 1995

일할 여성이 필요하다. 하지만 너무 열심히 일하는 여성은 사양한다. 필요 이상으로 길게 일하는 것도 곤란하다. 무능한 것도 곤란하지만, 말 많은 것은 더 곤란하다……라는 것이 기업의 본심이다. 그리고 취업난에 허덕이는 여대생에는 이렇게 말할 것이다. 아가씨, 우리도 가능하면 젊고 팔팔한(거기다 싼값에 쓸 수 있는) 사람을 쓰고 싶지. 그런데 우리 회사 안방마님이 안 나가고 버티고 있어서 말이야. 채용 계획이 틀어져 버렸어.

지금은 여성이 일하는 것이 당연한 시대다. 만혼화晩婚化로 20대는 보통 싱글로 보낸다. 취업은 젊은 여성에게 사활 문제가 되었다. 남성의 임금도 제자리걸음. '결혼 퇴직'도 좋은 시절 이야기다. 돈 많은 남자를 찾기란 하늘의 별 따기. 거기다 파탄주의 이혼법이 도입되어 결혼도 더 이상 '영구 취직'이 아니다. 무엇보다 이 불황. 일을 한번 놓으면 아이가 있는 여성이 다시 제대로 된 직장을 구하기란 거의 불가능하다. 그런 까닭에 최근 일하는 여성의 평균 근속 연수는 조금씩 길어지고 있다. 성차별이 만연한 이런 사회에서 여성이 스스로를 지키기 위해 내놓은 해답이다.

그에 대한 기업의 반격은 이렇다. 일하고 싶은 여성에게는 남성과 동등한 과중 업무를 강요하는 종합직 코스. 버티고 안 나가는 여성에게는 직급과 급여에 한계를 두는 일반직 코스. 버티고 안 나가는 사태를 사전에 방지하기 위한 단기 계약직. 회전률이 빠른 저임금 여성을 확보하기 위한 파견 및 아르바이트. 20년 전과는 문제의 배경이 달라진 만큼 기업도 다양한 방법으로 대응하고 있다.

균등법이 생기기 훨씬 전에, 여성들의 길고 긴 재판 투쟁으로 약년퇴직제_{정년 연령을 낮추고 그 나이가 되면 무조건 퇴직시키는 제도}나 차별정년제_{남녀 간 정년을 달리 정하는 제도}는 없어졌을 터였다. 균등법은 여성이 쟁취한 성과를 명문화한 것이라고 모두가 믿고 있었다. 그런데……. 균등법 시행 9년째의 조정안 제1호 스미토모금속공업 건에서는, 균등법 이전에 입사한 여성 사원이 균등법 이후의 '일반직'과 동일하게 간주되어 법적으로 정당하게 차별이 인정되었다. 난카이방송_{南海放送}은 균등법 이후에는 여성 사원을 채용하지 않고 있다. 여성은 단기 계약직뿐. 법대로 했다고 하면 할 말이 없다.

균등법은 대체 무엇이었나? 여학생의 취업난에 아무런 실효도 없는 균등법을 보고, 그것은 결국 거품이었구나 하고 생각했는데, 그러기는 커녕 기업의 강한 우군이었던 것이다.

사용자 측에 양보에 양보를 강요당한 그 성립 과정에서 이렇게 될 것을 예감은 하고 있었지만……. 균등법은 양식 있는 여성들에게는 승리의 결과가 아니라 패배의 증표였다. 그 균등법 성립의 주역 아카마쓰 료코_{당시 노동성 여성국 대표} 씨는 제1회 프리뮬러상(오사카 던센터가 남녀평등에 공헌한 여성에게 주는 상)을 받았다. 흐음, 아무래도 석연치 않다.

미안하다, 딸들아. 우리가 미력하여. 하지만 어떤 사유나 권리도, 주어지는 것이 아니라 그때마다 싸워서 쟁취해야 하는 것이다. 그렇게 나아가다 보면 너희들에게도 앞서간 여성들의 발자취가 보일 것이다.

역풍 속에서
—— 1998

1995년에 요코하마 여성 포럼에서 《여성시설저널》을 창간했을 때, 여성회관 건립 붐에는 이미 역풍이 불고 있었다. 정부 공인의 '남녀공동참여사회'라는 표어와 행동계획, 그리고 우로나란히 한 각지의 행동계획 수립 움직임 속에서, 왜 여성만이 극진한 행정 서비스를 받는가, 여성은 이미 충분히 힘이 생겼다, 라는 이야기가 활보하기 시작했다. 그리고 여성회관 대신에 남녀노소 누구나 이용할 수 있는 복합 시설을 건립하자거나, 독립채산제 재단 방식으로 운영하자는 목소리가 시대에 걸맞은 방침인 양 힘을 얻어갔다. 기실은 장롱 행정을 해온 지자체에 여성회관을 건립하고 관리·유지하는 것이 부담으로 작용한 결과였을 것이다.

《여성시설저널》은 창간호 권두에 '여성회관, 아직 필요한가?'라는 Q & A를 실었다. 대답은 물론 '여전히 필요하다'였다. 2호에서는 '여성 시설의 정보 기능이란?', 3호에서는 '시민 활동 지원과 여성 시설'을 특집으로 다뤘고, 현재 편집 중인 4호에서는 '여성 시설의 상담 사업'에 대한 내용을 준비하고 있다.

경제가 불황이면 여성의 문제는 뒤로 밀려나고, 유행에 민감한 매스컴은 시류에 편승해 물린 듯 반응하지만, 현실의 혹독함을 여자는 피부로 느껴서 잘 알고 있다. 여성회관은 그런 여성들의 문제를 수집하고, 정보를 발신하고, 네트워크를 만드는 거점으로서 없어서는 안 되는 곳이다.

물론 모든 여성회관이 취지에 맞게 제대로 운영되고 있다고는 볼 수 없다. 일부 여성 단체가 기득권을 잡고 좌지우지하는 곳도 있는가 하면, 행정 주도로 운영되어 시민들의 이용이 불편하다고 하는 곳도 있다. 그래도 없는 것보다 나은 것이 여성회관이다. 시설과 설비, 인재와 예산만 있으면 어떻게 쓸지는 시민들이 정하면 된다. 여성회관은 하라는 대로 하는 틀에 박힌 시설이 아니다. 여성회관을 지키고 키워가는 것이 여성 시민의 역할일 것이다.

남녀공동참여법의 의의
—— 1999

1999년 6월 15일, 남녀공동참여사회기본법이 제정되었다. 일·미 가이드라인 책정, 도청법, 국기·국가법 등 논란이 된 다른 법안들에 묻혀 여론의 반대나 반발 없이 조용히 통과되었다.

행정 개혁의 부산물

이딴 법, 언제 누가 제안했나? 무슨 효과가 있나? 각지의 여성 모임에서 들려오는 목소리들이다. 왜 '남녀평등기본법'이라고 하지 않았을까, 처음부터 이렇게 미온적이어도 되나, 하는 생각이 들지만, 이 법률이 여성 정책의 패러다임을 바꾼 것은 분명하다. 하지만 정책 결정자가 일의 중대함을 충분히 이해하고 있었는지, 실효성이 없을 것이라는 전제하에 결정한 것은 아닌지, 하는 의문은 남는다.

남녀공동참여법은 1996년 하시모토 연립 내각(자민, 사민, 사키가케)이 단행한 행정 개혁의 부산물이지만, 정책 담당자나 심의회 위원은 그 기회를 이용해 여성 정책의 주류화를 꾀하려고 했다.

그 내용은 한마디로 말해, 여성 정책의 '로컬'에서 '유니버설'로의 전환이다. 1975년 유엔 여성을 위한 10개년 이후 여성 정책은 정부 공인의 정책 과제가 되었지만, 그 역사 안에서도 특필할 만하다. 순서를 따라가며 살펴보자.

1977년, 제1차 국내행동계획이 수립되었다. 당시 담당 부서는 총리부에 있었고 '여성문제기획추진본부'라고 불리고 있었다. 기본 취지는 '여성의 지위 향상', '참여 촉진' 등으로 나열된다. 그것을 위해서 '교육과 훈련'이 중점 목표가 되었다. 여성의 지위 향상을 위해서는 여성 자신이 업그레이드되어야 한다는 것이 핵심 내용이었다.

제도 개혁의 지향점

이것을 여성 정책 제1기라고 한다면, 제2기는 1987년의 '2000년을 향한 신국내행동계획', 이른바 제2차 행동계획이 되겠다. 여기서 처음으로 '남녀의 공동참여'와 '남녀평등에 대한 의식 개혁'이라는 말이 등장한다. 남녀평등이 진전이 없는 것은 남성의 낡은 사고방식 때문이므로 깨우쳐 바꾸자, 라는 것에 주안점을 두고 있다.

그리고 이번 기본법으로 제3기를 맞았다. 제2차 행동계획에 있던 '남녀평등'이라는 글자가 '남녀공동참여'로 치환되었다. 담당 부서 명칭도 '남녀공동참여추진본부'로 바뀌었다. 대신에 등장한 것이 '성별에 의한 차별이 없는 사회 시스템 구축'이라는 문구다. '의식 개혁'은 뒤로 밀려나고, 대신에 '제도와 관행 개선'이 당면 과제가 되었다.

'여성의 노력'에서 '남성의 의식 개혁'으로, 다시 '사회 시스템 재구축'으로. 제1기에서 제2기, 제3기로의 변화를 간단하게 정리하면 이렇게 될 것이다. 남녀평등이 제자리걸음인 것은 여성의 노력이 부족한 탓도, 남성의 사고방식이 바뀌지 않은 탓도 아니다.

여성이 애쓰고 남성이 각성하는 것만으로는 충분하지 않다. 어느 한쪽에만 유리하게 작용하고 있는 사회 시스템을 새롭게 고쳐야 한다고 기본법은 선언하고 있는 것이다.

'성별에 의한 차별이 없는', 이 말은 곧 '젠더 프리'를 가리킨다. '젠더' 개념이 도입된 것도 획기적이다. '젠더 프리'를 지향한다는 것은 최종적으로 성별이 관여하지 않는 사회를 목표로 함을 의미한다. 이제 '달라도 대등'이라는 말에는 속지 않는다.

연령 차별도 철폐

이 같은 패러다임 전환이 여성 정책에 불러올 의미는 크다. 제1기, 제2기에서 여성 정책은 사회 교육이나 평생 학습의 일환으로서 자리매김했지만, 그리고 지금도 여성 정책 담당 부서가 교육위원회나 생애학습과에 속한 지자체는 적지 않지만, 이것이 근본적으로 바뀐다. 정부의 행정 개혁안에 의하면 내각부에 남녀공동참여국이 놓이고, 다른 관계 부처의 정책에 횡단적으로 관여할 수 있게 된다.

예를 들면, 연금 개혁에서 '제3호 피보험자 문제'(전업주부가 보험료를 납입하지 않고도 연금을 받을 자격이 있는 것) 유보는, '성별에 의한 차별이 없는' '중립적인' 정책이라는 견지에서 보면 한 정권 안에서는 명백한 모순이다. 기본법의 입장에서는 이런 모순을 공격하는 것이 가능해진다.

또 간접 차별을 문제 삼는 것도 가능하다. 노동시장의 연령 제한은 명백히 '성별에 따라 차별이 있는' 결과를 가져온다. 육아나 간병으로 퇴직한 여성이 직장에 복귀하는 것을 막는 것은 연령의 벽이다. 성차별금지법에 이어 연령차별금지법이 필요하다. 우선 쉬운 일부터 시작하자. 모든 행정기관이 즉시 실행할 수 있는 일이 있다. 바로 공무원 채용 시험의 연령 상한을 폐지하는 것이다.

그런데 누가 총대를 멜 것인가? 기본법은 구체적인 법률이나 정책으로 실현되지 않는 한 결국은 '그림의 떡'이다. 정책 담당 부문을 설정해 예산과 권한을 부여해야 한다. 아울러 남녀평등감시기구나 고충처리기관도 필요하다. 그렇게 제도가 서서히 갖추어지면 남녀공동참여사회기본법이 수립된 1999년에 여성 정책이 어떤 전환기를 맞았는지 분명하게 보이게 될 것이다.

농촌의 남녀공동참여
── 2008

'남녀공동참여'가 가장 늦어지고 있는 곳은 농촌이다. 더 정확하게 말하면, 여성의 기여도에 비해 그 지위가 현격하게 낮은 것이 농촌의 특징이다. 가정 안에서도, 지역사회 안에서도, 여성이 의사 결정권을 가질 기회가 적다. 그것은 농업에 종사하는 여성은 많은데, 농업 위원이나 농협 임원에 여성의 수가 극히 적은 것만 봐도 알 수 있다.

1990년대에 농촌에 갔다가 여성의 참여가 늘었다는 이야기를 들은 적이 있다. 그때까지 남성뿐이었던 농업 위원에 여성도 많아졌다는 것이다. 듣자니 5, 60대 여성들. 패전 후 농촌에서 생활 개선 운동이 한창이었을 무렵, 그 역군이었던 젊은 새댁들이다.

그 이야기를 듣고 감개무량했다. 젊은 시절 지역사회의 역군이었던 이들이 그 이후에도 인간다운 삶의 방식을 유지하며 꾸준히 활동하고 신뢰를 쌓아 거기까지 온 것이다. 그녀들은 결코 침묵하지 않았다.

니가타 현에 '우리 친정'이라는 복지 단체가 있다. 홀로된 노인이나, 은둔형 외톨이, 집 밖으로 나오지 못하는 자살미수자들에게 '우리 친정에 오시지 않겠습니까?' 하고 머물 곳을 제공하는 곳이다. 그 단체의 이름을 들었을 때 마음이 찡했다.

나는 호쿠리쿠 출신이다. 여성의 노동 없이는 먹고 살 수 없는 곳인데, 여성의 지위가 낮다. 특히 며느리에게 시집은 시어머니 감시하의 풀타임 직장. 명절에 잠깐 들르는 '우리 친정'만이 며느리에게는 유일한 안식처였다. 그런 사정을 잘 알고 있는 사람이라면 이 말의 의미가 절절하게 다가올 것이다.

1950년대의 젊은 새댁은, 1990년대에 농업 위원이 되었다. 그로부터 약 20년. 2000년대에 80대가 됐을 그녀들은 어떤 인생을 살고 있을까?

심각해지는 여성 취업
—— 1999

이전에 "노동의 유연화는 환영하고 싶다. 단, 신분 차별이 없다는 전제 하에"라고 말한 적이 있는데, 현실을 보면 너무 낙관적이었는지도 모르겠다는 생각이 든다.

거품 경제가 무너진 1991년으로부터 8년. 여성의 취업은 악화 일로를 걷고 있다. 신졸 채용 시장도 '장대비'에서 '빙하기', 이윽고 '초빙하기'를 맞았다. 해빙은 아직 찾아오지 않았다.

법률보다 경기

1986년에 시행된 남녀고용기회균등법은 여성의 고용을 지켜주지 않았다. 균등법이 결국 거품에 지나지 않았다는 것은 전문가들의 공통된 의견이다. 거품 경제기에 늘어난 여성 고용은 불황과 함께 사라졌고, 이로써 법률의 효과보다는 경기의 영향에 지나지 않았음이 판명되었던 것이다.

채용 성차별이나 면접에서의 성희롱 등도 벌칙 없는 노력 의무만으로는 근절되지 않는다는 것은 익히 알려져 있다. 올해 4월부터 시행된 개정 균등법에서는 이를 위반한 기업은 기업녕 공개 등의 페널티를 받지만, 지금까지 한 번도 공개된 적이 없다.

그러기는커녕 위반에 대한 분쟁 조정 신청은 쌍방이 교섭 자리에 참석하는 것으로 합의되지 않으면 성립되지 않는다는 법률 규정에 따라 대부분이 불성립으로 끝났다. 그나마 조정에 들어갔던 스미토모금속 등의 몇몇 사례도 전부 기업 측에 유리한 방향으로 마무리되었다.

같은 시기에 있었던 소송에서는 제소한 여성 노동자 측이 승소한 사례가 여럿 있었지만, 변호 측이 의거한 법리는 헌법과 노동기준법, 민법 등이었다. 법정 투쟁에서도 균등법은 쓸모가 없었던 것이다.

미증유의 이변

불황과 함께 여성의 고용 환경에도 이변이 일어나고 있다. 그 하나는, 중장년 파트타임 노동자의 해고와 일시 해고다. 1973년 오일 쇼크 이후 지속되었던 구조적 불황기에도 오히려 여성의 주변적 고용은 성장 산업을 중심으로 확대되었다. 이 같은 사태는 전후 초유의 본격적이고 전면적인 불황을 예고하고 있다.

둘째는, 신졸 채용 시장에서 남녀 격차가 확대되고 있는 것이다. 셋째는, 신졸 채용 시장에서 기존의 상식을 뒤집고 4년제 졸업 여성 취업자 수가 2년제 졸업 여성 취업자 수를 상회한 것이다. 고졸은 더욱 고전하고 있다. 넷째는, 종합직 채용 축소가 일반직 채용 감소에 비해서 상대적으로는 그 폭이 크지 않다는 것이다.

원래부터 여성 종합직 채용 비율은 낮았지만, 그래도 일반직 채용 제로 기업이 잇따라 나오고 있는 가운데, 영업직이나 전문직에서 여성 종합직을 채용하는 것에 의욕적인 모습을 보이는 기업은 적지 않다. 이것은 업무 수행 능력만 갖췄다면 여성이라도 채용할 뜻이 기업 측에 있다는 것을 의미한다. 반대로, 커피를 타거나 잔심부름을 하는 언제든지 대체 가능한 보조직 여성을 풀타임으로 고용할 여유가 더 이상 기업에 없다는 것을 의미하기도 한다.

현장에서는 더욱 심각한 사태가 진행되고 있다. 예전과 똑같이 일하는데, 기업의 사무직 여성들은 파견, 계약, 임시, 파트타임 노동자로 전환되었다. 급여는 정직원의 2분의 1, 3분의 1. 고용 보장도 안 된다. 과거 여성의 라이프코스는 출산 전까지 직장 생활을 하다가 육아 기간 동안 휴지기를 보낸 뒤, 그 후 파트타임 등의 저임금으로 직장에 복귀하는 것이었지만, 이제는 대학을 졸업하자마자 처음부터 주변 노동시장에 내던져지게 되었다.

공무원 채용에서의 성차별

기업의 고용 축소로 인해 공무원 지원자가 늘고 있다. 그런데 남녀공동참여사회를 어느 곳보다 솔선해서 추진해야 할 국가 기관에 남녀 채용 비율이 존재한다는 것은 공공연한 비밀이다. 지방공무원 채용에서도, 수험자 남녀 비율 대비 여성의 합격률이 일관해서 낮게 나타나는 것에서 성차별이 의심된다.

남성에 비해 선택의 폭이 좁은 여성이 공무원 시험으로 몰리고 있는 현실을 생각하면, 여성의 합격률이 남성의 합격률보다 높을 것으로 예측된다. 실제로 시市 레벨에서는 남녀 합격률이 과거 3년간 역전한 것으로 나타났다. 시 아래 레벨에서는 그것이 반대의 양상을 띠는데, 이 경우 남성에게 뭔가 유리한 조건이 작용했다고 추정할 수 있다.

면접을 포함한 개별 채용에서는 차별을 구체적으로 증명하기 어렵지만, 통계적인 유의성을 도출함으로써 차별 여부를 가려낼 수 있다. 이것을 역학적 증명이라고 한다. 여기서는 여성 차별이라기보다 남성 우대라고 해야 맞을 것이다. 국공립 고등학교 및 대학교 입학자에 대해서도 이 같은 검증이 이뤄져야 할 것이다. 납세자는 자신이 속한 지자체 인사에 좀 더 관심을 둘 필요가 있다.

여성을 배제하는 일터에 미래가 있는지 어떤지는 역사가 판단해줄 것이다.

젠더 평등의 종착지는?

—— 1999

페미니스트 하면 "남자처럼 되고 싶은 여자?"라고 오해하는 이들이 종종 있다. 젊은 여성들은 이해할 수 없다는 반응을 보이기도 한다. 남성들은 "남자랑 똑같이 취급받고 싶다고? 그러면 여자인 걸 포기해. 남자랑 똑같이 일하면 똑같이 대접해줄 테니까"라고 말한다. 남녀고용기회균등법은 그런 것이었다.

지금의 이 남녀고용기회균등법은 여성이 요구한 것이 아니다. 오히려 여성 단체의 반대에도 불구하고 사용자 측에 유리한 방향으로 만들어졌다. 현실에서는 남성과 똑같이 일해도 돌아오는 보상은 똑같지 않다는 것을 누구나 잘 알고 있다. 그렇다면 더 정정당당한 경쟁을 페미니스트는 요구하고 있는 것일까? 전혀 아니다. 그 결과는 '남자도 하는 과로사, 여자인 나도 해보자'였다. 가정이 붕괴되고 사생활이 무시된 삶을 누가 원할까. 일본 남성의 삶은 부러워할 만한 것이 전혀 못 된다.

그런데도 젠더 평등의 종착지가 '여자가 남자처럼 되는 것'이라고 오해받은 건 왜일까? 아마 그런 남성들은 자신을 모델로 젠더 평등을 이해하는 것밖에 할 수 없을 만큼 상상력이 상당히 빈약할 것이다. 그리고 젊은 여성들은 그런 남성들이 만든 매체의 영향으로 페미니스트란 그런 것이라고 세뇌되었을 것이다. 만약 페미니즘이 정말로 그런 것이라면 나도 이해하지 못했을 것이다.

여성은 남자를 닮을 필요도 없지만, 여자인 걸 포기할 필요도 없다. 그렇다고 '여자다움'에 얽매이거나 그걸 내세울 까닭도 없다. 페미니즘이란 무엇인가? '내가 여자임은 나 자신이 규정한다', '내가 어떤 여자인가는 나 이외의 누구도 규정할 수 없다'……. 페미니즘이란 그런 사회적 소수자의 자기 정의권定義權의 주장이었다.

여성은 오랫동안 '여자답지 못하다'라는 말로 협박을 당해왔지만, 자신에게 자궁과 유방이 있든 없든 '나는 여자(나)다, 내가 나인 것은 스스로 결정한다, 다른 누구도 침해할 수 없다'라고 주장했던 것이 페미니즘이었다.

올해 제정된 남녀공동참여사회기본법은 '성별에 의한 차별이 없는 사회 시스템 구축'을 강조하고 있다. 이 법률의 획기적인 점은, '달라도 대등'하다는 남녀 특성론을 부정한 것이다. 그럼 남녀의 차이가 없어지는 거야? 아이, 재미없어, 라고 생각했다면, 그건 오해다. 남자와 여자라는 단순한 차이 말고, 더 다양한 차이가 있어도 좋다. 문제는 그 차이가 어느 한쪽에 유리 또는 불리하게 작용하지 않는 사회 시스템을 만드는 데 있다. 다른 것은 당연하다. 다름은 두 가지 색이 아니라, 여러 색이다. 그렇게 생각하면 젠더 평등의 종착지는 다양성의 공존일 것이다.

3장

백래시에 맞서

- 2000년대 -

신자유주의 아래서 심해지고 있는 여여 격차

—— 2005

2005년 9·11 총선거에서 여성 국회의원 수는 패전 직후의 39명이라는 기록을 깨고 43명을 달성했다. 여성 후보자를 지명하여 비례대표 명부 상위에 줄 세운 고이즈미 자민당의 '적극적 차별 시정 조치Affirmative action' 때문이다. 이것으로써 우리는 자민당이 '여성에게 좋은' 정당으로 탈바꿈했다고 해석해도 좋을까?

'여성 자객'들은 '우정 민영화'라는 고이즈미-다케나카'다케나카'는 다케나카 헤이조로 고이즈미 내각에서 경제재정정책담당대신 역임 신자유주의 개혁 노선의 보병으로서 투입되었다. 회의장에서는 수적으로 우세한 여당의 평당원으로서 당의 결정을 따르고, 차기 공천을 기대하며 당에 절대 복종을 맹세한다. 여성의 수가 많아졌다고 정치가 바뀌는 것은 아니다. '민간이 할 수 있는 일은 민간에게'라는 슬로건을 내건 고이즈미 구조 개혁을 놓고, 20년 뒤처져 등장한 대처-레이건 개혁이라고들 말한다. '철의 여인'을 수상으로 둔 영국에서는, 여성이 수장이 되어도 '여성에게 좋은' 정치는 이뤄지지 않는다는 것을 경험을 통해 습득했다. 여성 대통령 후보에 열광하는 것은 순진한 미국인 정도다. 하지만 그들도 부시 정권의 고관과 호전적인 라이스 국무장관을 눈앞에 누고 머쓱해 하고 있지 않을까.

여성이기만 하면 무조건 좋은 것인가? 이번 선거만큼 이 오래되고 진부한 질문이 새로운 의미를 띤 적은 없다.

신자유주의는 '자기 결정'과 '자기 책임'을 원칙으로 한다. 고이즈미 칠드런 2005년 일본 중의원 총선거에서 고이즈미 준이치로 총리의 후광으로 당선된 초선 의원들을 일컫는 호칭의 여성들은 좋은 집안 출신에 학력, 능력, 경력까지 갖추고 있다. '재능'과 '노력'으로 지위를 획득한 '승자 그룹'의 여성들이다. 그렇다면 프리터 일정한 직업 없이 이 일 저 일을 하며 생계를 유지하는 젊은 층을 일컫는 단어, 파트타이머, 파견 노동자와 같은 '패자 그룹'의 여성들은? 그것도 신자유주의는 '자기 책임'이라고 말할 것인가?

프리터 문제나 파트타임, 파견 노동도 '본인의 선택'이 아니라 노동시장의 구조적인 요인에 의한 것임은 이미 증명되었다. 노동시장의 유연화라는 세계적인 추세에 따라 노동 조건이 절하되어 가는 가운데, 남성 정규직 노동자의 기득권 방어에만 급급했던 노동조합총연합회 안에서도 이변이 일어났다. 최근에 있었던 회장 선거에서, 다카기 쓰요시 회장 당선자에 맞서 후보로 나온 전국커뮤니티유니온연합회 회장 가모 모모요 씨에게 예상치 못한 많은 반발표가 모였다. 연합회 측이 충격을 받은 것도 당연한 일이다.

신자유주의 아래서, 커져가는 격차에 여성도 휩쓸리고 있다. 남녀 격차만이 아니라 여여 격차가 확대되어, '승자 그룹'에 들어가는 여성이 늘어나는 한편으로 '패자 그룹'의 여성에게는 '자기 책임'이라는 꼬리표가 붙는다. 신자유주의 아래서 남녀공동참여도를 판단하는 가장 간편한 지표는 모든 분야에서의 여성의 대표성, 즉 인구에 비례하는 여성 비율의 달성이다. 국회 의석 과반을 여성에게, 관료 과반을 여성에게, 관리직에 여성을, 벤처기업 경영진에도 여성을, 보수당에도 여성을, 그리고 자위대에도 유엔 평화유지활동에도 여성을, 나아가 정리해고 자살자 과반을 여성에게……?

이런 악몽이 페미니즘의 목표였을까? 한편으로, 육아 휴직자 과반을 남성에게, 간병 노동자 과반을 남성에게……는 한 발짝도 나아가지 않았다.

이 같은 목표에는 현재의 사회 구조를 그대로 유지하겠다는 의사가 전제되어 있다. 하지만 사회 구조 자체가 남성에게 유리하게 만들어진 상태에서는 대다수의 여성은 아무리 기를 써도 '패자 그룹'이 되고, 남자처럼 행동한 소수의 여성만이 '명예 남성'으로 위촉된다. 페미니즘은 이런 사회를 원치 않으며, 사회 구조를 바꿔야 한다고 요구했을 터였다.

하지만 어정쩡한 '남녀평등'이었던 '남녀공동참여사회기본법'조차 그 폐안을 자민당 일부가 들먹여 '젠더'를 금지어로 정하자는 제안이 버젓이 오고가는 오늘날, 신자유주의 정권에 의한 '남녀공동참여'조차 역풍으로부터 지켜내야 할지도 모르는 처지에 우리는 놓여 있다.

이런 사회에 대한 여자들의 대답은 이미 나와 있다. 비혼과 저출생이다. 이럴 바에는 낳지 않겠다, 키울 수 없다, 라고 여자들의 집단 무의식은 역사적인 대답을 내놓고 있다. 젠더 백래시는 가족의 위기에 대한 수구 세력의 반동일 것이다. 하지만 가족을 지키자고 외칠수록 신자유주의가 강요하는 '자기 책임'의 무게는 가족을 붕괴로 이끈다는 것을 그들은 깨닫지 못한다.

페미니즘은 신자유주의와 결별하게 될 것이다. 그렇게 되면 여자들 가운데 누가 아군이고, 누가 적군인지 분명하게 구분될 것이다. 저방선은 이미 나와 있다.

언제든, 누구든, 나이에 상관없이 다시 시작할 수 있는 사회를. 일하는 방식을 선택하고, 그로써 차별적 대우를 받지 않는 사회를. 육아나 간병이 강제적이거나 고독한 노동이 되지 않고, 그 선택이 불리하게 작용하지 않는 사회를. 여성이 남성의 폭력에 노출되지 않는 사회를. 여성이 가족이라는 테두리 밖에서도 혼자 안심하고 아이를 낳아 기를 수 있는 사회를.

이런 것들이 하나도 실현되지 않았기 때문에 페미니즘의 역사적 사명은 아직 끝나지 않았다.

페미니즘은 수확기
—— 2001

2001년 올해도 훌륭한 젠더 연구서가 잇따라 나왔다. 페미니즘은 이제 끝났다고 이야기하는 사람도 있지만 연구 면에서 보면 오히려 수확기였다.

오기노 미호의 『낙태 논쟁과 미국 사회 — 신체를 둘러싼 전쟁中絶論争と アメリカ社会—身体をめぐる戦争』岩波書店, 2001.

에하라 유미코의 『젠더 질서ジェンダーし秩序』勁草書房, 2001.

다마 야스코의 『모성애라는 제도 — 살인과 낙태의 정치학母性愛という制度—子殺しと中絶のポリティクス』勁草書房, 2001.

이 세 권의 역작은 10여 년에 걸친 연구의 집대성이다. 어제오늘의 시류를 타고 나올 수 있는 책이 아니다.

오기노 미호의 책은 저자의 박사 논문을 단행본으로 낸 것. 저자가 다년간 연구한 신체의 역사를 훌륭하게 담아냈다. 부제에 '신체를 둘러싼 전쟁'이라고 되어 있는데, 여성의 신체가 미시 정치의 장인 것이 통쾌하게 실증되어 있다.

에하라 유미코의 책은 제목부터가 정공법. 표상의 정치와 물질적 제도를 일관된 논리로 설명하는 지知의 프랙털이나. 1990년내의 페미니즘 논쟁이 남긴 숙제를 10년에 걸쳐 풀어내려갔다.

다마 야스코도 오기노 미호와 마찬가지로 낙태라는 주제에 관심을 두었다. 낙태가 사회과학적인 연구 주제가 될 수 있다고 여성학 이전에 누가 생각이나 했을까. 낙태는 여성의 신체를 둘러싼 가부장적 정치의 헤게모니를 장악하기 위한 싸움이고, 따라서 오래도록 쟁점이 되어왔다. 다마 야스코는 10여 년 전부터 낙태와 관련하여 사회사적 업적을 축적해왔는데, 그것이 한 권의 책으로 묶였다. 사회구축주의의 수사학적 분석을 무기로 해서, 낙태를 논하는 것이 스스로 모순과 파탄을 초래한다는 부분적인 사실로부터 '제도로서의 모성애'를 분명하게 밝혀가는 솜씨는 가히 훌륭하다. 그 이면에 '아버지의 부재'가 부각되는 것도 섬뜩하다. 일본이라는 필드를 대상으로 독창적인 업적을 이뤄낸 귀중한 역작이다.

활기 넘치는 한국의 페미니즘
—— 2005

서울에서 6월 19일부터 24일에 걸쳐 열린 제9회 국제학제여성회의에 참가했다. 서울은 한여름이었고, 회의도 그에 못지않은 열기로 가득했다. 흥분이 채 가시지 않은 상태에서 그날을 기록한다.

이 회의는 1981년에 이스라엘의 하이파에서 열린 이후, 더블린과 뉴욕 등 3년마다 꾸준히 열려 올해로 9회를 맞았다. 세계 각국에서 2천 명이 넘는 페미니스트가 모였고, 일본에서도 거의 2백 명이 참가했다. 아침 8시 반부터 저녁 6시 반까지, 매일같이 열리는 전체 집회에 더해, 네 개의 시간대에 수십 개의 세션이 동시에 진행되고, 밤에는 리셉션과 파티. 어느 세션에 갈지 망설여질 정도로 모든 곳이 성황이었다.

이 회의는 한국 정부와 여성부, 서울시가 재정을 지원했고, 여러 기업으로부터 협찬을 받았다. 한국 코카콜라의 협찬으로 시원한 음료가 늘 준비되어 있었던 것은 넓은 회의장 안을 땀을 흘리며 돌아다니는 참가자들에게 호평이었다.

일본 참가자들은 감탄하는 한편으로, 이 정도 규모의 국제적인 여성회의가 일본에서도 열릴 수 있을까 의문을 품지 않을 수 없었다. 불황 때문에 돈이 없는 것이 문제가 아니다. 신자유수의 고이스미 성권과 성차별주의 이시하라ᵉᶦᶜ이시하라 신타로 도지사 도정이 여성 회의에 재정 지원을 해주리라고는 기대하기 어렵다. 한국에서 대통령은 직접선거. 이른바 국민 투표다. 단체장 선거도 마찬가지. 한국 대통령도 서울 시장도 여성의 지지가 없으면 선거에서 이길 수 없다는 사실을 잘 알고 있을 것이다.

그리고 무엇보다 문제는 일본에 휘몰아치고 있는 페미니즘에 대한 백래시다. 일부 국회의원 중에는 젠더라는 용어를 금지시켜야 한다거나, 대학에서 젠더 관련 강의를 하지 못하게 해야 한다는 무지몽매하고 어처구니없는 발언을 하는 이도 있다. 이미 국제 표준이 된 '젠더'를 금지어로 지정하면 일본은 세계에서 정보 사각지대에 놓일 뿐만이 아니라, '단어 사냥'을 조장하고 '학문의 자유'를 방해하는 인권 침해국이 될 것이다.

이번 회의에서 특히 인상적이었던 것은 젊은 여성들이 자원봉사자 등의 자격으로 적극적으로 참여했던 점이다. '영 페미니스트'라는 포럼을 마련해 외국의 젊은 참가자들과 교류하는 모습을 볼 수 있었다. 자신을 '페미니스트'라고 당당하게 소개하고, 젠더 연구자들과 장을 공유했다. 외국의 저명한 연구자와 열정적으로 교류한 그녀들의 경험은 분명히 이후의 인생에 큰 영향을 끼칠 것이다.

일본에서도 젊은 페미니스트 단체가 참가한 것은 마음 든든한 일이었다. 학외 활동에 가능한 한 학생들을 끌어들이지 않는다는 내 방침을 이때만큼 후회한 적이 없다. 오키나와 여행 경비 정도면 갈 수 있는 한국인데, 학생들과 동행했으면 좋았을 것이다.

일본에서 페미니즘이라는 말이 부정적인 이미지로 쓰이고, 젊은 여성들이 그렇게 불리는 것을 꺼리게 된 것은 언제부터였을까. 일본은 국제 표준에서 완전히 벗어나 있다. 만나는 것만으로 힘이 되는 선배 여성들의 지혜가 곧 페미니즘일 텐데……. 한국을 부러워하고 있을 수만은 없다.

젠더프리를 둘러싸고
—— 2006

도쿄 도지사 이시하라 신타로와 한판 붙었다.

　정확하게 말하면, 그쪽에서 싸움을 걸어온 것이지 내가 시작한 것이 아니다. 《마이니치신문》 2006년 1월 10일 자 석간 사회면에 "'젠더프리' 다룰지도…… / 도쿄 도 '여성학의 권위자' 거부 / 고쿠분지 시 주최 우에노 지즈코 씨 강연 / 의견 차이를 이유로"라는 제목의 기사가 실렸으므로 이미 알고 있는 사람도 있을지 모르겠다.

　나는 고쿠분지 시가 도쿄 도와 공동으로 추진하고 있던 인권 강좌에 '당사자 주권'을 주제로 강연해 달라는 의뢰를 받았고, 그것이 도쿄 도의 개입으로 취소된 경위를 개최 측인 시민 단체로부터 전달받았다. 문서나 기록이 아니라 전언이므로 반론할 근거가 없었다. 《마이니치신문》 기자가 도쿄 도 교육청 평생학습 스포츠부 사회교육과 과장을 취재하여 기사를 써주었고, 그렇게 해서 간신히 언질을 받을 수 있었다.

　그 내용에 따르면, 우에노 씨는 여성학의 권위자로서 강연에서 '젠더프리'라는 용어와 개념을 거론할 가능성이 있으므로 도쿄 도 사업에 적합하지 않다, 라는 것이다. 여성학의 '권위자'라고 불리는 것은 달갑지 않지만 나는 여성학 연구자이기는 하다. 도쿄 도는 여성학 연구자는 곧 젠더프리 사용자라고 해석하고 있다. 내게 의뢰가 들어왔던 강연은 인권에 관한 것으로서 제목에도 내용에도 젠더프리는 사용하지 않았는데, '가능성'이 있다는 것만으로 판단했다는 것은 황당하기 짝이 없다. 세상에는 정통한 젠더 연구자가 많다. 그들은 젠더프리를 입에 올릴 가능성이 높다. 그렇다면 여성학·젠더 연구자는 누구나 도쿄 도의 사회교육사업에서 배제되어야 마땅하단 말인가.

나는 과거 도쿄 도의 사회교육사업에 협력해온 실적이 있고, 현재도 다른 지자체로부터 교육위원회나 남녀공동참여사업 강연을 의뢰받고 있다. 그렇다는 것은 이시하라 도정에서만 특별히 '위험인물'이라는 것일까?

그냥 넘어갈 수 없어서 1월 13일에 도쿄 도지사, 도 교육위원회, 고쿠분지 시, 시 교육위원회 앞으로 공개 질문장을 발송했다. 의사 결정 과정과 책임 소재를 명확히 밝힐 것과 우에노 지즈코가 강사로서 부적격하다고 판단한 근거를 제시하라고 요구했다. 회답 기한은 1월 마지막 날. 과연 답은 올까.

아마도 이시하라 도지사는 '짐은 모르는 일이다'라는 태도를 보일 것이다. 도청 공무원이 도지사의 의향을 헤아려 처리한 일이라고 생각하지만, 마침 그 시기에 도쿄 도 교육청 평생학습 스포츠부 사회교육과 과장이라는 자리에 앉아 있었던 그 공무원은 자신이 어떤 지뢰를 밟았는지 깨닫지 못하고 있을 것이다. 이 공무원도 이시하라 도정 전에는 다른 판단을 했을 것이고, 이시하라 도정이 교체되면 그에 맞춰 변신할지도 모른다. 나랏일도 못 해먹을 짓이다. 고생이 많겠지만 이번 일은 나 혼자만의 문제로 끝날 일이 아니다. 지나친 젠더프리 때리기에는 철저하게 대응해야 한다.

공개 질문장은 주요 언론에도 동시에 송부했다. 현재까지 마이니치와 NHK는 보도했고, 아사히와 시사통신에서는 취재, 일본 외국특파원협회에서도 접촉이 있었다. 이후의 귀추를 지켜보겠다.

논란의 중심에 서다
—— 2006

사회면의 여자?

좋아할 일은 아니지만 처음으로 신문 사회면에 실렸다. 다름 아닌 고쿠분지 시 사건—마음 같아서는 '도쿄 도 사건'이라고 부르고 싶지만— 때문이다. 최근 페미니스트들은 백래시파에 줄곧 당하고만 있었는데, 고쿠분지 시 사건은 거기에 대항할 결정적인 실마리를 던져주었다. 『'젠더'의 위기를 넘는다!—열띤 토론! 백래시'ジェンダー'の危機を超える!—徹底討論!バックラッシュ』青弓社. 2006가 나온 계기가 된 2006년 3월 25일의 '젠더 개념을 논의하는 심포지엄'은 그 움직임 중 하나다. 여기서는 내가 직접 관여했던 고쿠분지 시 사건에 대해 그 경과부터 평가, 배경, 전망까지 차례로 짚어보겠다.

❶ 경과 _ 여러 조역들이 관여하여 세상에 알려진 사건

고쿠분지 시가 도쿄 도와 공동으로 추진하고 있던 인권 강좌가 도쿄 도의 개입으로 취소되었다는 사실을 고쿠분지 시민으로부터 들은 것은 2005년 가을의 일이다. 강사 후보에 올라 있던 나를 도쿄 도가 거부했다는 이야기였다. 인권 강좌를 기획하고 있던 시민 참여단 '준비하는 모임'의 사람들은 '도쿄 도의 인권 의식을 생각하는 모임'이라는 이름으로 도쿄 도에 항의하는 모임을 준비 중이고, 거기에 나도 동참해줄 것을 부탁해왔다. 이 시점에서 내 입장은 좀 미묘했다.

첫째로, '강사 취소 사건'이라고는 하지만 그때까지 내게 손해가 발생한 것은 아니었다. 강사 후보에 노미네이트된 단계에서 계획이 뒤집힌 것이므로, 따지고 보면 '취소'라고도 할 수 없었다.

둘째로, 내가 시민에게 제공받은 정보는 문서나 기록이 아니라 전부 전언이었다. 내가 직접 도쿄 도 직원과 만난 자리에서 언질을 받은 것이라면 몰라도, 이랬다더라 저랬다더라 하는 전해 들은 정보만으로는 대부분의 논쟁이 결말이 나지 않는 입씨름으로 끝난다는 것을 나도 여러 번 겪어봐서 알고 있다.

뭔가 결정적인 계기가 있어야 할 텐데, 하고 속을 태우고 있던 차 《마이니치신문》에 기사(2006년 1월 10일 자)가 났다. 이때다 싶어 즉시 행동을 개시했다. 1월 13일에 도쿄 도지사 이하 도쿄 도와 고쿠분지 시 관계자 8명에게 공개 질문장을 보내고, 같은 내용을 주요 언론에도 동시에 송부했다. 같은 날 고쿠분지 시민과 함께 《아사히신문》과 인터뷰를 하고, NHK 뉴스에도 사건이 보도되었다.

이런 행동이 가능했던 것은 다음과 같은 요건들이 갖추어졌기 때문임을 말해두고 싶다.

먼저, 인권 강좌를 기획하고 있던 '준비하는 모임'의 사람들이 원칙에 따라 행동한 것이다. 도쿄 도의 개입이 있었을 때 다른 방법으로 대처할 수도 있었다. 가장 간단한 방법은 강사를 교체하는 것이다. 또 주최 단체에서 도쿄 도를 배제하고 독자적인 사업으로 추진하는 방법도 있다. 사실 고쿠분지 시는 해당 강연을 이번 사업에서 제외하고 독자적인 사업으로 가져가자는 타협안을 '준비하는 모임'에 제안했다. 하지만 시민 참여단은 그 어느 쪽도 받아들이지 않았다. 그리고 내 강연을 포함한 인권 강좌 전체를 실시하지 않겠다는 결단을 내림으로써 도쿄 도의 부당한 개입을 표면화하는 길을 선택했다. 이것은 지혜롭고 용기 있는 선택이었다.

통상 지자체가 예산을 편성한 사업을 실시하지 않으면 이후의 예산 편성에 차질이 따른다. 겨우 강사 인선이다. 교체해버리면 사업은 얼마든지 진행할 수 있는데, 고쿠분지 시민은 개입에 타협하기보다 원칙을 따르는 쪽을 택했다. 이런 비슷한 일은 주변에 비일비재하다. 전에도 나는 어느 지자체 사업에 강연자로 예정되어 있었는데, 외압으로 사업을 민간단체에서 진행하게 되었다고 급하게 연락이 와 응한 적이 있다. 다른 젠더 연구자들도 비슷한 경험이 있을 것이다. 처음부터 담당자 선에서 해당 인물을 제외시키는 일도 있을 테고, 인선 후에 걸러내기도 할 것이다.

한번은 지요다 구가 주최하는 사업에 강연자로 예정되어 있던 마쓰이 야요리저널리스트이자 페미니스트 씨가 구청장의 지시로 행사 직전에 빠지게 된 일도 있었다. 이렇게 표면화되어 알려진 예는 일부에 불과할 것이다. 민간단체 중에는 "행정 기관에 말해봤자 소용없을 것 같아서 저희가 자율적으로 행사를 기획했습니다"라며 나를 강사로 불러주는 곳도 있는가 하면, "강연 주제를 보고 여성회관에서 강연장을 내주지 않아서 장소를 다른 곳으로 변경했습니다"라고 양해를 구해오는 단체도 있었다.

최근 각지의 여성회관이 행정 기관의 간섭에 신경을 곤두세우고 있다는 이야기는 현장 담당자로부터 늘었기 때문에 자제 섬얼이 이뤄지는 것도 이해할 수 있다. 이런 문제가 표면화되는 것이 더 신기하고 드문 일이라고 말해도 좋을 것이다.

둘째는, 고쿠분지 시의 대응이 적극적이었던 것이다. 고쿠분지 시는 시민의 문화 수준이 높을 뿐만 아니라 시민 참여 시스템을 운영해온 실적이 있다. 이런 사회교육사업을 시민 참여단인 '준비하는 모임'에서 실시한다는 것이 그 증거다. 이번 사건의 책임은 당연히 도와 시 양측에 있기 때문에 나는 양측 모두에 항의했는데, 도쿄 도에서는 퉁명스럽고 형식적인 회답이 돌아온 반면, 고쿠분지 시에서 보내온 회답은 여러모로 성의가 있었다. 시는 타협안을 제시했을 뿐만 아니라, 시민의 편에 서서 도쿄 도와의 중개에도 힘썼다. 도와 시의 교섭 자리에 시민의 입회를 인정하는 등 정보 공개에도 적극적이었고, 사업 철회 문서를 시 측에서 제출한 것에 대한 잘못도 인정했다. 이것도 행정 기관의 대응으로서는 매우 드문 일이다.

행정 기관은 내부적으로 은밀하게 일을 진행하고 상부와 동조해서 움직이지, 시민에게 일일이 경과를 알리거나 하지 않는 것이 보통이다. 나는 도쿄 도와 공동으로 추진하는 사업이 올해도 실시될 것을 기대하고, 또다시 같은 프로세스가 재현된다면 그때는 모든 경과를 공개하리라고 마음먹었지만, 공교롭게도 문제의 인권 강좌는 3개년 계획으로 추진된 사업으로 2005년을 마지막으로 종료되었다고 한다. 대신에 시민들의 후원으로 2006년 10월 21일에 고쿠분지 시 주최의 인권 강좌가 마련되어 거기에 강연자로 참석하게 되었다. 도쿄 도가 빠진 것은 유감이지만 시민들이 바라던 강연회가 고쿠분지 시 사업으로 실현된 것은 기뻐할 일이다.

셋째는, 언론의 대응이다. 모든 언론은 한 명 한 명의 기자가 떠받치고 있다. 지난해 말부터 여러 언론이 고쿠분지 시 사태를 주시하고 있었지만 그것이 언제 어떤 형태로 기사화될지는 예측할 수 없었다. 그런 와중에《마이니치신문》의 고미 가오리 씨라는 여성 기자가 기사를 써줌으로써 상황은 급물살을 탔다. 무엇이 뉴스거리가 될지 무엇을 쓸지 판단하는 것은 기자의 몫이다. 기껏 쓴 원고도 데스크를 거치지 않으면 신문에 실리지 않는다.

이 사건을 기사로 쓴 최초의 언론이《마이니치신문》인 것에는 상징적인 의미가 있다고 생각한다.《아사히신문》,《마이니치신문》,《요미우리신문》이 3대 메이저 신문 가운데《마이니치신문》의 쇠락은 특히 심각하다. 이에《마이니치신문》은 특단의 조치로서 대담한 사내 개혁을 추진해왔다. 외국의 신문처럼 기사를 기명 기사로 바꾼 것도 그중 하나다. 공평무사한 사회의 공기公器라는 신화를 깨고 기자의 개성을 전면에 내세웠다. 경영 악화로 인원을 감축한 결과 타사에 비해 일은 많고 급여는 낮은 상황이라고 하지만, 역설적으로 사내 분위기는 활기가 있다고 들었다. 내 세미나 졸업생 중 한 명이 여러 신문사를 비교 검토한 후에 마이니치신문사를 선택해 입사했다. 메이저 언론사 중에서 가장 통제가 적고 자유롭게 일할 수 있는 회사라는 그녀의 판단은 틀리지 않았다고 생각한다.

기명 기사로 승부하면 경험도 연령도 상관없다. 신입 기자인 그녀의 사진과 서명이 늘어간 기사가 입사 첫해에 게재되었다. 이런 일은 타사에서는 기대하기 어려울 것이다. 고미 가오리 씨도 그런 기명 기사를 쓰는 기자 중 한 명이다. 《마이니치신문》에 기사가 나간 직후 《아사히신문》 기자에게서 연락이 왔다. 이 사건을 내내 추적해왔던 이 기자는 《마이니치신문》에 선수를 빼앗긴 것이 분한 듯했다. 참고로 고쿠분지 시 사건을 이슈화하지 않은 신문은 세 곳 중 《요미우리신문》뿐이다. 전국 최대 부수를 자랑하는 이 신문은 개헌을 옹호하는 보수 언론으로 탈바꿈했다.

고미 가오리 씨는 독자적으로 취재에 나서 도쿄 도 교육청 평생학습 스포츠부 사회교육과 과장 후나쿠라 마사미 씨로부터 진술을 이끌어냈다. "우에노 씨는 여성학의 권위자. 강연에서 '젠더프리'라는 용어와 개념을 언급할지도"라는 내용이 공적인 간행물에 실린 것의 의미는 크다. 이로써 나는 확실한 증거를 손에 넣었고, 인용과 반론이 가능해졌다. 그 이후에 《마이니치신문》에 항의나 정정 요구를 해오지 않는 것을 보면 이 내용이 사실임을 본인도 인정하고 있는 것으로 보인다.

이런 일련의 움직임이 없었으면 이번 사태가 표면화되는 일은 없었을 테고, 나도 아무런 조치를 취하지 못했을 것이다. 행정도 언론도 다 사람의 일이다. 이번 일을 계기로 그 사실을 새삼 통감했다. 특히 도쿄 도 공무원의 처사에 대해서는 여러 가지 생각이 들었다. 나는 조직 내 책임 있는 자리에 앉아 있는 개인의 책임을 분명하게 하고 싶어서 굳이 당사자의 이름을 공개적으로 썼다. 권력은 그 자리에 앉아 있는 개인이 행사한다. 도청 말단 공무원의 판단 하나하나에 이시하라 도지사가 직접 관여하는 일은 없겠지만, 도쿄 도 공무원의 여성 행정에 대한 태도가 지난 몇 년 사이에, 더 정확하게 말하면 이시하라 도정 이후에 크게 바뀐 것은 부정할 수 없다.

이시하라 도정 이전에는 이런 일은 없었다. 무엇보다 나 자신이 도쿄 도 여성회관 단골 강사였던 것에서도 알 수 있다. 이시하라 도정 이후에 나는 '위험인물'이 된 듯하다. 이시하라 도정 이전에도 그곳에서 일했을 도청 공무원들은 지금은 이시하라 도정 아래에서 수장의 뜻을 헤아리며 보좌 체제를 취하고 있을 것이다. 이런 추종자들은 때로 최고 권력자 이 상으로 지나치게 권력적으로 행동하는 경향이 있다. 나는 이들이 자신 이 한 일이 무엇인지를 자각하길 바란다. 이들은 아마도 이시하라 도지 사가 퇴진한 후에도 공무원으로서 그곳에 있을 것이다. 그때는 또 누구 의 어떤 체제에 영합할까.

❷ 평가 _ 백래시의 역설적 공헌

내가 도쿄 도와 고쿠분지 시에 공개 질문장을 보낸 것이 2006년 1월 13일. 그 이후 사태는 빠르게 전개되었다. 와카쿠와 미도리미술사학자이며 젠 더사와 젠더문화론도 연구한다 씨가 항의문 초안을 써주었고, 거기에 동조자들이 속속 모여 서명 운동이 시작되었다. 인터넷을 이용해 서명을 모아 정리 하는 작업을 전국 각지에서 다섯 명의 인원이 밤을 새워 해주었다. 불과 3일 사이에 1,808명의 항의 서명이 모였다. 사무국도 돈도 없는 상황에 서 2천 명에 가까운 사람들의 합의가 단기간에 이뤄진 것의 의의는 아 무리 강조해도 모자란다.

1월 27일 도쿄 도청에서의 항의 행동 뒤 열린 기자 회견 자리에서 "왜 이런 일을 하는가?"라는 기자의 질문에 와카쿠와 씨가 "우에노 씨를 고 립시키지 않기 위해서"라고 대답했다는 이야기를 듣고 나는 울컥했다.

나는 세간의 훼예포폄이 극명하게 엇갈리는 인물로, 페미니즘 세력 안에서도 시시와 비판을 동시에 받고 있다는 깃을 잘 알고 있다. 페미니즘은 정답이 딱 하나만 있는 것이 아니다. 서로 논쟁하고 또 논쟁을 두려워하지 않는 분위기 속에서 성장해온, 일본에서는 희유의 사상이다. 일본에는 전국 규모의 페미니즘 조직도 없고, 주류파도 없고, 딱히 지도부랄 것도 존재하지 않는다. '페미니스트'라는 호칭도 거의 자진 신고 개념이기에 누가 어떻게 나서도 정통 이론 싸움이 되지 않을뿐더러, '제명·징벌·숙청'도 따라서 없다. 한마디로 아주 희한한 사상 집단인 것이다. 이런 집단을 상대로 사상 때리기를 하기란 쉽지 않을 것이다. 이것을 나는 일본 페미니즘의 약점이라고는 생각하지 않는다. 하지만 그 때문에 단체 행동을 하는 것이 어려운 면은 있었다.

그것이 '도쿄 도에 항의한다'라는 한 지점에서 뭉친 것이다. 이것을 '싱글이슈single-issue, 문제점이나 논점이 하나인 것에 의한 연계의 정치'라고 말한다. 서로 달라도 한 지점에서 합의가 이뤄지면 서로 연결된다, 라는 연대의 자세인 것이다. 실제로 몇 명인가로부터 "우에노 씨 생각에 전적으로 동의하는 것은 아니지만, 이 문제에 있어서는 도쿄 도에 제대로 항의해야 한다고 생각한다"라는 말을 들었다. 건전하다고 생각한다. 사상, 상황 분석, 전략, 전술 모든 면에서 합의가 이뤄지지 않으면 작은 행동 하나도 함께할 수 없다는 경직된 교조주의 탓에 이제까지 대항 세력의 운동은 얼마나 힘을 잃어왔던가.

또 하나의 성과는 역시 이 글의 토대가 된 3월 25일의 집회일 것이다. 단기간에 300명에 가까운 사람들이 전국 각지에서 모여 열띤 토론의 장을 만든 것은, 이런 자리를 많은 사람들이 애타게 기다려왔다는 증거일 것이다. 그뿐만이 아니다. 같은 페미니즘 진영 안에서도 이제까지 거의 접촉이 없었던 연구자, 활동가, 교육 관계자, 정치 관계자 등이 분야를 막론하고 한자리에 모인 것은 그 의미가 크다. 그들은 저마다 젠더 개념에 대한 이해도 다르고, 젠더프리 때리기에 대항하는 온도차도 있지만, 그런 차이를 서로 이해하고 연대에의 걸음을 내디딘 것이다. 그런 점에서 이번 백래시파의 움직임은 이제까지 서로 접점이 없었던 여러 페미니즘 세력을 하나로 모으는 데 기여했다고 볼 수도 있을 것이다.

지금까지 페미니즘 세력은 젠더프리 때리기에 불쾌한 감정을 품고 있었다. 나처럼 '젠더프리'라는 용어를 쓰지 않는 사람도 '젠더프리'를 적극적으로 옹호하지는 않더라도 백래시파에 대해서는 대항할 의지가 있었던 것이다. 이 일련의 사건은 반격의 계기를 만들어주는 데 공헌했다. 그 흐름을 타서『백래시!バックラッシュ!』双風舎編集部編, 双風舎, 2006,『Q & A 남녀공동참여/젠더프리 때리기Q&A 男女共同参画/ジェンダーフリー・バッシング』日本女性学会ジェンダー研究会編集, 明石書店, 2006,『젠더프리 분쟁—때리기 현상을 검증한다ジェンダー・フリー・トラブル—バッシング現状を検証する』木村涼子, 白澤社, 2005 등의 백래시파를 냉소하는 책들이 잇따라 나왔다. 백래시파와 달리 자금력과 조직력을 갖추지 못한 페미니즘 세력으로서는 상당한 성과라고 할 수 있겠다. 후쿠이 현 여성회관 젠더 도서 배제 사건이 문제가 되고 있지만, 이 책들은 페미니즘의 현재를 보여주는 귀중한 역사적 자료로서 꼭 각지의 여성회관에 비치되었으면 하는 바람이다.

❸ 배경 _ 뿌리 깊은 반동파의 움직임

백래시파의 표적은 '젠더프리'나 '과격한 성교육'에만 국한된 것이 아니다. 3월 25일 집회에서 배포된 보고 자료에는 1990년대 이후의 백래시파 연표가 실려 있었는데, 단기간 안에 놀랄 만큼 많은 사건이 서로 꼬리를 물고 일어났음을 한눈에 알 수 있었다. 백래시의 뿌리는 깊다. 새역사 교과서, '위안부' 문제, 국기·국가법, 헌법 제9조 개정, 천황제, 북한 납치 문제와 북한 때리기……. 이 모두가 연결되어 있다. 그렇게 생각하면 1999년에 남녀공동참여사회기본법이 만장일치로 통과한 그 국회에서, 기미가요·일장기 법안이 통과한 것의 수수께끼도 풀린다. 그리고 그때까지는 백래시파가 페미니즘의 역량을 얕보고 있었다는 것도 짐작할수 있다.

그 배경에는 냉전 종식, 거품 붕괴와 오랜 불황, 세계화와 사회 불안, 일본 사회의 자신감 상실, 고용 불안정과 격차 사회, 저출생 고령화의빠른 진행 등의 사회 변동이 있다. 그것이 변화에 둔감한 사람들을 보수라기보다는 반동으로 몰아가고 있는 것이리라. 이런 사정들에 대해서는 여러 논자들이 지적해놓았고, 내 저서 『백래시!』에도 언급되어 있으니참조하길 바란다.

중요한 것은, 백래시파가 그 주장에 있어서는 국가와 가족을 지키는모럴 머조리티(moral majority, 사회의 전통적인 가치와 윤리관을 지지하는도덕적 다수)임에도 불구하고, 자기 인식에 있어서는 위기에 봉착한 사회적 마이너리티라고 느끼고 있는 것이다. 보수파와 반동파는 이 한 가지로 구별된다. 보수파는 기득권을 지키기 위해서 아무것도 하지 않아도 되지만, 반동파는 기득권의 위기 앞에서 체면 불고하고 반격에 나선다. 게다가 자신들의 우위를 위협받는 것에 까닭 없이 분노한다. 미국에서는 그런 프로라이프파의 원리주의자가 임신 중절 클리닉을 총격하고 희생자를 내는 사건까지 일어났다. 일본에서도 반격이 폭력성을 띠지 않으리라는 보장은 없다. 이미 언론전에서는 반동파의 언어는 충분히 폭력적이다. 그리고 폭력이야말로 '불문곡직'의 강제력으로 상대를 침묵시키는 힘인 것을, 가정 폭력domestic violence을 통해 페미니즘은 배우지 않았던가. 따라서 우리는 침묵할 수만은 없는 것이다.

❹ 전망 _ 절망하고 있을 여유가 없다

전망, 이라고 썼지만, 예언자가 아닌 이상 이렇다 할 예언은 할 수 없다. 사태는 지금보다 나빠질 수도 있고, 반격으로 백래시파를 막아내게 될 수도 있다. 예언은 빗나갈 운명에 있고, 빗나가면 창피를 당하니 예언은 안 하느니만 못할지도 모른다.

확실한 것은 역사에는 일보전진, 일보후퇴도 있을 수 있다는 것이다. 기득권이 안전하지 않듯이 페미니즘이 획득한 것도 견고하지 않다. 손에 넣은 것도 세심한 주의를 기울이지 않으면 지켜지지 않는 것을 우리는 역사를 통해 배웠다. 게다가 우리를 둘러싼 환경은 빠르게 변한다. 운동을 추진하기 위해서는 이제 인터넷이라는 매체를 이용하지 않으면 안 되고, 그 토대 위에서 형성된 새로운 커뮤니케이션 양식에 운동의 스타일이 좌우된다. 세계화의 영향은 보수파든 대항 세력이든 피해갈 수 없다. 이제 국내에서의 활동만으로는 부족하다. 지금 이상으로, 지금까지 없었던 여러 요인과 관계를 범주 안에 넣으면서, 틀릴지도 모르는 판단이나 결정을 매순간 해나가지 않으면 안 된다. 페미니스트는 지금보다 더 주의를 기울여 지혜롭게 행동할 필요가 있다.

백래시파가 시민운동의 언어나 방식을 학습하고 있다는 것은 잘 알려져 있다. 청원, 로비 활동, 서명, 시민 참여······. 개혁의 이론적인 무기였던 사회구성주의social constructionism마저 백래시파는 수용해버렸다. 그런 방법이나 이론 자체가 틀렸다는 것이 아니다. 변혁의 도구는 반동의 도구로도 사용된다는 것을 말하고 싶을 뿐이다. 그렇다면 우리가 해야 할 일은 다음 두 가지밖에 없다.

하나는, 방법적으로나 언어적으로나 늘 반동파의 일보 앞을 선점하는 것이다. 대항 세력은 언젠가는 보수파에 집어삼켜져 부패한다. 이 정도면 안전, 이라는 상태는 존재하지 않는다. 우리는 항상 변화에 노출되어 있다는 것을 자각해야 한다.

다른 하나는, 비록 굴러 떨어지는 바위를 산 위로 밀어 올리는 일처럼 느껴지더라도 백래시파의 움직임 하나하나에 그때마다 대항 수단을 강구하는 것이다. 그러지 않으면 획득한 성과의 지반은 서서히 무너지고, 모르는 사이에 백래시파에 침식되어버릴 것이다. 백래시파는 그 세력이 크지 않음에도 불구하고, 언론에서도 정치에서도 행정에서도 큰 목소리를 내기 때문에 세력이 커 보인다. 그리고 실점을 겁내는 관료와 부작위로 일관하는 중간파는 목소리가 큰 쪽으로 끌려가는 경향이 있다. 다수파의 휩쓸림으로 잔물결이 순식간에 커지면 그때는 대항하기가 어렵다. 그렇게 되기 전에 반동파의 공격에 일일이 제동을 걸어 무논리는 허락하지 않는다는 액션을 보여줄 필요가 있다.

이번 고쿠분지 시 사건뿐만이 아니라, 작년 가고시마 현 의회에서의 요시노 쇼지로 자민당 의원 문제 발언에 대한 항의, 후쿠이 현 여성회관에서의 젠더 관련 도서 153권 회수 사건과 그 복구, 지바 현 의회에서의 여성회관 설립 조례안 부결에 대한 항의, 도쿄 도 남녀평등참여심의회 위원에 다카하지 시로(전 '새 역사 교과서를 만드는 모임' 부회장)가 취임한 것에 대한 우려 표명 등 짧은 기간에 잇따라 액션을 취했고 그중 일부는 성과를 거뒀다. 페미니즘은 지금까지도 잡음을 발신해왔고, 앞으로도 계속 그렇게 할 것이다. 우리는 논쟁을 겁내지 않지만 서로 적대하고 배제하고 있을 여유는 없다.

이런 문제에 직면할 때마다 어느 페미니스트가 한 말이 떠오른다.

"우리에게는 절망하고 있을 여유가 없다."

공무원의 자리
—— 2006

도쿄 도 교육청 평생학습 스포츠부 사회교육과 과장, 후나쿠라 마사미 씨. 같은 과 인권학습 담당 계장, 모리카와 이치로 씨. 같은 부 주임 사회교육 주임, 에가마 신이치 씨. 2005년부터 2006년에 걸쳐 이 직위에 있었다.

나는 이 사람들에게 개인적인 감정은 없다. 다만 이 시기에 이 자리에 있었던 탓에 이들은 지뢰를 밟았다. 자신들이 밟은 지뢰의 위력을 아마도 알아차리지 못했을 것이다.

지뢰란 다름 아닌 고쿠분지 시 강사 취소 사건이다. 언론에 보도된 바 있지만, 사건의 개요를 간략하게 설명하자면 이렇다. 2005년 고쿠분지 시는 도쿄 도 교육위원회와 공동으로 인권 강좌를 계획했고, 거기에 내가 강사로 올라갔다. 주제는 '당사자 주권'. 강연비 문의차 담당자가 도쿄 도에 연락한바, 젠더프리를 언급할 가능성이 있다고 거부. 사업자체가 무산되었다.

원인을 제공한 것은 고쿠분지 시가 아니라 도쿄 도이므로, 이후는 도쿄 도 사건이라고 부르겠다.

이에 나는 내용증명으로 공개 질문장을 발송했다. 여성학 연구자라는 이유만으로 내가 실제로 사용하지도 않는 '젠더프리'라는 용어를 사용할 가능성이 있다고 판단하고 배제하는 것은 언론 통제이고 사상 통제이기 때문에 그냥 넘어갈 수 없었다. 여기에 즉각 전국의 여성학·젠더 연구자, 행정 및 교육 관계자, 활동가 등이 궐기하여 단기간에 1,808명의 항의 서명이 모이고, 1월 27일에 와카쿠와 미도리 씨를 비롯한 대표단이 도청을 방문해 항의문을 전달했다.

3월 25일에는 '젠더 개념을 논의하는 심포지엄'에 젠더 관계자들이 모여 열띤 토론을 벌였다.

이 사건에는 여러 조역들이 관여하고 있다.

우선, 원칙에 따라 행동한 '준비하는 모임'의 시민들. 이들은 도쿄 도의 개입에 저항하며 강사 변경을 거부했고, 고쿠분지 시가 제안한 타협안도 받아들이지 않았다. 이 사건이 표면화된 데에는 고쿠분지 시민들의 공이 크다. 이들은 '도쿄 도의 인권 의식을 생각하는 모임'을 만들어 도쿄 도에 항의했다.

둘째로, 고쿠분지 시의 공무원들. 고쿠분지 시는 시민과 협력하여 일한 경험을 바탕으로 시민의 의사를 존중하는 방향으로 움직였다. 시민과 대화하는 자리를 여러 차례 마련해 도쿄 도와의 교섭 과정을 공개했다.

셋째로, 사건을 취재한 신문기자. 1월 10일 자 《마이니치신문》에 도청 공무원 후나쿠라 씨의 인터뷰 기사가 실렸다. 이 때문에 나는 비로소 반론에 나설 수 있었다. 그런 발언이 신문이라는 공적인 도구에 실린 것의 의미는 크다.

이런 비슷한 일이 다른 지자체에서도 일어나고 있지 않을까. 그리고 아무도 모르게 조용히 묻히고 있지는 않을까. 나는 이런 일을 여러 번 겪었다. 예전에 어느 지자체가 주도하는 사회교육사업에 내 강연이 예정되어 있었는데, 그 사실을 안 보수파 의원의 개입으로 급작스럽게 지자체가 주최 단체에서 빠지고 대신에 민간단체가 주최하는 사업으로 변경되었다. 사이에 낀 담당자는 난처한 목소리로 강연을 예정대로 진행해달라고 부탁해왔고, 그 입장을 고려해 강연을 하게 된 나는 강연장에서 그 담당 공무원의 난감한 얼굴과 맞닥뜨려야 했다.

어떻게 생각하면, 앞에서 언급한 세 사람은 하필이면 그때 그 자리에 있었기 때문에 운 없게도 그런 봉변을 당한 것인지도 모른다.

그런데 만약 당신이 그들과 똑같은 상황에 놓여 있었다면? 한번 생각해보길 바란다. 이 사람들은 이시하라 도정 전에도 도청 공무원으로 일했고, 아마 이시하라 도정이 끝난 뒤에도 공무원을 계속할 것이다. 이시하라 도정 이전에는 도청 공무원에 대한 평가는 나쁘지 않았다. 카리스마 있고 유능한 직원들이 선진 복지 행정을 실천하고 있었다는 것은 알려진 대로다. 무능한 지사를 앉혀놓아도 행정이 파탄하지 않는 것은 이들 인재들이 있어서라고 들어왔다. 그것이 이시하라 도정으로 바뀌고부터 삐거덕거리기 시작했다. 행정 개혁이라는 이름하에 여성재단을 해산시키고, 복지 행정은 후퇴를 면치 못하고, 학교 성교육에 개입하고, 학교 졸업식에 기미가요 제창과 일장기 게양을 강요하고, 이를 어길 시 처분 명령을 내린다. 이런 지자체는 전국적으로도 유례가 없다.

이시하라 이전과 이시하라 이후를 모두 경험한 도청 공무원들은 이 변화를 어떻게 받아들이고 있을까. 이시하라 이후에 새 정권이 들어서면 거기에 맞춰 다시 빠르게 적응할 것인가. 내가 실명을 굳이 언급하는 것도, 공무원은 공권력을 행사하는 위치에 있고 그 자리에 있는 개인의 작위나 부작위로 실제로 가해나 피해가 발생하기 때문이다. 행정은 인간이 만든다. 유명 인사가 된 이들의 행보를 계속 지켜보겠다.

백래시에 맞서

—— 2006

젠더프리 때리기가 이 정도의 정치적 영향력을 행사하게 된 것에 나는 통탄을 금치 못한다. '젠더프리'라는 말을 금지한다는 행정 명령이 내려졌을 때 더 큰 위기감을 가졌어야 했다. 변화는 개미구멍 하나에서 시작된다. 나 자신이 '젠더프리'라는 용어를 허용하지 않는다고 해도, 이런 사상 통제로 연결될 수도 있는 언어 사냥에는 반드시 저항했어야 했다.

이시하라 도정이 들어선 뒤, 도쿄 도 여성재단이 해산되고, '젠더프리' 금지 통고가 도 교육위원회에서 내려지고, 나나오양호학교의 성교육 수업이 제재를 받고, 기미가요·일장기 문제로 매년 졸업 시즌마다 교사가 처분되는 일이 발생하게 되었다. 내가 관련되었던 고쿠분지 시 강사 취소 사건까지, 알고 보면 다 한 뿌리로 연결되어 있다. 백래시파도 반격에 필사적이다. 노하우도 조직력도 자금력도 부족함이 없다. 전략도 전술도 시민운동에서 배워 갖춰가고 있다. 그리고 무엇보다 상대가 합의를 이루기 어려운 집단이라는 점을 잘 알고 그 부분을 공략하고 있다.

예측은 틀린다. 판단도 그르친다. 역사는 직선으로 나아가지 않는다.

일보전진, 이보후퇴도 있다. 획득한 것이 기득권이 되어 유지된다고 확신할 수 없다. 촉을 세우고 지혜를 풀가동하지 않으면 안 될 일이다.

'젠더'에의 개입
—— 2006

일본 각지에서 남녀공동참여 행정에 대한 반발이 거세지고 있다.

2006년 1월 도쿄 도가 고쿠분지 시 인권 강좌 강사 채용에 '젠더프리 언급 가능성'을 들어 개입한 고쿠분지 시 사건. 3월 지바 현 의회가 여성회관 설립 조례안을 부결하고, 현 내 세 곳의 회관을 사업 정지로 내몬 지바 현 의회 사건. 그리고 4월에 발각된 후쿠이 현 '분서갱유' 사건······.

후쿠이 현 사례는 평생학습관 '유·아이 후쿠이'의 도서자료실에서 젠더 관련 도서 153권이 회수 처리된 사건이다. 그 안에는 내 저서도 17권이나 포함되어 있었다. 시의원들의 항의로 책은 원래대로 복구되었지만, 그 후에도 도서 목록 공개를 둘러싸고 후쿠이 현의 일관되지 않은 태도는 계속되었다.

자민당이 '지나친 성교육·젠더프리 교육 실태 조사 프로젝트팀'을 만든 때가 2005년. 당시 관방장관에 취임하기 전이었던 아베 신조가 의장을, 현재 남녀공동참여 및 저출생 문제 담당 정무관인 야마타니 에리코가 사무국장을 맡았다. 전국에서 3,500개의 사례를 모았다고 하지만, 그 태반은 근거가 희박한 전언 정보. 그것을 바탕으로 '젠더프리'라는 용어의 사용을 금지한다는 내각부의 명령을 이끌어냈고, 급기야 '젠더'라는 표현의 삭제를 요구하기에 이르렀다.

제20기 일본학술회의는 이미 세계적으로 확립된 학술 용어인 '젠더'에 대한 정치적 개입을 강하게 경계하고 있다. 야마타니 에리코는 심지어 '무상 노동'이나 '가족경영협정'도 부적절하다고 주장하고 있다. '가족경영협정'이란, 농가 경영에 무상으로 참여하는 여성에 대해 경제적 가치 평가를 해줄 것을 요구하는, 전후 각지의 농촌에서 추진되어온 가족 내 민주화운동이 아니었던가.

일부에서는 남녀공동참여사회기본법의 개폐를 요구하는 움직임도 있다. 기본법은 1999년에 국회에서 만장일치로 가결되었다. 전문은 '21세기의 우리 사회를 결정할 가장 중요한 과제'라고 밝히고 있는데, 지금 일어나고 있는 이 반발은 어떻게 설명해야 할까.

차기 총재에 아베 신조가 유력하게 점쳐지고 있다. 야스쿠니 참배를 둘러싸고 아베 신조의 강경한 태도가 문제되고 있지만, 그의 정치 성향에 위구심이 드는 것은 비단 외교에서만이 아니다. 여성들이 좋아하는 그 부드러운 외모 뒤에는 보수적인 가족관이 있다. 그의 핵심 브레인인 나카니시 데루마사, 야기 히데쓰구, 니시오카 쓰토무는 보수 언론의 단골 논객으로서, 기미가요·일장기 사용을 적극 추진하고, '위안부'를 부인하는 '새 역사 교과서' 만들기에 관여했던 사람들이다.

지난 30년, 여성을 둘러싼 환경은 크게 개선되었다. 지금의 젊은 여성은 마땅히 대학에 진학하고, 졸업하면 취직하고, 결혼과 동시에 퇴직을 강요받지도 않으며, '세쿠하라'를 당하면 고발할 권리가 있다. 이것은 전부 과거 여성들이 고두하여 쟁취한 것이다. 기득권이라고 믿고 있는 것도 싸워서 지키지 않으면 언젠가는 잃게 된다. 여성이 씩씩해지는 것을 반기는 사람만 있는 것이 아니다.

'여자는 밥이나 해라'라고 말하는 시대가 다시 올지도 모른다는 것을 염두에 둔다면, 이번 총재 선거의 또 하나의 쟁점은 '젠더'라는 사실을 잊지 말아야 할 것이다.

백래시파의 공격 대상은 '젠더'

도서 배제 사건을 가장 먼저 보도한 것은 우파 언론이었다

후쿠이 현 도서 배제 사건은 2006년 4월 28일에 통일교와 관련이 있는 《세계일보》에 보도되면서 알려졌다. 그들은 실적을 위해 보도했겠지만, 그 보도가 없었으면 어둠 속에 묻혔을지도 모른다. 기사를 본 후쿠이 현 지자체 시의원인 곤다이지 하루미 씨가 문의한 결과, 5월 2일에 책이 회수된 사실이 확인되었다.

이에 즉시 곤다이지 씨가 동료 두 명과 함께 정보공개를 청구하고, 11일에 항의문과 시민감사청구를 제출했다. 공적인 소유물을 공개된 장소에서 회수한 것에 대해, 해당 도서 153권 총액에 상당하는 금액을 반환하라는 내용이었다.

그러자 현은 회수가 아니라 이동이라는 구차한 변명을 내놓았다. 현장을 본 사람의 이야기에 따르면, 책은 박스에 든 채로 사무실에 방치되어 있었다고 한다. 민원을 접수한 후 조사 중이라고 했지만, 조사하는 기미는 전혀 보이지 않았다. 그 후 인권 침해 등의 소지가 없는지 조사한다는 명복으로 잠시 보관해둔 뒤, 해당 도서들을 전부 제자리로 복구했다.

　그래서 이번에는 곤다이지 씨와 함께 나도 이름을 올려 정보공개를 청구했다. 그 결과, 7월 7일부로 '공문서 일부 공개처분결정통지서'와 함께, 먹칠한 153권의 도서 목록이 도착했다. 목록을 작성한 개인의 권리나 사업자의 권리를 해칠 우려가 있다는 이유로 제목과 저자, 출판사를 모두 지우고 공개하기로 결정했던 것이다.

행정 소송과 중심을 잃은 후쿠이 현

저자인 우리의 권리를 침해했기 때문에 그 권리를 지키기 위해 정보공개를 청구했는데 비공개라니, 전혀 앞뒤가 맞지 않는다. 현의 설명에 따르면, 목록을 작성한 인물은 남녀공동참여 추진위원으로서, 그 남성의 사상이나 신조가 특정되어 사생활이 침해될 우려가 있으므로 그런 조치를 취했다고 한다. 도무지 납득할 수 없다.

　정보공개 조례의 해석 및 운용이 적절하지 않음을 들어 정보 비공개 결정 처분 취소 소송을 단행했다. 이 소송은 기후 현 비자금 문제를 고발하는 현민 네트워크 대표 데라마치 도모마사 씨를 중심으로 진행되었다. 행정 소송과 승소 경험이 풍부한 그가 서류를 준비해주었고, 《세계일보》 기사를 통해 알게 된 배제 도서 저자와 편집자들을 모아 나를 포함해 20명으로 원고단을 구성했다. 그리고 8월 26일에 소송할 것을 언론에 공표했다.

　그런데 8월 11일, 후쿠이 현이 태도를 바꿔 153권의 도서 목록을 공개하겠다고 나섰다. 이유는 목록 작성자가 공개를 허락했다는 것. 이것도 정보공개 조례의 부적절한 운용에 해당한다. 정보공개는 단체장의 권한으로 공개나 비공개가 결정되는데, 한 개인의 의사에 좌지우지되었다는 이야기가 되기 때문이다.

목적을 달성했으므로 제소는 취하했지만, 대신에 그날 후쿠이 시에서 항의 집회를 열었다. 원래대로라면 오전 중에 후쿠이 지방법원에 제소하고 오후에 제소 집회를 열 계획이었지만, 소기의 목적을 달성했으므로 항의 집회로 변경했다. 행정의 부조리로 정보공개 조례의 해석 및 운용을 위법으로 행한 것, 그리고 행정 기관으로서 해서는 안 될 검열 행위를 한 것에 대한 항의 집회였다.

집회에는 목록을 작성하고 회수를 요구했던 남성도 참석했다. 사전에 발언할 기회를 얻어놓은 상태였음에도 당일에 남자 4명을 대동하고 와서 "우에노와 대화하게 해달라"고 소란을 피웠다. 우리는 우리의 규칙에 따라, 발언할 기회를 요청한 사람에 한해 공평하게 주어진 시간 안에 발언할 수 있도록 했다. 나는 대화하고 싶으면 사죄부터 하라고 말했다. 내 권리를 침해한 사람은 당신이니까, 대화는 그다음이라고. 그러자 남자들의 야유가 "우우" 터져 나왔다.

후쿠이 현 사태는 2005년 11월로 거슬러 올라간다

여성회관의 기능을 가진 후쿠이 현 평생학습관 도서자료실에서의 도서 회수는 3월 하순에 이뤄졌다. 관장의 임기 만료를 코앞에 둔 시점이었다. 관장의 출장 날을 노려, 본청의 남녀공동참여사회 추진과 과장인 우노 마리코 씨의 지시 아래 현장 직원이 회수 작업을 실시했다. 관장은 퇴임 후에야 이 사실을 알고 격노했다고 한다. 4월에 새로 취임한 관장도 《세계일보》에 사건이 보도되어 항의가 들어오기 전까지 회수 사실을 몰랐다고 한다. 만약 항의 행동이 없었다면 박스에 든 책은 그 후 어떻게 되었을까.

도서 목록을 작성한 인물은 그전부터 목록을 들고 와 현장 직원에게 '부적절하다'고 집요하게 회수를 요구했다고 한다. 직원은 그때까지는 그 요구를 일축했지만, 갑자기 본청 과장의 지시가 내려와 회수가 이뤄졌던 것이다.

그에 앞서 작년 11월, 후쿠이 현 의회에서 보수파 의원이 "과격한 내용의 책이 있다"는 말을 하면서 노부타 사요코와 나의 공저『결혼제국 여자의 갈림길結婚帝国 女の岐れ道』講談社, 2004이라는 책이 문제가 되었다. 배경에 의원으로부터의 압력이 있었던 것으로 짐작한다.

후쿠이에서는 우리가 행동을 개시한 것과 동시에 'I 여성회의 후쿠이'라는 여성 단체가 6월 7일에 항의 집회를 열었다. '시민 옴부즈맨 후쿠이'도 일련의 경위를 설명하라는 질문장을 현지사 앞으로 보냈다.

8월 26일 항의 집회 후, 참가자 중 약 80명의 서명을 얻어 후쿠이 현 앞으로 '후쿠이 현 남녀공동참여 추진 조례'에 기초한 '고충 신고서'를 제출했다. 현의 부조리한 행동에 설명 책임을 요구하고, 또 공무원이 법률을 준수하지 않고 적절한 행동을 취하지 않았던 것에 대해 항의했다. 그에 맞서 반대 세력도 복구한 책의 내용을 재검토해야 한다는 내용으로 후쿠이 현 내외에서 114명의 서명을 모아 '고충 신고서'를 보냈다고 《세계일보》가 보도했다. 적도 만만치가 않다. 시민운동의 노하우를 그대로 모방하다니(후후). 양쪽에서 압박이 들어왔으므로 후쿠이 현은 어떤 식으로든 대응을 하지 않으면 안 되는 상황이다. 사건은 아직 끝나지 않았다.

공개된 목록에는 800번대까지 번호가 매겨져 있고, 그중에서 153권이 올라 있다. 그 후 또 37권의 추가 목록이 있는 것이 밝혀졌다. 그 도서들은 회수되지 않았지만, 정보공개 청구 후 공개되었다. 도합 190권이다. 최초의 목록은 800권이 넘었던 것으로 짐작된다. 거기서 153권을 뽑았고, 계획대로 일이 순조롭게 진행되자 추가 목록을 작성했던 것이다.

이번 일이 잘되면 다른 지자체에도 똑같이 적용하겠다는 의도가 엿보인다. 그런 의미에서 후쿠이에서의 첫 득점을 저지한 것은 큰 성과였다.

《세계일보》가 이 사건을 정리해 5회에 걸쳐 연재했다. 그중에 내 발언을 인용한 곳도 있다.

"실점을 겁내는 관료와 '부작위'로 일관하는 중간파는 목소리가 큰 쪽으로 끌려가는 경향이 있다"라고 우에노 지즈코 씨가 말했는데, 이번 후쿠이 현 젠더 도서 배제와 그 대응을 보면 이 말이 딱 들어맞는다.

적에게 동조하다니, 참으로 재미있는 사람이다(하하).

남녀공동참여사회기본법 수립 이후 보수파의 움직임

2000년경부터 백래시 현상이 나타났으나 당시 나는 별로 위기감을 느끼지 못했다. 1997년에 '새 역사 교과서를 만드는 모임'이 발족하고 그즈음부터 백래시의 움직임은 감지되었지만, '종군 위안부'나 역사 인식 문제가 타깃이었고 젠더프리 때리기는 아직 일어나고 있지 않았다.

아이러니하게 1999년의 남녀공동참여사회기본법은 국회에서 만장일치로 통과되었다. 찬성한 의원 중에는 아베 신조도 있었을 것이다. 그 국회에서 기미가요·일장기 법안도 가결되었다. 도쿄 도 교육위원회가 공립학교에 대해 국가 제창과 국기 게양을 통고한 것은 여기에 근거하고 있다.

나는 젠더프리 때리기가 시작되었을 무렵, 드디어 페미니즘이 무시당하지 않을 만큼의 힘을 가지게 되었다고 생각했다. 권외에 있다가 권내로 들어온 것이므로 잠깐 시끄러워지는 것도 괜찮겠다 싶었다.

그런데 그것이 점점 과격해지더니, 자민당에서는 '지나친 성교육·젠더프리 교육 실태 조사 프로젝트팀'이 꾸려졌다. 의장에 아베 신조, 사무국장에 야마타니 에리코. 전국에서 3,500건이 넘게 모였다는 사례는 중복된 사례이거나 근거 없는 엉터리 정보를 오합지졸로 긁어모은 것이지만, 그것을 근거로 '젠더프리'라는 용어의 사용을 금지한다는 내각부 남녀공동참여국의 명령을 이끌어냈다.

백래시가 전국에서 가장 심한 곳은 도쿄 도다. 1999년 이시하라 도정이 시작된 이후, 교육위원회에 요네나가 구니오 등의 우익 인사들이 등용되고 있다. 올해도 남녀평등참여심의회 위원에 다카하시 시로(전 '새 역사 교과서를 만드는 모임' 부회장)를 영입했다. 무엇보다 우리에게 가장 타격이 컸던 사건은 이시하라 도정 제1기에 도쿄 도 여성재단을 해산시킨 일이다.

보수파는 1999년에 남녀공동참여사회기본법을 얼떨결에 통과시키고 돌아서서 '아차' 싶었을 것이다. 1997년에 제정된 개호보험법에 대해서도 보수파는 뒤늦게 후회하고 있지 않을까. 개호보험 백래시도 계속 일어나고 있다. 다만 개호보험65세 이상의 고령자에게 종합적인 요양 서비스를 제공하기 위한 사회보험 제도. 40세가 되면 의무가입해 보험료를 내야 한다은 이제 와서 물리기에는 늦은 감이 있다. 그만큼 정착한 법이고, 그것을 공격하면 정치 생명이 끝날지도 모른다.

남녀공동참여사회기본법에 '지방공공단체의 책무'라는 항목이 있다. 기본법에 준해 지자체도 조례를 만드는 등의 노력을 하라는 것이다. 그래서 각지에서 조례를 만들려는 움직임이 일어났지만, 그것이 지금 백래시파와의 줄다리기판이 되어버렸다.

아베 정권하에서 되살아나는 풀뿌리 보수

백래시를 이끌어가는 사람도 가지가지다. 인터넷 블로그에서 활동하는 신보수층과 기존의 아저씨 보수층은 꼭 같지는 않다. 지방 의회에서 과격한 발언을 하는 사람은 4, 50대 남성이 많은 것 같다. 그들은 청년상공회의소 출신쯤 되는 지방의 젊은 리더로서, 이른바 풀뿌리 보수층이다. 그렇게 나이가 많은 것도 아닌데, 여성이 나서는 것을 싫어하는 보수적인 젠더 의식을 갖고 있다. 여성의 힘이 생각 이상으로 커지자 그들은 불안하고 초조했을 것이다.

고이즈미 정권하에서 풀뿌리 보수는 숨을 죽이고 있었다. 고이즈미 신자유주의 정권과 남녀공동참여 행정의 불행한 결합 이후, 신자유주의라는 미명 아래 '여성의 노동력화'가 추진되었기 때문이다.

아베 신조는 취임할 때 "내 사명은 균열된 보수를 결합하고 풀뿌리 보수를 조직화하는 것이다"라고 말했다. 아베 내각은 일본판 신보수주의Neoconservatism 정권이다. 부시와 마찬가지로 국가주의와 가족주의가 한 세트다. '가족은 국가의 초석', '가족과 국가를 지키자', 이것이 신보수주의의 표어다. 아이의 발달 단계에 적합하지 않은 성교육은 하지 말

라고 말하는, 모럴 머조리티다. 고이즈미 정권 6년 동안 태풍이 지나가
기를 기다리고 있던 풀뿌리 보수가 이후 되살아날 것이다.

나는 1990년대에는 지방 청년회의소에서 주최하는 행사에 종종 불
려 다니곤 했다. 회식 자리에서 그들은 "청년회의소도 남녀공동참여를
추진해야겠는걸요" 하고 기세등등하게 말했다. 그런 말을 접객 여성을
곁에 두고 하는 것이 참 아이러니하지만, 어쨌든 나 같은 여자를 불러
립 서비스일지언정 그런 말을 하는 시절도 있었다는 얘기다. 여성 회원
의 모습이 보이지 않아서 내가 "여성은 없나요?" 하고 물었더니, "아, 예,
우리도 차차 늘려야지요"라고 했던가. 부인으로 보이는 여성은 몇 명
있었지만.

당시에는 위기감이 부족했다

1월에 남녀공동참여국으로부터 '젠더프리'라는 용어를 사용하지 말라
는 지시가 각 도도부현都道府県·정령지정도시내각의 법령에 의해 지정된 인구 50만 명 이
상의 시. 2019년 현재 일본의 정령지정도시는 20곳이다 남녀공동참여 담당과에 하달되었
다. 아쉬운 결과였지만, 그래도 이노구치 구니코(전 내각부 저출생 및 남
녀공동참여 담당 대신) 씨가 애써준 것에 대해서는 고맙게 생각한다. 그녀
는 하시모토 정권의 행정 개편으로 그때까지 완전히 무력했던 총리부를
상위 기관인 내각부로 격상시킨 공로자다. 그리고 남녀공동참여국을
내각부에 둘 것을 강하게 주장한 당시의 위원이었다. 그것을 하시모토
류타로 총리가 지지했다.

아베 정권과 그 관계자에게 지금의 남녀공동참여 행정은 하시모토 연
립 내각이 남긴 짐일 것이다. 그 짐의 핵심 인물 중 한 사람이 오사와 마

리^{사회정책학 박사로 남녀공동참여회의 조사회 회장으로 활동하고 있다} 씨다. 오사와 씨도 지금 백래시파의 표적이 되어 있다. 오사와 씨는 남녀공동참여사회기본법을 만드는 데 있어 내가 그 이론적 지주가 되었다고 말하지만, 전혀 아니다. 나는 정부 심의회에서도 불러주지 않는 몸이므로 완전히 터무니없는 말이다.

원래 나는 '젠더프리'라는 말을 써오지 않았다. 이 표현을 쓴 사람들은 주로 행정이나 교육 관계자였다. 외국 문헌을 읽고 외국의 젠더 연구자와 교류하는 이들은 '젠더프리'라는 표현은 쓰지 않는다. 이것은 세계 표준이 아니라 일본식 영어다. 그래도 '젠더프리'라는 말은 일부에 정착했고, 어느 정도의 공적이 있었던 것은 인정한다. 내가 쓰지 않는다고 타인이 쓰는 것을 반대할 까닭은 없다.

젠더프리 때리기가 일어났을 당시, 애초에 나는 그 말을 쓰지 않았으므로 별로 개의치 않았다. 아, 그러면 반대 세력이 싫어하는 '남녀평등'을 쓰면 되지, 라고만 생각하고 있었다. 그렇지만 내가 쓰지 않는다고 해서 용어를 통제하려고 하는 움직임을 묵과해서는 안 되었다. 이 부분은 반성한다.

백래시파를 기세등등하게 만든 것은 2004년 8월의 도 교육위원회에 의한 '젠더프리' 사용 금지안 통과와 2006년 1월에 내각부에서 내려진 사용 금지 명령이었다. 공권력이 운동 안에서 생겨난 용어에 제재를 가하는 것은 사상 및 언론 통제에 해당한다. 당시에 좀 더 위기감을 갖고 대항했어야 했는데, 후회스럽다.

남녀공동참여기본법 개폐와 헌법 24조 개헌

최근 아베와 야마타니는 "'센너프리'라는 혼란스러운 용어의 원흉은 '젠더'라는 용어. 따라서 '젠더'도 사용을 금지하는 것이 바람직하다"라는 식으로 말하기 시작했다. 이에 학계 관계자들 사이에서는 위기감이 깊어지고 있다. '젠더'는 이미 국제적으로 확립된 학술 용어. 이것을 정치가 개입해서 사용을 금지한다는 것은 일본을 세계적인 웃음거리로 만드는 짓일뿐더러, 학문의 발전을 저해하는 위험한 행위다. 나는 적을 과대평가하고 있었다. '젠더프리'와 '젠더'를 혼동할 만큼 멍청하다고는 생각하지 않았다. 그들의 표적은 '젠더'였던 것이다.

백래시파는 언젠가는 남녀공동참여사회기본법을 개폐하려 들 것이다. 아베는 개헌을 공약으로 내걸고 있고, 헌법 24조(양성평등) 개정안도 나오고 있다. 아베는 여성들에게 인기가 있는 것 같은데, 여성들은 아베 정권의 위험성을 인식해야 할 것이다.

쓰쿠바미라이 시 강연 취소와 젠더 공격
—— 2008

소수의 위협적 행동에 강연을 취소한 쓰쿠바미라이 시

사건은 2008년 1월 16일 오전에 일어났다.

1월 20일에 이바라키 현 쓰쿠바미라이 시 주최로 히라카와 가즈코 (도쿄 페미니스트 테라피센터 소장) 씨의 가정 폭력을 주제로 한 남녀공동 참여 강연회 '나만 참으면 되는가? 가정 폭력 피해 실태와 지원 현황'이 예정되어 있었다. 그것이 직전에 취소돼버렸다.

1월 4일에 '가정폭력방지법 희생 가족 지원 모임'이라는 단체가 쓰쿠 바미라이 시에 강연회 취소 요청서를 제출하고 항의 행동을 벌였다. 이 어 11일, '주권 회복을 지향하는 모임'의 대표 니시무라 슈헤이 씨 등 우 익 활동가 여러 명이 쓰쿠바미라이 시청을 방문해 담당자에게 강사의 사상이 한쪽으로 치우쳐 있다고 비방하며, 반대파의 발언 기회를 보장 하거나 그게 안 되면 취소하라고 요구했다. 16일에도 시청 앞에서 시위 를 벌였고, 결국 시는 그날 중에 취소를 결정하고 강사인 히라카와 씨 에게 사실을 전달했다. 나중에 확인한바, 이 같은 결정은 시장의 판단에 따른 것이었다.

이 사실이 인터넷상에 퍼지고 사태가 중대하다는 인식이 확산되었다.

먼저, 일부 사람들의 위협으로 공석인 사업이 간단하게 취소된다면 앞으로 언제 또 같은 일이 반복될지 알 수 없다. 사건 자체가 말이 안 되지만, 다른 지자체에 파급될 우려도 있다.

또, 강연 내용이 다름 아닌 가정 폭력 방지에 관한 것이었다. 마침 작년에 재개정된 가정폭력방지법이 1월 11일에 시행되었는데, 개정의 골자는 다음 두 가지다. 첫째는, 앞으로 가정 폭력 피해자 지원이 시정촌市町村 기초자치단체를 거점으로 이뤄지게 된다는 방향성을 제시한 점. 둘째는, 가정 폭력 피해 당사자만이 아니라 그 가족과 지원자의 안전 확보까지 포함시킨 점이다. 이것이 막 시행된 시점에서 열게 된 강연회를 그런 폭력적 위협에 굴복해서 그렇게 간단하게 없었던 일로 한다는 것은 피해자 지원의 책무가 있는 지자체에 대한 신뢰를 근본부터 뒤흔드는 것이다. 피해자는 그런 지자체에 지원을 요청할 수 있을까?

폭력에 굴복한 쓰쿠바미라이 시에 항의

가정 폭력 피해자 지원에 관해서는 전국 여성 쉘터넷shelter net 사람들이 꽤 오래전부터 각지에서 다양한 활동을 펼쳐왔다. 그들 사이에서 앞으로도 같은 일이 반복되는 것은 아닐까, 하는 강한 위기감이 생겨났다. 간과할 수 없는 문제이므로 우리는 즉각 항의 행동에 나섰다.

먼저 항의문 초안을 작성하고, 히라카와 씨와도 연대했다. 히라카와 씨가 쓰쿠바미라이 시에 낸 의견 표명을 보면 "시가 폭력에 굴복했다"라고 되어 있다. 나는 그 표현을 인용해서 "폭력으로부터 피해자를 지킬 책무가 있는 지자체가 소수의 폭력에 굴복했다는 것은 용서할 수 없는 일이다"라고 항의문을 작성했다. 1월 21일부터 28일까지 인터넷에서 서명 운동을 벌였다. 2년 전 '고쿠분지 시 사건'에서 터득한 노하우를 활용했다. 일주일 동안에 2,621명의 서명이 모였다.

내가 이 항의 행동에 참여한 데에는 두 가지 이유가 있다. 고쿠분지 시 사건을 경험한 당사자로서 같은 상황에 처한 히라카와 씨를 돕고 싶다는 이유가 그 하나. 그리고 고쿠분지 시 사건 때 적극적으로 나서 주었던 고 와카쿠와 미도리 씨를 기리며, 그녀가 살아 있었다면 어떻게 했을까를 생각했기 때문이다. 와카쿠와 씨는 그때 나를 고립시키지 않겠다고 말해주었다. 나도 이번 일에 관여하면서 사건 당사자인 히라카와 씨를 고립시키지 않겠다는 마음으로 해나가고 있다. 히라카와 씨는 공개 질문장을 2월 1일을 회답 기한으로 해서 쓰쿠바미라이 시장에게 제출했다.

우리는 서명을 들고 2월 1일에 쓰쿠바미라이 시에 갔다. 시장은 부재 중이었으므로 총무부장과 공보과 과장에게 항의문을 건네고, 강연을 취소키로 판단한 것에 대한 잘못을 인정하고 다시 강연을 개최하기를 바란다는 뜻을 전했다. 대화 초반에는 현재 검토 중에 있다고 대답했지만, 추궁하자 아직 검토 전이고 이제부터 하겠다는 식으로 이야기를 번복했다. 결국 그날 명확해진 것은 시장이 강연 취소를 결정했다는 것과, 강연회 재개를 검토하겠다는 것, 그리고 결정이 나면 우리에게 알리겠다는 것, 이 세 가지였다.

이날 시청에는 소식을 접한 지역 여성 단체에서도 서명을 모아 동행했다. 그녀들은 "지역 주민으로서 부끄럽다. 쓰쿠바미라이라는 이름이 아깝다'쓰쿠바미라이'의 '미라이'는 '未來(미래)'와 발음이 같다"라고 말했다.

이런 가운데 실시된 나가오카 시에서의 강연회

우려한 대로 파급 효과가 나타났다. 1월 28일로 예정되어 있던 이바라키 현립 구키자키고등학교의 '데이트 폭력 강좌'가 학교 측의 결정으로 직전에 취소되었다. 혼란을 우려한 조치라고 한다. 문언에는 '쓰쿠바미라이 시의 판단을 존중하여'라는 문장이 있었다. 지자체의 결정은 그만큼 영향력이 큰 것이다.

그리고 중간에 잡음도 있었다. 시가 히라카와 씨에게 강연 취소를 구두로 알렸을 때 "참가자에게 위해가 가해질 우려가 있기 때문"이라고 담당자가 말했다고 한다. 그것은 히라카와 씨의 의견 표명 안에도 인용되어 있고 우리도 그것을 재인용했다. 《산케이신문》 기사에도 "시민에게 위해가 가해질 우려가 있다"라는 문장이 실렸다. 이에 '주권 회복을 지향하는 모임'의 니시무라 씨가 쓰쿠바미라이 시에 항의해왔고, 이어서 "시민에게 위해가 가해질 우려가 있어서 강연을 취소했다는 식으로 공보과에서 말했다는데, 구체적으로 무슨 뜻이냐"라는 시청 담당자와의 통화 내용을 인터넷에 공개했다. 거기서 담당자는 '위해'라는 말을 철회하는 방향으로 움직였다. 그들은 또 《산케이신문》에도 정정 기사를 요구했다. '주권 회복을 지향하는 모임'의 홈페이지에 따르면, 담당 기자는 시에서 말한 내용을 그대로 썼을 뿐이라고 요구를 거절했다고 하지만, 나중에 지국장이 사죄했다고 전해진다(본고를 게재한 《창創》 편집부가 《산케이신문》에 확인한바, 지국장은 사죄했을 뿐만 아니라 '주권 회복을 지향하는 모임'에 연락해서 일의 경위를 정중하게 설명했고 모임 측도 사죄를 받아들였다고 한다).

그 후 '주권 회복을 지향하는 모임'의 홈페이지에 이런 문장이 올라왔다. "시의 경솔한 대처로 '주권 회복을 지향하는 모임'과 그 지지자는 위해를 가하는 집단이라는 간과할 수 없는 딱지가 붙어 당사자는 물론이고 가족까지 사회적 명예가 크게 실추되었다"라는 것이다. '시의 경솔한 대처'라는 말에는 전적으로 동의한다. 시가 '위해'라는 말을 철회한 것을 근거로, 그들은 편파적인 사상을 가진 자가 강사이기 때문에 강연을 취소했다는 것을 인정하라고 시에 압박했다.

한편 우리는 우리대로 강연을 취소한 합당한 근거를 밝히라고 설명 책임을 요구했다. 시는 대응을 놓고 갈팡질팡하는 바람에, 이쪽에도 저쪽에도 입장이 더욱 난처해졌다. 스스로 문제를 키운 꼴이다. 시는 처음부터 의연하고 일관성 있게 대응했어야 했다.

이와 관련해 또 하나 움직임이 있었다. 사건 직후인 1월 27일에 니가타 현 나가오카 시가 주최하는 강연회에 히라카와 씨의 강연이 예정되어 있었다. 니가타 현에 거주하는 전 참의원 의원 구로이와 지즈코 씨가 쓰쿠바미라이 시 사건을 즉각 나가오카 시장에게 알렸고, 시장은 강연회 담당자를 불러 의연하게 대응할 것을 직접 지시했다. 관할 경찰서에 연락해 혹시 모를 사태에 대비하고, 입구에서부터 철저하게 단속해 사전 예약자 이외에는 들여보내지 않았다고 한다. 옳고 그름의 문제는 차치하고, 강연은 무사히 끝났다. 반대파는 인터넷상에서 '다음은 나가오카다, 항의 행동에 돌입하자'라는 캠페인을 벌였고, 나가오카 시에는 항의하는 내용의 팩스나 메일이 100건 정도 들어왔다고 한다. 강연 당일 '가정폭력방지법 희생 가족 지원 모임'의 회원 10여 명이 들이닥쳐서 언성을 높이기도 했지만, 강연에 차질이 빚어지지는 않았다. 지자체의 대응에 따라, 특히 단체장의 태도에 따라 이렇게 차이가 날 수도 있는 것이다.

주무 관청에 방문

이번 사건은 예정된 계획이 갑자기 취소되면서 표면화됐지만, 애초에 그런 일을 기획하지 않는 방향으로 자율 규제가 작용하게 될 수도 있다. 그런 식의 자율 규제가 확산되면 개정된 가정폭력방지법은 힘을 쓰지 못하고 사장될지도 모른다. 그것을 우리는 우려하고 있다.

이에 우리는 2월 12일에 '개정 가정폭력방지법의 철저한 시행을 지자체에 요구하는 원내 집회—가정폭력방지법 피해자에 대한 전면적인 지원을'이라는 제목으로 참의원 의원 회관에서 집회를 열었다. 참가자는 약 100명. 니가타, 기후, 돗토리, 홋카이도 등 전국 각지에서 참가했다. 의원은 12명(자민당, 공명당, 민주당, 사회당, 공산당), 비서 대리 출석은 4명. 네 개의 관련 주무 관청인 내각부, 후생노동성, 경찰청, 문부과학성에서도 담당자가 출석했다.

2월 1일에도 우리는 쓰쿠바미라이 시에서의 일정을 마치고 오후에 주무 관청 네 곳을 순회했다. 거기서 들어서 안 사실은, 쓰쿠바미라이 시로 1월 16일 이전부터 강연 취소를 요구하는 항의 메일이며 팩스가 왔지만 강연회는 예정대로 진행한다고 시가 내각부에 보고했다는 것이다. 내각부 담당자도 예정대로 실시해줄 것을 요구했다. 그 후 16일에 강연 취소 결정을 한 것에 대해서는 쓰쿠바미라이 시로부터 아무런 보고가 없었고, 내각부는 사후에 그 사실을 알았다는 것이다.

우리는 내각부에 쓰쿠바미라이 시 건과 나가오카 시 건을 보고한 뒤 지자체가 어떻게 대응해야 하는지 지도하지 않느냐고 추궁했지만, 정부로서는 지자체에 개입하지 않는 것이 원칙이라는 형식적인 답변만이 돌아왔다.

주무 관청, 특히 내각부와 법무성에 대해 우리는 개입이 아니라 정보 제공을 원한다고 전했다. 지자체 담당자는 백래시 사례와 그 대응에 대한 정보가 없고, 경험도 거의 전무하다. 정보도 없고 대응법도 모르니 혼란이 발생할 수밖에 없다. 물론 정보 제공이 자율 규제로 기우는 등 마이너스 효과가 나올 수도 있다. 하지만 그것이 어떤 정보이든 없는 것보다 있는 편이 낫다.

'가정폭력방지법 희생 가족 지원 모임'은 인터넷에서 터무니없는 주장을 내세우고 있다. 일반적인 부부 사이에 단순 경도의 단발성 폭력은 당연하며, 가정폭력방지법은 '가족파괴법'이라는 것이다. 가족을 파괴하는 것은 가정폭력방지법이 아니라 폭력 그 자체다. 파괴된 가족으로부터 여성이 달아나는 것이다. 또 폭력이 '경도'인지 어떤지는 폭력을 행사하는 쪽이 판단하는 것이 아니다. '세쿠하라'도 그렇지만, 입장에 따라 받아들이는 방법이 다르다. 가해자와 피해자 사이에 큰 인식의 차이가 있는 것은 여러 조사 자료를 통해서도 밝혀졌다.

참고로, 쓰쿠바미라이 시는 강연회에 앞서 시민을 대상으로 남녀공동참여 기본계획 수립에 대한 인식 조사를 실시했다. 그 안에 가정 폭력 경험을 묻는 항목도 있었는데, '손바닥으로 맞은 적이 있는가?', '주먹 또는 발로 맞은 적이 있는가?'라는 질문에, '1~2회 있다', '여러 번 있다'라고 응답한 사람이 합쳐서 10%를 넘었다. 그런 데이터가 뻔히 있는데도, 담당자는 사태의 심각성을 자각하지 못했던 모양이다.

백래시에 맞서는 큰 물결을

2월 12일 원내 집회에서는 주최 측을 대표하여 가이노 다미에_{법학자로 가족}

법, 법여성학이 전문 씨가 폐회 인사를 했다. 거기서 "이제까지 우리는 백래시에
누더기잡기식으로 대응해왔지만, 이것을 기회로 백래시에 대항하는 큰
물결을 만들고 싶다"라고 결의를 표명했다.

백래시의 창끝이 마침내 가정폭력방지법으로까지 옮겨왔다. 그들의
목표는 남녀공동참여사회기본법 폐지다. '아름다운 일본을 만드는 모
임'^{2007년에 발족된 극우 성향의 정치 단체, 남녀공동참여사회기본법 폐지를 위한 운동을 벌이고 있다}은 이
미 그것을 공공연히 목표로 내걸고 활동하고 있다.

전에 나는 《창》 2006년 11월 호에서 '백래시파의 표적은 젠더'라는
제목으로 후쿠이 현 사건을 다뤘다. 당시 때리기 대상은 '젠더프리'라는
용어였지만, 최근에는 '프리'가 떨어져 나가고 '젠더' 자체가 표적이 되고
있다.

아베 정권이 등장했을 때, 백래시파가 활개를 쳐서 우리의 위기감은
높아졌다. 그런데 정권이 바뀌면서 이번에는 백래시파의 위기감이 강해
졌다. 후쿠다 야스오 수상은 관방장관이었을 당시 남녀공동참여 담당
대신이었다. 그는 이른바 페미니스트 관료의 비호자로 평가되고 있다.
새 정권이 들어섰을 때, 하야시 미치요시^{경제학자, 평론가}는 자신의 블로그에
"아베 정권하에서 숨죽이고 있던 페미니스트 관료들이 후쿠다 정권의
등장과 함께 되살아날지도 모른다, 위험하다"라는 취지의 글을 썼다.
참으로 변화무쌍하다.

지난 1, 2년, 젠더 공격의 중심에는 동일한 인물들이 있었다. 실제로
항의 행동을 하는 사람들은 극히 소수에 불과하다. 세력이 크지 않지만
거기에 부화뇌동하는 이들이 있기 때문에 목소리가 큰 것처럼 느껴진다.
그런 그림자에 눌려서 지자체가 가정폭력방지법과 관련된 강연회를 자

율 규제하는 등의 움직임이 확산되는 것을 우리는 우려하고 있다.

남녀공동참여 추진 조례를 제정한 후에 '여성학, 젠더학 등 특정 연구를 지원하지 않는다'라는 한정부 청원을 회의에서 채택해버린 마쓰야마시에서도, 후쿠이 현과 마찬가지로 젠더 관련 도서가 회수되었다는 이야기를 들었다.

아베 정권이 물러났다고 해서 백래시가 사라진 것이 아니다. 각지에서 비슷한 움직임이 되풀이해서 일어나고 있다. 오사카에서는 하시모토 부지사가 취임하면서 남녀공동참여 추진 시설인 던센터가 위기를 맞고 있다. 우리의 투쟁은 한시도 긴장을 늦출 수가 없다.

사카이 시립도서관, 동성애물 도서 배제 소동의 전말
—— 2009

발단

2008년 7~8월, 오사카 부 사카이 시의 모든 시립도서관에서 약 5,500권의 BL'Boy's love'의 약자로, 남성 동성애를 소재로 한 창작물을 통칭하는 용어 도서가 회수될 뻔한 사건이 일어났다.

발단은 이렇다. 2008년 9월, 사카이 시 홈페이지에 도서관에 BL 도서를 비치하는 것에 대한 시민의 항의 글이 올라왔다. BL 도서를 구입한 취지와 목적, 또 지금까지 구입한 권수와 구입비를 알려 달라는 내용이었다.

이 질문에 사카이 시는 '소장 권수 5,499권, 금액 366만 8,883엔, 초기에 소설의 한 분야로 판단, 희망 도서 목록에 따라 구입해오고 있었다, 관련 도서를 조속히 다른 곳으로 옮기고, 수집 및 보관, 청소년에게 제공하지 않을 것을 약속한다'라고 대답했다.

사실 이 일이 있기 전 7월 말, '페미나치를 감시하는 게시판'이라는 백래시파 사이트에 도서관에 클레임을 건 인물의 글이 올라와 있었다. 그 무렵부터 움직임을 주시하고 있던 젠더 도서 배제 규명 원고단(이하 원고단) 사무국의 데라마치 미도리 씨 등 14명은 사카이 시에 도서 목록과 회의 기록 등의 정보공개를 청구했다. 거기서 밝혀진 사실을 근거로 조사를 진행했고, 11월 4일에는 사카이 시민 28명과 대리인 12명과 함께 사카이 시 감사위원 앞으로 '특정 도서 배제에 관한 주민 감사 청구서'를 제출했다.

원고단 대표이자 감사 청구 대리인 대표였던 우에노 지즈코 씨는 거기에 다음과 같은 내용을 언급해두었다.

"어떤 이유에서든 공공 도서관에서의 도서 배제나 검열은 용납되지 않는다. 정보 공개와 표현의 자유는 민주주의의 기본이다. 그것이 반대 의견일지라도 표현의 자유는 지켜져야 한다."

그 후에도 사카이 시장이나 교육장 앞으로 의사를 표명하는 등, 특정 도서를 배제하려고 한 것에 대한 항의가 잇따랐다. 그리고 감사 청구로부터 10일 후, 도서관은 '18세 미만 이용자의 열람 및 대여 제한 해제'라는 방침을 밝혔다. 5,500권에 이르는 장서가 배제될 위기에 있었지만, 원고단이 사건의 경위를 신속하게 파악해서 대처했기 때문에 위험한 고비를 넘길 수 있었다. 이번 사건은 2006년에 후쿠이 현에서 젠더 관련 도서 153권이 평생학습관에서 회수된 사건과 아주 비슷하다. 백래시파와 관련해서는, 2008년 1월에 이바라키 현 쓰쿠바미라이 시에서 가정폭력방지법에 관한 강연회가 우익 단체의 반발로 강연 직전에 중지된 사건도 있었다. 이번 사카이 시 사건도 그 일련의 움직임으로 평가되지만, 이번 사건은 페미니스트들 사이에서도 반응이 엇갈린다고 한다. BL이라는 장르가 아직 낯선 이유도 있겠지만, 편향된 시각을 갖고 있기 때문은 아닐까.

이번 특정 도서 배제 움직임에 조속히 대응한 우에노 지즈코 씨와 데라마치 미도리 씨에게 이야기를 들었다.

백래시의 움직임은 간과할 수 없다

—— 우익 계열의 신문인 《세계일보》에 사카이 시 도서관에서 우연히 BL 도서를 집은 딸이 "이 책은 뭐야?" 하고 물어서 당황했다, 라는 시민의 일화가 실려 있었다.

우에노 '어린이 교육상'이라는 대의명분은 무지와 무구를 가장한 아주 간편한 표현입니다. 젠더프리에 대한 백래시가 성교육 때리기로 나타났을 때도 '어린이 교육상'과 '지나친 성 표현', 이 두 가지가 키워드였습니다. 일맥상통하는 부분이 있죠.

후쿠이 현 젠더 도서 배제 사건은 '정보 공개'를 놓고 현재까지도 대법원에서 다툼 중입니다. 원고단은 이제까지의 경험에서 얻은 정보나 노하우를 공유했고, 그것이 사카이 건에서도 활용되었습니다.

이런 노하우나 매뉴얼은 백래시파도 마찬가지로 꾸준히 축적해왔습니다. 시민운동에서 배워서 서명을 모으는 등의 활동도 벌이고 있지만, 우리도 역시 거기에 맞대응할 태세를 갖추고 있습니다. 그래서 이번에 이렇게 빨리 대응할 수 있었던 거고요. 상황 파악이 빨랐던 덕분에 행정적인 혼란을 피할 수 있었어요. 사카이 시도 혼선 없이 빠르게 대응했기 때문에 후쿠이 현과 같은 혼란은 없었습니다. 이런 움직임을 절대로 간과하지 않겠다는 메시지가 백래시파에 전해졌으면 좋겠군요.

—— 후쿠이 현 사건에서 후쿠이 현이 공개한 배제 도서 목록은 제목, 저자명, 출판사명이 지워져 있었다. 목록을 작성한 개인의 권리나 사업자의 권리를 해칠 우려가 있다는 이유였지만, 결국은 공개로 전환했다. 이번 사카이 시 사건에서도 도서관 현장 책임자와 많은 대화를 했을 텐데, 현장 인식은 어떻던가?

우에노 도서관 직원이 공공 도서관의 도서 수집과 공개를 원칙('표현의 자유'를 지킨다는 도서관의 원칙. 검열하지 않는다. 제삼자의 압력에 굴하지 않는다.)에 따라 일관성 있게 처리하면 될 일인데, 초동 단계에서 혼란이 있었습니다. 직원들이 BL에 무지했던 것도 하나의 원인이었겠고.

데라마치 처음에 도서관 측에 배제 도서에 대한 설명을 부탁했더니 '설명할 수 없다'는 대답이 돌아왔습니다. 설명할 수 없는데 어떤 기준으로

5,500권을 선정했는지 묻자 횡설수설하더군요.

우에노 도서 목록을 입수할 수 있었기 때문에 검증하기기 쉬웠지요. 주민 감사 청구에 보충 자료로 제출한 특정 도서 목록 분석 보고서는, 내 세미나에 들어오는 여학생들의 지식이 총동원되어(하하) 만들어진 것입니다. 이 보고서를 보면, 배제된 5,500권의 도서가 선정에 있어서 얼마나 근거가 희박한지 확인할 수 있습니다.

이 도서들은 만화가 아니라 소설입니다. 문장의 선정성을 따지자면, 와타나베 준이치의 『실낙원』 쪽이 훨씬 과격합니다.

—— 보고서를 근거로, 배제 도서 목록의 문제점을 일부 소개한다.

성적인 묘사가 거의 없거나 전혀 없는 책이 선정되었다. 남성을 독자층으로 한 책은 남녀의 성행위 묘사 정도에 관계없이 선정되지 않았다. 동성애 묘사가 노골적임에도 이른바 '문학'으로 분류되는 책은 선정되지 않았다. 대부분의 BL 작품이 서고에 있었던 것에 비해 이성애를 다룬 남성 취향의 '관능 소설'은 그 대부분이 개가에 진열되어 있었다. 동성애 성 묘사가 노골적임에도 선정되지 않은 책이 있었다. 표지의 일러스트만 보고 남녀 커플로 오인했던 것이 아닐까 등등.

수도권의 도서관에 근무하는 한 사서의 말에 따르면, 도서관에서 도서를 구입할 때는 한 권 한 권 검토한 후 구입을 결정한다고 한다. "BL이라는 특정 장르를 비치하지 말라고 하는 것은 지극히 난폭한 요구다"라고 그는 이야기한다.

도서 배제를 계기로 후조시는 정치화하는가

데라마치 도서관 측은 처음에 익명의 시민에게서 들어온 클레임이 젠더 때리기라고는 생각하지 못했다고 말했습니다. 후쿠이 현 사건에 대해서도 "알고는 있지만, 이번은 페미니스트 관련 도서가 아니니까"라고 대답했지요. 인식의 차이가 컸습니다.

우에노 그런 의미에서는 이번에 레벨 업 했다고도 볼 수 있겠군요.

이전에 코믹스를 놓고 '표현의 자유'에 대한 논쟁이 있었는데, 거기서도 '교육상 좋지 않다'는 것이 대의명분으로 내세워졌습니다. 그것이 결국 이번 일까지 온 것 같은 인상입니다. 그때는 작가, 편집자, 지식인, 업계 남성들이 코믹스 규제에 위기감을 느끼고 적극적으로 나서서 움직였습니다. 그랬던 그들이 이번에는 왜 조용한 걸까요. 이 사건이 별로 알려지지 않은 것도 있겠지만.

페미니스트들도 BL이 뭔지 잘 모르는 사람이 대부분입니다. 윗세대일수록 더욱 그렇지요. 나는 제자들 중에 후조시(남성 동성애물을 애호하는 여성이 스스로를 자조적으로 이르는 말, '썩은 여자'라는 뜻으로 '腐女子'라고 쓰며, '부녀자'를 뜻하는 '婦女子'와 발음이 같다)가 꽤 있어서 대충은 알고 있었습니다. 내가 거기에 빠진 건 아니고요.

그 학생들에게 "사카이 시에서 이런 일이 있었는데 너희도 뭔가 해야 하지 않겠느냐" 하고 물었더니, "후조시는 커밍아웃하지 않는 것이 관례라서요" 하고 웃더군요.

남성 코믹스 업계는 포르노 표현 규제 등 '표현의 자유'를 놓고 논쟁이 일자, 위기감을 느끼고 결속했습니다. 당시에 페미니스트가 규제파로

내몰리기도 했지요. 규제파인 페미니스트도 물론 있었지만, 규제에 반대하는 페미니스트도 있었습니다. 저는 후자입니다. 그 부분에서는 미야다이 신지사회학자, 영화평론가 씨와 의견이 일치했는데, 자세한 내용은 『2007-2008 만화 논쟁 발발2007-2008 マンガ論争勃発』マイクロマガジン社, 2007을 참고해주십시오. 당시에 업계에서는 위기감이 컸다고 합니다. 마니아층의 개인적인 기호에 불과했던 것이 때리기 대상이 됨으로써 그들은 결속했고, 정치화해갔습니다. 같은 일이 후조시들 사이에서도 일어나지 않을까. 후조시도 정치화할까. 저는 기대하고 있습니다.

데라마치 이대로 숨어 있어서는 안 되겠다고 생각한 BL 독자나 성 소수자들이 제게 접촉을 해왔습니다. 그런 의미에서는 분열시키려는 상대의 계획이 뜻대로 되지 않은 셈이죠.

우에노 여담인데, 일본의 제1파 페미니즘의 상징인《세이토》는 원래 평범한 문예지였습니다. 창간사에서 여성 안에 잠재된 천재성을 발현하라고 강조하고 있지요. 히라쓰카 라이초 씨는 초월을 희구하고, 세속에는 관심이 없는 사람이었습니다. 그런데 당시 보수 언론으로부터《세이토》가 맹공격을 받자, 라이초 씨는 급속히 정치화해갔습니다. 어떤 의미에서는, 때리기에 의해《세이토》가 비로소 정치화했다고도 볼 수 있습니다. 그때의 때리기가 없었으면 일본의 제1파 페미니즘은 개화하지 않았을지도 모릅니다. 때리기파에도 그런 공로가 있습니다.

젠더 때리기와 후조시 때리기의 공통점

—— 이번 사건은 '2채널일본 최대의 인터넷 사이트' 게시판에도 올라왔다. '후조

시는 존재 자체가 악, 그냥 죽어라', '항의 행동도 플레이의 일종?', 'BL 아줌마들 얼굴을 공개하라', '도서관은 변태 추녀들과 영합하지 말고 당장 열람을 금지해라' 등등 매도하는 글이 쇄도했다. 남녀공동참여에 대한 백래시와 후조시 때리기는 별개의 흐름일까?

데라마치 그 게시판에 제 블로그가 링크되는 바람에 저도 한바탕 곤욕을 치렀습니다. '꺼져라', '기분 나쁘다', '너도 BL 마니아냐' 등등, 블로그에 비난 글이 쏟아져서⋯⋯.

우에노 사회학자 기타다 아키히로 씨가 인터넷 헤비 유저를 대상으로 실시한 매우 흥미로운 연구 결과가 있는데, 그것에 따르면 인터넷 헤비 유저는 '젠더'나 '젠더프리'라는 용어를 대부분 모른다는 겁니다. 따라서 그들은 젠더프리 때리기를 하지 않습니다. 그럼에도 성차별 의식이 강한 사람들이지요. 젠더프리 때리기와 같은 정치적인 의도는 없지만, 안티 페미니즘적인 여성 차별 의식이나 호모포비아(동성애 혐오증)를 가지고 있는 겁니다. 동성애에 대한 불쾌감을 드러내고 있는 것을 보면, 이번 사건의 근간에는 호모포비아가 있다고 생각합니다.

데라마치 '교육상 좋지 않다'라는 이유에 가려져 있었던 거죠. 그게 무섭습니다.

우에노 물론 BL 내용이 사실에 근거하고 있는지 어떤지, BL 그 자체가 게이 차별이 아닌지 하는 논쟁은 이전부터 있어왔고, 게이와 BL 업계 사이에 깊은 골이 있는 것도 사실입니다. 그러나 BL 때리기의 중심에 있는 명백한 호모포비아를 간과해서는 안 됩니다. 다양성을 인정하고 공통의 적과 싸워야 할 때입니다.

성 소수자 때리기

—— '도서관의 자유에 관한 선언'(일본도서관협회, 1954년 채택, 1979년 개정)
에는 "검열이 도서관의 자료 수집을 사전에 제약하고 수집한 자료를
서가에서 제거 및 폐기에 이르도록 한 것은 국내외 아픈 역사와 경험에
비추어 볼 때 명백한 사실이다. 따라서 도서관은 모든 검열에 반대한
다"라는 규정이 있다. 또 이번에 목록에 오른 책에 대해서 도서관 측은,
오사카 부 조례가 정한 유해 도서에 해당하는 책은 한 권도 없다고 분
명하게 밝히고 있다(2008년 11월 5일 자《아사히신문》).

데라마치 5,500권에 이르는 권수에 현혹되고 있는 부분도 있다고 생각합
니다. 설령 한 권일지라도 배제하라는 외부의 압력에 예, 하고 따라서
는 안 되는 겁니다. 그것이 우리가 얻어내고 싶은 최종 목표이기도 합
니다.

우에노 물론 표현의 자유를 규제하는 것에 대한 반대가 대전제입니다. 책
내용이 어떤 것이어도 마찬가지입니다. 그렇지만 그 때리기가 BL을 겨
냥하고 있다는 것을 알았을 때, 젠더에서 성 소수자로 백래시파의 공격
이 확대되었다는 것을 깨달았습니다.

원점으로 돌아가면, 젠더프리 때리기의 근간에는 성 소수자 때리기가
있었습니다. 이를테면 교육 현장에서 '남녀평등' 교육보다도 '젠더프리'
교육이 유용하게 쓰였던 것은, 성 소수자에 대한 인식을 주입시키는 편
이 훨씬 용이했기 때문입니다. 젠더프리 때리기 안에는 성 소수자 때리
기가 오래 전부터 뿌리 깊게 자리하고 있었습니다.

데라마치 쉽게 나서지 못한다는 점을 겨냥한 감도 있습니다. 그들은, 대부분의 부모는 그런 책을 싫어한다는 말을 줄곧 해오고 있습니다.

우에노 자신의 아이가 성 소수자가 되면 큰일이라고 말이지요. 젠더프리 때리기의 시작은 거기서 출발하는 겁니다. 이런 전개는 결코 의외라고 볼 수 없습니다.

페미니스트 중에도 호모포비아가 없지 않아요. BL 도서를 개가하는 것에 반대하는 페미니스트도 있었습니다.

데라마치 아주 민감한 부분을 교묘하게 파고 들었다는 생각이 드는군요. 분열시키기 쉬운 부분이잖아요. 사카이 시는 남녀평등 정책에 있어서 선진 지자체로 평가받고 있지만, 정작 도서관 측은 이 문제가 동성애나 성 소수자에 대한 차별이라고는 생각하고 있지 않았습니다.

우에노 포르노잖아, 라는 반응이지요.

검증해봐야 알겠지만 성적인 묘사만 놓고 보자면 이성애를 다룬 작품 중에서 수위가 높은 작품은 도서관에 잔뜩 있습니다. 성인용은 물론이거니와 청소년용도 있습니다. 이성애물에서 되는 것이 동성애물에서는 안 될 이유가 없습니다. 그건 동성애 차별이고, 여성이 포르노를 소비하는 것에 대한 반감입니다. 포르노는 남자가 소비하는 것인데, 그것을 여자가, 그것도 남성 동성애물을 소비하다니 허락할 수 없다, 이런 마음인 것이죠.

폭력에 대처하는 지자체의 자세
—— 2008

2008년 1월 11일, 개정된 가정폭력방지법이 시행되었다. 그 직후에 이바라키 현 쓰쿠바미라이 시에서 예정되어 있던 가정폭력방지법 관련 인권 강좌가 직전에 취소되는 사건이 일어났다.

1월 20일에 도쿄 페미니스트 테라피센터 소장인 히라카와 가즈코 씨의 가정 폭력을 주제로 한 강연회 '나만 참으면 되는가? 가정 폭력 피해 실태와 지원 현황'이 실시될 예정이었지만, 직전인 1월 16일에 가정폭력방지법에 반대하는 민간단체가 시청 앞에서 확성기를 사용해 항의 소동을 일으켰고, 이에 시 담당자가 혼란을 초래한다는 이유로 강연을 취소하기로 결정했던 것이다. 우려했던 파급 효과는 바로 나타났다. 이바라키 현 소재의 공립 고등학교에서 혼란을 피하기 위해서라는 이유로 데이트 폭력 강좌를 취소키로 한 것이다.

민족파를 자칭하는 이 단체의 대표는 "소수가 거대한 행정을 굴복시켰다"라고 발언한 것으로 전해진다. 이 남성은 1월 26일에도 '위안부' 관련 자료를 전시한 '여성들의 전쟁과 평화 자료관' 앞에서 큰소리로 방해 행위를 했다. 과거에 위력에 의한 업무방해죄로 유죄 판결을 받았던 인물이다.

강사 예정자였던 히라카와 씨는 이것을 "강연회 주최자와 나에 대한 폭력이고, 참가 시민에 대한 폭력"이라고 하며 시장에게 공개 질문장을 제출했고, 2,700명이 그에 대한 지지 서명에 동참했다.

이 같은 폭력에 의해 강연회가 중단된 것은, 일본교직원조합 집회가 그랜드프린스호텔 측의 연회장 사용 거부로(우익 단체에 의한 방해 활동을 이유로) 직전에 취소되었던 예를 떠올리게 한다. 소수의 폭력으로 억압이 가능하면 그것은 법치 국가라고 할 수 없다. 폭력의 효과에 그들은 맛을 들일 것이다.

그리고 이 폭력을 간과할 수 없는 까닭은, 이것이 폭력으로부터 피해자를 지키는 가정폭력방지법의 근간에 맞닿아 있기 때문이다. 개정된 가정폭력방지법은 시정촌市町村의 책무를 강조하고 있다. 이 같은 폭력에 굴복하는 지자체에 피해자가 안심하고 지원을 요청할 수는 없을 것이다. 법과 행정에 대한 신뢰를 뒤흔드는 사건이었다.

1월 27일에는 같은 강사에 의한 가정 폭력 관련 강연회가 니가타 현 나가오카 시에서 예정되어 있었다. 쓰쿠바미라이 시 사건을 들은 나가오카 시장은 항의 행동이 있었음에도 불구하고 의연하게 대처해 사업을 예정대로 실시했다. 지자체의 대응에 따라, 특히 단체장의 태도에 따라 이렇게 차이가 날 수도 있는 것이다.

이 단체와 행동을 함께한 '가정폭력방지법 희생 가족 지원 모임'이라는 단체의 주장에 따르면, 부부 사이에 경미한 폭력은 당연히 있을 수 있으며 가정폭력방지법은 가족을 파괴한다고 한다. '생명의 위협을 느긴다'고 피해자가 인식하는 폭력을 '경미한 폭력'이라고 부르는 것은, 폭력을 행사하는 쪽이나. '세쿠하라'도 강간도 가해자 측에서는 '이 정도의 일'로 간주되어왔다. 달아날 곳이 없어서 긴급 피난처로 도망쳐온 아내를 남편으로부터 지키는 것이 '가족을 파괴'하는 일이라고 그들은 말하지만, 그 이전에 '가족을 파괴'하는 것이 남편의 폭력인 것에 대해서는 언급하지 않는다.

백래시는 마침내 가정폭력방지법에까지 손을 뻗쳤다. 이런 횡포와 비상식으로부터 가정 폭력 피해자를 지킬 책무가 있음을 지자체는 명심해야 할 것이다.

젠더론 풍년

—— 2006

2006년은 아베 정권이 들어서면서 '젠더프리'뿐만 아니라 '젠더'까지 정치적 쟁점이 된 기묘한 한 해였다.

백래시 덕분에 젠더 관계자의 연대가 강해진 것이 뜻밖의 성과랄까. 그중에서 수확이라고 할 만한 몇 가지 결과물을 소개한다.

와카쿠와 미도리 외 3명의 『젠더의 위기를 넘는다!―철저 토론! 백래시ジェンダーの危機を超える!―徹底討論!バックラッシュ』青弓社, 2006는, 고쿠분지 시 사건을 계기로 연구자, 교육·행정 관계자, 정치·사회 활동가가 한자리에 모였던 열기 넘치는 심포지엄의 기록이다.

젊은 인터넷 유저, 블로그 세대 저자들이 중심이 되어 집필한 『백래시!バックラッシュ!』宮台真司 他, 双風舎, 2006는 백래시파를 분석하여 그 허점을 파고든다.

가토 슈이치의 『젠더 입문ジェンダー入門』朝日新聞社, 2006은 '모르면 창피한' 젠더론을 기초부터 친절하게 설명해준다. 비판도 알고 해야 하는 것. 그에 안성맞춤인 책이다.

누마자키 이치로의 『젠더론 교육 가이드ジェンダー論の教え方ガイド』フェミ
ックス. 2006는 성폭력 피해자 예비군, 즉 여대생 대상의 애정 넘치는 실천
안내서다. 피임 없는 섹스는 성폭력이라든가, 남성학이 낳은 다양한 탁
견으로 가득하다.

'젠더'는 국제적으로 확립된 학술 용어다. 이것을 사용하지 못하게 하
려는 움직임에 대해 일본학술회의 회원들 사이에서도 위기감이 확산되
고 있다. 이와 관련한 학술과 젠더위원회의 대외 보고서 『제안 — 젠더의
시각으로 본 학술과 사회의 미래提言－ジェンダー視点が拓く学術と社会の未来』日本
学術会議. 2006가 나왔다. 제일선에 있는 연구자들이 이뤄낸 간결하지만 밀
도 높은 결과물이다.

돌아보면 2006년은 백래시 덕분에 젠더론이 풍년이었다. 예기치 못
한 성과라고 해야 할까.

싸워서 쟁취한 것은 싸워서 지켜야 한다
—— 2006

일본의 페미니즘은 행정 주도형 페미니즘이다, 라고 말하는 이들이 있다. 얼토당토않다. 역사를 왜곡해서는 안 된다.

1985년에 유엔여성차별철폐협약 비준을 앞두고 급하게 제정된 남녀고용기회균등법은 전혀 새로운 것이 아니었다. 결혼 퇴직 금지도, 조기 정년제 폐지도, 그 이전에 여성 노동자가 법정에서 싸워 쟁취한 것이었다. 대졸 여성의 채용은 그 이전부터 시작되었고, 종합직 대우의 여성 간부도 일부 기업에서는 이미 생겨났다. 직장 환경이 바뀌었다면 그것은 법 때문이 아니다. 그 이전에 여성이 변했기 때문이다. 법의 대부분은 이미 일어난 변화를 추인하는 것이었다. 균등법은 심지어 여성이 바라지 않았던 것을 부가했다. 보호 철폐. 보호 없는 평등 아래서 일할 만큼 일해라……. 신자유주의와 남녀공동참여 페미니즘의 결탁은 이때부터 이미 시작되고 있었다. 저출생은 어쩌면 당연한 결과일지도 모른다.

1980년대에는 여성회관 건립과 사회교육 사업 붐이 일었지만 그것도 이미 민간이 선행하고 있던 것을 추종한 것에 지나지 않는다. 여성들은 대리석으로 지어진 호화로운 건물을 바란 것이 아니었다. 풀뿌리 여성 단체가 집회 상소를 만들고자 1엔씩 모금해서 지은 오사카 시의 부인회관처럼 지역의 요구에 의해 시작되었던 것이다. 마침내 재단이 설립되고, 전문적인 직원이 생겨나고, 여성 운동의 역군들이 하나둘 참여하기 시작했지만, 애초에 민간의 힘이 없었다면 불가능한 일들이었다. 사회교육 사업도 따지고 보면 무보수로 모인 민간 학습 동호회에서 시작되었다. 그리고 그 안에서 자신의 경험을 이론화하면서 여성학 역군들이 성장해갔다. 이런 사실들을 모르는 사람들이 법과 행정만을 보고 일본의 페미니즘을 '행정 주도형'이라고 말하는 것이다.

요즘의 젊은 여성들은 당연하게 대학에 진학하고, 졸업하면 취업하고, '세쿠하라' 앞에서 분노한다. 그녀들이 당연하게 여기는 권리는 불과 사반세기 전에는 당연하지 않았다. 이것은 전부 선배 여성들이 싸워서 쟁취한 것들이다. 생색을 내려고 하는 것이 아니다.

싸워서 쟁취한 것이 아닌, 주어진 권리는 쉽게 빼앗긴다. 싸워서 쟁취한 권리도 싸워서 지키지 않으면 허물어진다. 여성이 씩씩해지는 것을 반기는 사람만 있는 것이 아니다. 여자는 가만히 있어라, 부엌에서 밥이나 해라, 주제넘게 나서지 마라, 라는 목소리는 도처에 잠재해 있다. 세계화와 신자유주의가 초래한 위기 속에서 보수 세력은 이미 여유를 잃었다. 그리고 규격에서 벗어난 여성을 겨냥하는 반동 전략은 예나 지금이나 호모소셜homosocial, 남성 간 유대을 형성하는 가장 간단하면서도 유효한 수단이다. 버지니아 울프는 내셔널리즘을 '강제된 동포애'라 칭했다. '여성이 아닌' 것만을 남성적 주체의 중심에 두는 취약한 아이덴티티의 소유자들이 자기들끼리의 '동포애fraternity'를 위해 젠더프리 때리기라는 미소지니misogyny, 여성 혐오를 이용하는 것은 너무나 속 보이는 빤한 수법이다.

　역사에는 일보전진도 이보후퇴도 있다는 것을 우리는 과거를 통해 배웠다. 미래는 밝지만은 않다. 아니, 밝은 미래는 그냥 오는 것이 아니다. 어느 날 문득, 이게 아닌데, 하고 후회하지 않으려면 지금 앞에 놓인 책무를 방기하지 말아야 할 것이다.

원점으로 돌아간다
—— 2009

지난 수년, 젠더는 각지에서 백래시파의 공격을 끊임없이 받아왔다. 처음에는 '지나친 성교육'에 대한 공격, 그리고 '젠더프리'에 대한 근거 없는 때리기, 심지어는 '젠더'와 관련한 강연이나 서적에 대한 배제. 연이은 공격으로 코너에 몰린 기분이었다.

각지의 남녀공동참여센터나 여성회관도 예외가 아니었다. 도쿄 도에서는 여성재단이 해산을 명령받았고, 지바 현에서는 여성회관 설립 조례안이 현 의회에서 부결되어 사업에 제동이 걸렸다. 오사카에서는 새로 취임한 부지사가 오사카 부 남녀공동참여센터의 매각안을 제출했다.

남녀공동참여사회기본법 전문에 담긴 '남녀공동참여사회의 실현을 21세기 우리 사회를 결정하는 가장 중요한 과제로 삼는다'라는 이념은 어디로 간 건가? 국회에서 이 법률이 통과되었을 때는 전원 만장일치였는데, 그것은 무엇이었던가?

관에 맡겨두면 정치 판도에 따라 이리저리 휘둘리게 된다. 여성회관도 따지고 보면 지역 여성의 풀뿌리 운동에서 생겨난 요구가 결실을 맺은 것이었다.

다시 원점으로 돌아가서, 여성 운동의 거점을 만들자. 단, 이번에는 새로운 미디어 테크놀로지를 이용해서. 과거 여성 운동은 등사기나 복사기로 손수 작업한 소규모 매체에 의지했다. 이번에는 IT의 힘을 빌려서, 서로 아지트에서 벗어나, 분야를 넘어, 지역을 넘어, 세대를 넘어, 시공간을 초월한 연대를 만들자. 수세에서 공세로 전환하자.

그런 취지에서 여성을 위한 종합 포털사이트 WAN Women's Action Network http://wan.or.jp/을 NPO 법인으로 설립하고 2009년 봄에 오픈했다. 사이트에는 전국 여성회관 위치와 여성에게 도움을 줄 수 있는 변호사나 상담사 정보, 여성 단체의 등록, 행사 소식 등 유익한 정보가 가득하다. 어떤 단체에나 홈페이지는 있지만, 누구나 접속해서 정보를 발신할 수 있는 이런 포털사이트는 어디에도 없다. IT 선진국인 이웃 나라 한국의 인터넷 미디어 일다 www.ildaro.com를 참고했지만, 그것과도 다르다. 미국 여성이 "세계에서 첫 시도가 아닐까"라고 평가했다. 더불어 성장해 갔으면 좋겠다.

4장

여성학을 만든다,
여성학을 넘겨준다

연락회 소식지 발간 시절
—— 1987

내 눈앞에 연락회 소식지 《Voice of Women》(이하 《VOW》) 제1호가
있다. 손 글씨를 등사기로 찍어낸 초라한 4쪽짜리 인쇄물이다.

어설프게 이사회만 있을 뿐 총회조차 제대로 없던 시절, 의사 결정권
이 없는 분과회 상호 정보 교류의 장으로서 연락회는 발족되었다. 물론
처음부터 머리와 손발이 일치하는 직접민주주의를 지향했다. 제1호에는
이런 것이 실려 있다.

"소외 노동, 즉 머리를 쓰지 않는 수작업은 우리에게 고통을 안깁니
다. ……수다를 떨면서 손도 움직입시다!"

여기서 지금의 운영회 방식, 앞으로의 방침을 왁자지껄 서로 이야기
하면서 《VOW》의 발송 작업을 부업처럼 전원이 분담한다, 라는 방식이
만들어졌다.

나는 《VOW》의 제1호 발행인이었지만, 애초에 편집 책임자 같은 것
을 할 마음은 없었다. 담당자 교대 방식이라는 것을 만든 것도 이 시기.
이렇게 하는 겁니다, 하고 직접 해보인 다음 뒤로 슥 빠지는 '능글맞은'

방식이다. 부담을 분산할 뿐만 아니라, 정보의 집중과 독점을 피하고, 더불어 사람도 성장시키는 일석삼조의 방식이나. '당신도 할 수 있는 여성학'처럼, 당신도 할 수 있는 《VOW》의 편집자, 라고 말하는 가운데, 꽤 많은 사람이 편집자로 성장해갔다.

《VOW》 창간호와 최신호 제84호를 나란히 놓고 비교하자니, 마치 장성한 아이를 보고 있는 것처럼 감개무량하다. 제가 《VOW》를 만든 우에노입니다, 하고 자랑하고 싶은 마음도 들지만 그건 참기로 하고. 여기서는 《VOW》의 탄생 비화를 이야기해볼까 한다.

1979년 1월, 일본여성학연구회의 《뉴스레터 No.4》라는 활판쇄의 근사한 동인지에 나는 '공개 서간'을 실었다. 그 시작은 이렇다.

"구니누보 준코 님. 당신의 권유로 일본여성학연구회에 2회째 출석하고 있습니다. 연회비 갱신 시기를 맞아, 결코 만만한 금액이 아니므로 이 모임이 내 욕구를 정말로 만족시키는 것인가, 곰곰이 생각해봤습니다."

생각해본 계기가 돈이라니, 당시의 내 주머니 사정이 반영되어 쓴웃음이 나온다. 애초에 나간 계기가 구니누보 씨의 권유였으니 내 주체성 없음이 탄로 나는 대목이다. 덧붙여 소식지에 글을 실어보라고 권해준 것도 그녀였다. 이 무렵 몇 명인가가 모임에 실망해 나갔는데, 이것이 '손님 의식'을 버리고 주체적으로 뭔가를 해보자는 생각을 들게 해준 직접적인 동기가 되었다.

그 '공개 서간'에서 일부를 인용한다.

"(강사가 학자나 평론가인 것에 대해) '말하는 프로'와 '듣는 아마추어'로 회원이 나뉘는 것은 아닐지. 그리고 연구회가 유명 강사의 말을 일방적으로 따르는 강연의 장이 되지는 않을지. 일본여성학연구회의 대표성은 '아카데미즘'인데, 그것이 대학에서 하고 있는 것을 되풀이하는 것이라면 유감이다. 여성학이 대학 밖에서 이뤄졌던 것은, 대학 아카데미즘이 여성 문제에 아무런 도움도 되지 않았다는 것의 방증이 아닐까."

"과연 우리는 훌륭하신 선생님의 고마운 말씀을 듣고 일요일 오후를 의미 있게 보냈다고 만족하며 돌아가기 위해 이 모임에 참석하고 있는 것일까? 우리가 귀한 시간을 내서 일본여성학연구회에 출석하는 것은, 여기서 같은 문제를 안은 여성들을 만나 서로의 문제를 공유하고 같이 대화를 나누기 위해서가 아닐까?"

"무릇 여성 문제에 관심이 있는 사람이라면 유명인이든 무명인이든 이야기에 경중이 있을 리 없다. 우리는 잘 짜인 이야기보다 날카로운 문제의식을 존중하고 싶다. 일본여성학연구회에 참가하는 사람은 누구나 자신의 이야기가 있고, 들을 만한 가치가 있는 것임을 우리는 자각해야 하지 않을까?"

내 올챙이 적 마음이 잘 드러나 있다. 오히려 내 변하지 않은 마음에 놀라움을 느낀다.

1979년 1월에 '공개 서간'을 쓰고, 5월에 연락회를 발족하고, 9월에 《VOW》 제1호를 발간했다. 그해 1년 동안, 어떻게 하면 일본여성학연구회의 체질을 바꿀 수 있을까, 그걸 위해 나는 이리저리 뛰어다녔다. 야기 기미코 씨, 마쓰모토 스미코 씨, 오가와 마치코 씨와 강한 신뢰 관계가 만들어진 것도 이 무렵이다. 나는 지금도 여성들의 모임이 단지 편안한 교제의 장이 되어서는 동료 의식은 자라지 않는다고 생각한다. 공동의 과제를 안고, 고락을 함께하고, 생각의 차이를 조율하고, 어떤 자리에서든 함께해줄 수 있는 신뢰 관계를 쌓아야지만 동료 의식은 싹트는 것이다. 공통의 '적'이 있던 그때는 참 즐거웠다.

그러고서 총회에서 이사회 및 이사장직이 폐지되었다. 연락회는 운영회로 승격하고, 의사 결정 기관이 되었다. 그리고 운영위원 교대제라는, 직접민주주의에 기반한 비집중 분산 방식이 만들어졌다. 당신도 할 수 있는 여성학, 당신도 될 수 있는 운영위원, 그리고 당신도 쓸 수 있는 여성학 연보. 이런 운영 방식으로 얼마나 많은 이들이 실력을 쌓았던가. 모두 자신감이 생겼다. 고개를 숙이고 있던 사람이 얼굴을 똑바로 들고 말할 수 있게 되었고, 목소리에 힘이 없던 사람이 분명하게 의사 표현을 할 수 있게 되었다. 모두 얼굴이 밝아졌다. 나도 그 속에서 힘을 얻은 사람 중 한 명이다.

'공개 서간'에 내 기본적인 생각은 다 나와 있다. 우리가 싸운 대상은 연구회에 존재하는 권위주의였다고 생각한다.

그로부터 9년. 나 자신은 변하지 않았다고 생각하지만 9년 전 나와 비교하면 지금은 어쩐지 '유명인'이 돼버린 것 같다. 가끔 "우에노 씨가 이끄는 일본여성학연구회"라고 말하는 사람을 만나면 주춤한다. 모임이라는 것은 특정한 누군가가 리더십을 쥐고 이끄는 것이라고 믿는 그 사람의 권위주의가 한심하다. 하지만 그 사람들도 나중에 이렇게 말한다. "실제로 와서 보니까, 우에노 씨도 보통의 회원 중 한 명이군요. 안심했습니다." 당신의 권위주의가 그런 잘못된 생각을 낳는 것이라고 호통치고 싶은 것을 참았다.

나는 과거에 무명인으로서 권위주의와 싸웠지만, 지금은 유명인으로서 나를 유명인으로 만들어낸 권위주의와 싸우지 않으면 안 된다. 후자가 훨씬 어렵다.

권위주의의 싹은 올라오는 대로 뽑아버려야 한다. 우리 연구회는 아직 그것을 성공시키지 못했다.

그래도 다행히 나는 현재 보통의 회원, 아니, 오히려 보통 이하의 회원이다. 연구회 멤버는 모두 거침없는 성격들이어서 나도 눈치 보지 않고 편하게 말할 수 있어서 좋다.

생각해보면, 일본여성학연구회는 내게 힘겨운 세상으로부터의 피난처였다. 그 때문에 기분 좋은 '세상', 솔직하게 진심을 말할 수 있는 인간관계를 품과 시간을 들여 만들어왔다고 생각한다. 이 연구회의 방식이란 정말로 '비상식'적이어서, 그 안에 있으면 '세상 물정 모르는' 사람이 될 수도 있다. 솔직히 나란 사람은 아직 '비상식'이 부족하다는 생각이 든다.

'세상'에서 벗어난 이 '비상식'적인 공간이 노후의 쾌적한 피난처가 돼줄 것을 나는 간절하게 바라고 있다. 자, 환상의 노후 프로젝트 '노라의 방주'노아의 방주'를 패러디한 것, '노라'는 입센의 희곡 『인형의 집』에 나오는 여주인공, 자신이 단지 남편의 인형에 불과하다는 사실을 깨달은 후, 남편과 아이를 버리고 새 삶을 찾아 집을 나간다'를 슬슬 시작해볼까.

초심으로 돌아가자
—— 1992

《VOW》제135호에 존경하는 벗(이라고 할까, 동지나 전우라고 할까) 구니누보 준코 씨가 투고하고 있으므로, 나도 펜을 잡을 마음이 들었다. 최근의 정례회에 대해 이야기해볼까.

정례회 기획이 나오지 않는다면 무리해서 할 필요는 없다. 매달 하는 것이 어렵다면 기획이 있을 때만 하는 것도 좋지 않을까. 이런 의견이 나오고 있다는 것은 알고 있다.

그런데 왜 정례회 기획이 잘 나오지 않는가 생각해보자. 그것은 모임이 너무 커졌기 때문이 아닐까. 그래서 정례회가 '연구 발표'라는 공식적인 자리가 돼버린 것은 아닐까. 정례회에 사람들이 잘 나오지 않는다고 푸념을 하기에, 몇 명이나 모이냐고 물었더니, 2, 30명. 2, 30명이면 감지덕지 아닌가? 뭘 기대하고 있는 건가, 묻고 싶다.

애초에 이 모임은 계몽을 위해서나 포교를 위해서 만들어진 것이 아니다(그런 건 행정에 맡겨두면 된다). 동료끼리 서로 배우고 지지하고 싶다는 생각에서 작게 시작한 것이다. 그 무렵부터 나는 정례회에 욕구 불만을 느껴 멋대로 다른 모임을 비밀리에 만들어버렸다. 매회 10명에서 20명 정도가 모여 여성학을 공부하는 소규모 모임이다. 작은 세미나실에는 20명 이상은 들어올 수도 없다. 더 들어오는 것은 바라지 않는다. 시간은 평일 저녁 6시. 다들 바쁜 사람들이라 주말까지 반납하고 싶지는 않기 때문이다. 참가 자격에는 제한이 없지만, 각자 알아서 연구 발표를 해줄 것을 부탁하고 있다. 듣기만 하는 '손님'은 사양한다. 시간은 3시간. 보고에 1시간 반, 토론에 1시간 반이라는 스케줄은 꽤 심도 있는 토론이 가능하다. 소수이기 때문에 발언할 기회가 많다.

나는 이 모임에서 몇 번인가 연구 보고를 했다. 아직 완성되지 않은 아이디어를 이야기하다 보면 머릿속이 정리될 뿐만 아니라, 유익한 비판과 의견을 들을 수 있어서 여러모로 도움이 된다. 이런 소박한 모임에 2시간을 들여서 오는 사람도 있다. 나와 같은 니즈를 가진 사람인 것이다. 이 모임은 지금도 소규모로 이어가고 있다. 모임 안내는 아무데도 올리지 않는다. 입소문으로 알음알음 찾아온다. 비밀주의라고 불러도 좋다. 모임을 키우지 않는 것도 훌륭한 방침이다.

일본여성학연구회의 정례회가 무턱대고 인원수를 늘려서 비대해진 것이 그렇게 된 하나의 까닭이겠다. 완성품이 아니면 내놓을 수 없는 분위기가 생겨버렸다. 나는 미완성의 아이디어를 떠벌리며 동료들과 공유하고 싶은데.

이거, 이상하다고 생각하지 않나요?

최근에 있었던 일이다. 9월 정례회에서 페미니즘 비평 분과회가 『남류문학론男流文学論』上野千鶴子 他, 筑摩書房, 1992을 토론할 책으로 채택해주었다. 그 담당자(T)와 나(U)의 대화다.

T _ 책을 안 읽은 사람도 올지 모르니까, 시작하기 전에 잠깐 책에 대해 설명해주면 어떨까?

U _ 분과회 사람들은 모두 읽지 않았나? 읽었다는 전제로 독서회처럼 진행하는 건 어때? 나는 당신들 감상이 듣고 싶어서 참가하는 건데.

T _ 이왕이면 사람들이 많이 오는 게 좋으니까.

U _ 아니, 왜? 자신이 흥미 있는 것을 자신을 위해 노력과 시간을 들여서 하는 게 이 모임의 취지 아니야? 분과회 사람들만으로도 충분하지 않아?

T _ 그럼 준비한 게 아깝잖아.

U _ 남을 위해서 하는 게 아닌걸. 고객 서비스는 나중 문제야. 그렇다고 오고 싶다는 사람을 못 오게 하는 것도 아니잖아. 듣고 싶은 사람은 한쪽에서 듣고, 참가하고 싶으면 참가하면 돼. 독서회 형태가 된다면 보통은 읽지 않은 사람은 한쪽에서 조용히 듣고 있겠지. 그러면 된 거 아니야?

T _ 듣고 보니 그러네. 자신을 위해 하는 거니까.

이렇게 해서 당일 참가자는 약 50명. 나는 이것도 많다고 생각했지만, 200명 정원의 회의장을 준비한 담당자는 "오늘은 참가자가 적어서"라고 기뻐하고(!) 있었다. 덕분에 토론은 꽤 심도 있는 것이 되었고, 참가자들도 만족스러워했다. 이것을 성공이라고 해야 할까? 실패라고 해야 할까?

그 직전에 《VOW》 같은 호에서 야마노 마야 씨의 '독서회의 권유'를 읽었다. 가케후다 히로코의 『'레즈비언'이라는 것「レズビアン」である、ということ』河出書房新社, 1992을 읽어보지 않겠습니까, 라는 내용이 있다.

나는 문득 생각했다. 모두 피곤한 오늘 이 시간, 긴장을 풀고 차나

맥주나 아니면 칵테일이라도 마시면서 천천히 의견을 나눠보지 않겠습니까?

정례회란 원래 이런 것이었다. 딱 이 정도가 좋은데. 너무 거창해진 것이 아닐까.

누구를 위해, 무엇을 위해 이 모임이 존재하는지 초심으로 돌아가서 생각해보자. 누구보다, 무엇보다 자기 자신을 위한 것이 아니었던가.

《여성학 연보》 창간호 편집장이던 시절
—— 2009

창간호가 나오기까지

쓰고 싶은 것은 많고, 읽어줄 사람은 없고, 기존 잡지들은 거들떠도 봐주지 않던 시절이었다. 대학에 진학한 여성들은 자신의 연구 분야에 불만을 느끼고 그것을 어떻게든 언어화하거나 비판하고 싶었지만, 발표할 길은 없었다. 내가 속한 업계에는 《사회학 평론》(일본사회학회)이라는 학회지가 있었지만, 내가 쓰고 싶은 것을 쓰면 감정적이고 객관성이 없는 여성 편향적인 글이라고 거부당하기 일쑤였다. 그전에도 연구 논문을 쓴 경험은 있었지만, 여성학 논문을 쓰면서 처음으로 내가 정말로 쓰고 싶은 것을 쓰고 있다는 생각이 들었다. 쓰면서 분노가 부글부글 끓어올랐다. 이 주제에 대해 자신이 냉정해질 수 없다는 것을 느꼈다.

그래서 직접 우리만의 매체를 만들자고 결심했던 것이다. 최근 젊은 이들이 기성 논단을 떠나 《프리터즈 프리freeter's free》나 《로스제네Lost Generation》 같은 매체를 자신들의 힘으로 만들고 있는 것을 보면 감회가 남다르다. 비록 우리는 무보수에, 출판사나 서점과도 아무런 연 없이 직접 짊어지고 '행상'을 다녔지만 말이다.

《여성학 연보》에는 전신이 있다. 일본여성학연구회 경제학 분과회가 낸 《오이코스노모스》다. 집을 뜻하는 그리스어 'Oikos'와 질서를 뜻하는 'Nomos'가 합쳐진 말로, 영어 'Economy'의 어원이다. 손수 만든 동인지 같은 잡지였다. 모르는 사람이 많을 테니 여기에 적어둔다.

이름에 '연보'를 붙인 것은 1년에 한 번 내는 것이 한계라는 자각이 있었기 때문이기도 했지만, 내 머릿속 어딘가에 1920년대 프랑스의 《사회학 연보》에 대한 이미지가 있었던 것도 사실이다. 에밀 뒤르켐, 마르셀 모스 등 젊은 사회학자와 인류학자가 분야를 막론하고 모인 실험적인 연구 집단이 만든 잡지다. 이 모임은 훗날 브르통이나 랭보와 같은 초현실주의 예술가들에게도 영향을 주었다. 이런 속사정도 아마 아무도 모를 테니, 여기서 고백하듯 남겨두고 싶다.

편집 스타일을 만들다

《여성학 연보》의 기본 체계(이후 여러 번 개정되었지만)를 내가 만들었다고 말할 때는 조금 으쓱한다.

그 하나는, 편집위원회 방식과 독립채산제를 도입한 것이다. 편집위원장이나 편집위원도 자천自薦. 아무런 제약 없이 자신이 만들고 싶은 잡지를 만든다. 애초에 자신을 위해 시작한 잡지이기 때문에 편집위원이 쓴 논문을 최우선으로 채택한다. 자신의 논문을 싣고 싶은 사람이 힘든 일도 부담한다. 채택 원칙에는 이런 것도 있다. 성의 있는 논문, 논지가 분명한 논문, 다른 곳에 실릴 가능성이 낮은 논문……을 우선한다, 라는. 이것은 일반적인 편집위원회의 중립·공평의 원칙과는 상반된다.

그리고 편집위원회도 매년 교체한다. 정보의 집중과 경험의 격차를 피하기 위해서다. 이런 불안정한 운영 방식으로 30년간 30호, 연간 30 명의 편집장과 그 10배 정도 되는 편집위원을 배출했다. 잡지는 이런 식으로 만드는 것이다, 논문은 이런 식으로 쓰는 것이다, 하는 것을 몸으로 익힌 인재가 차곡차곡 쌓인 것은 큰 재산이었다. 이렇게 해서 편집위원을 한 번 경험한 사람이 다음 해에는 집필자로 나서는 경우가 많았기 때문이다.

다른 하나는, 코멘테이터 제도다. 고백하자면, 이것도 도쿄대학 대학원생들이 발간하고 있던 잡지《소시오로고스》에서 편집 방침을 차용했다. 이 잡지도 학회지가 거부할 만한 실험적이고 도전적인 논문을 발표하기 위해 대학원생들이 독자적으로 만든 매체였다(지금의《소시오로고스》는 완전히 변해버렸지만).

예전부터 나는 학회지의 권위주의적인 익명 심사 제도에 의문을 품어왔기 때문에, 얼굴을 드러내고 집필자와 쌍방향으로 의견을 주고받으면서 논문을 고쳐가는 프로세스를 만들자고 생각했다. 해보니, 이것은 무척 재미있는 경험이었다. 다음은 그 안에서 얻은 몇 가지 경험칙이다.

코멘트를 받은 집필자에는 두 부류가 있었다. 무례하다고 화내는 사람과 자신의 논문을 진지하게 읽어준 것에 감사하는 사람. 전자는 이미 논문을 발표한 경험이 있는 사람이 많았다.

코멘트는 2회에 걸쳐 하는 것이 결과가 좋았다. 1회 차에 이런저런 주문을 하면 집필자는 코멘트를 그대로 수용해 과하게 적용한 논문을 제출한다. 최초의 논문을 읽었던 코멘테이터는 고친 원고를 보고 이래서는 논지가 흐려진다고 다시 한 번 본인의 생각을 분명하게 표현하도록 유도한다. 2회에 걸친 수정으로 논문은 처음과 비교해 몰라보게 좋아졌다. 품과 시간을 들인 만큼 품질이 향상된 것이다. 완성된 원고는 집필자와 코멘테이터의 공동 작품이라고 해도 좋을 것이다.

코멘테이터는 2인 체제. 한 명은 논문 주제에 대해 잘 아는 사람, 다른 한 명은 주제와 전혀 관련이 없는 분야의 사람을 배치했다. 나는 대체로 전문가 쪽에 있었는데, 코멘트는 반드시 비전문가 쪽 코멘테이터부터 시작했다. 이것으로 깨달은 사실은, 코멘트의 90퍼센트 이상은 겹친다는 것. 여기서 비전문가가 이해하지 못하는 것은 전문가도 이해하지 못한다, 라는 명언이 만들어졌다.

아무리 비전문가라도 논문의 결함은 안다. 하지만 코멘트는 비판이나 반론과는 다르다. 집필자가 전하고 싶은 것을 읽는 이가 이해하기 쉽게 쓰도록 도와주는 것이 본연의 임무다. 여기서 '어떻게 하면 잘 전달될지 집필자의 입장에서 생각한다', '비판이나 반론은 하지 않는다', '자신이 할 수 없는 것을 상대에게 요구하지 않는다' 등의 코멘테이터 매뉴얼이 만들어졌다.

이런 프로세스를 통해 완전한 비전문가가 400자 원고지 3, 40매에 이르는 논문을 쓰는 현장에 입회했다. 이 코멘테이터 경험도 자산이 되었다. 이들이 차기 집필자로 성장했기 때문이다.

이루지 못한 것

물론 아쉬움도 있다.

하나는, 코멘테이터가 점점 엄격한 심판자로 변해갔다는 점이다. 대면적인 쌍방향성을 중시했던 것도 그런 이유에서였는데, 대면이 어려운 원거리 회원의 투고가 늘면서 이런 양상은 두드러졌다.

또 하나는, 여성학은 여성의 경험을 언어화한 것으로써 어떤 여성이라도 자신의 이야기가 있다는 선제하에, 논문답지 않은 논문, 적어도 주석과 문헌이 없는 글을 쓰자는 데 뜻을 두었지만, 이것이 좌절되었다. 여성학의 제도화와 더불어, 기존 학문의 여성학화보다 여성학의 학문화가 먼저 진행되었기 때문일지도 모르겠다. 다른 여러 나라들도 마찬가지지만, 여성학의 지식 체계 구축이 빠른 속도로 진행되고 있다. "산꼭대기에서는 아크로바틱한 지적 레이스가 펼쳐지고 있는데, 산기슭 초보자용 슬로프에서는 예나 지금이나 똑같은 논쟁이 되풀이되고 있다(斎藤美奈子, 『本の本』, 筑摩書房, 2008)"라는 비유가 현재의 상황을 탁월하게 대변해주고 있다. 통탄스럽다.

다만, 새 편집장이 탄생할 때마다 이 학문화 경향에 저항해 문체나 스타일이나 장르 등에서 다양한 시도를 하는 것을 보는 일은 즐겁다.

다음 단계를 위해

일본에서 처음 '여성학'이라는 이름을 내건 매체가 탄생한 지 30년. 그 사이에 《여성학》(일본여성학회), 《젠더 연구》(국립여성교육회관) 등 비슷한 잡지가 여럿 생겨났다. 학회나 연구소 등 제도권이 보장해주는 지면이 있다면 《여성학 연보》는 이제 필요 없다, 《여성학 연보》의 역사적 사명은 끝났다, 라고 생각할 수도 있다. 만약 지속한다면 다른 잡지와 어떻게 차별화할 것인지가 쟁점이 될 것이다. 또 IT 혁명으로 인쇄 매체가 사라질 위기에 있으므로 웹상에 콘텐츠를 옮기는 방향도 고려해봐야 할 것이다. 30주년을 맞아, 잠시 멈춰서 생각하는 시간을 갖는 것은 어떨까.

편집위원이라는 일

—— 1997
《여성학 연보》의 위기를 맞아

초심으로 돌아가자

아카자키 구미 님.

지난 《VOW》, 잘 봤습니다.

그렇군요, 《여성학 연보》가 위기군요. 8월 4일 모임에 나가지 못하는 대신에 이렇게 지면으로나마 참가하고 싶습니다. 《여성학 연보》 창간호에 참여했던 사람으로서, 또 논문 작성법이나 코멘트 방안에 고심했던 사람으로서 몇 가지 아이디어를 적어볼까 합니다.

결론부터 말하면, '초심으로 돌아가자'입니다. 《여성학 연보》는 아무도 실어주지 않는 자신들의 글을 실으려고, 자신들을 위해 자신들 손으로 직접 만든 것이 아니었습니까? 이게 무슨 학문이야, 하는 무시를 당하면서.

최근 몇 년, 알음알음 들려오는 여러 문제에 대해 저는 이런 걱정이 들었습니다. 《여성학 연보》를 객관적이고 보편적인 학술지로 착각하고 있는 것이 아닐까? 객관적이고 보편적인 학술지라면 얼마든지 있습니다. 우리가 언제 《여성학 연보》를 '일본의 여성학을 진흥시키기 위해' 창간했던 것이던가요? 그것이 결과적으로 일본의 여성학을 진흥시키는 길로 이어진다고 해도, 일의 순서를 착각해서는 안 된다고 생각합니다. '타인을 위해서'보다 '자신을 위해서'. 이것이 페미니즘의 기본 아닐까요?

엄격한 코멘트

몇 가지 문제를 들어보겠습니다.

처음 제 귀에 들어온 것은, 코멘테이터가 너무 엄격해져서 집필자와 트러블이 잦고 그것이 역효과를 낳아 '이래서는 겁나서 못 쓰겠다'는 분위기가 생겼다는 것이었습니다. 코멘테이터가 엄격하다는 것은 요구 수준이 높다는 뜻입니다. 그 자체는 나쁘지 않습니다. 문제는 '요구 수준'의 내용, 훌륭한 논문의 기준을 어디에 두고 있느냐 하는 겁니다.

코멘테이터들 사이에는 '객관적이고 보편적인 학술 논문'에 대한 기준이 없었던 것일까요?

'객관적이고 보편적인 학술 논문'은 다른 매체에 맡겨두면 됩니다. 《여성학 연보》가 책임질 영역이 아닙니다. 초창기와 달리 여성학 매체는 크게 늘었습니다. '다른 매체가 실어주지 않을 법한 논문'이나 '다른 매체와 접촉이 적은 이의 논문'을 우선한다는 원칙은 처음부터 있었습니다.

코멘테이터 제도는 비전문가가 어떻게 논문 집필자로 성장할 수 있을까, 하는 데서 출발했습니다. 도제 제도와도 어느 부분 닮았습니다. 논문 작성 경험이 없는 사람이라도 논문의 독자는 될 수 있습니다. 또 적절한 비평도 할 수 있습니다. 다른 사람이 쓴 논문의 코멘테이터를 맡음으로써 하나의 작품이 탄생하는 현장에 입회하고, 집필자와의 상호 작용 속에서 다음번에는 자신이 직접 논문 집필자로 전환한다는 것이 코멘테이터 제도의 골자였습니다. 그러기 위해서는 코멘트는 다음과 같은 것이 되어야 함을 몇 번이나 서로 확인했을 터입니다. 집필자의 입장에 서서 집필자의 뜻이 읽는 이에게 잘 전달될 수 있도록 돕는 것. 그것은 논문이란 이래야 한다는 확신을 타인에게 강요하는 것과는 다릅니다. 그 안에는 여성학이 자신의 생각을 표현하는 학문이라는 것, 그리고 그 표현은 독선적이거나 이해하기 어려운 것이 되어서는 안 된다는 '초심'이 담겨 있었습니다.

반대로, 완전히 뒤바뀐 예도 있다고 들었습니다. 《여성학 연보》의 수준이 높아지면서 자못 '학술 논문' 풍의 원고를 보내온다는 겁니다. 거기에 좀 더 이해하기 쉽게 다시 써달라고 요구하면, 무례하다거나 모욕적이라고 집필자가 화를 낸답니다. 이런 경우는 처음이라고 분개하는 권위주의적인 집필자에게는 지금까지 그런 경우가 없었던 '불행'에 대해 동정해주고, 우리의 방식을 설명한 다음 정중하게 거절하면 됩니다. 집필자 중에는 이런 경우는 처음이라고 기뻐해주는 사람도 있으니까. 학술지 가운데 복수의 코멘테이터가 붙어서 세세한 부분에 이르기까지 코멘트를 달아주고 고쳐 쓸 기회까지 주는 곳이 얼마나 있을까요? 그것을 위해 편집위원과 코멘테이터가 얼마만큼의 시간과 에너지를 쓰고 있는지 헤아려주길 바랍니다.

중요한 것은, 코멘테이터 제도는 학회지의 심사 제도와는 다르다는 것입니다. 심사는 익명으로 이뤄지고, 학회지 수준에 어울리는지 아닌지를 판단합니다. 코멘테이터에게는 그런 권한이 없습니다. 논문을 공유할 수 있는 수준으로 만들기 위한 공동 작업자일 뿐입니다. 그리고 코

멘테이터의 조언을 수용할지는 집필자 소관입니다. 조언을 거부할 자유
도 집필사에게는 있습니다.

저는 모 여성학 관련 학회 회원입니다만, 거기서 논문 심사를 의뢰받
은 적이 있습니다. 익명은 공정하지 않으므로 이름을 밝히고 집필자와
쌍방향으로 대화하는 것이 가능하면 받아들이겠다고 했지만, 결국 사
퇴했습니다. 그런 방식은 여성학 정신에 반한다고 생각했기 때문입니다.

덧붙여 저 자신이 코멘테이터를 한 경험을 돌아보자면, 복수의 코멘
테이터는 그 분야의 전문가와 비전문가가 톱니바퀴가 맞물리듯 서로
협력하고 배려하며 조화를 이뤄나갔습니다. 몇 번의 경험을 통해 깨달
은 것이 있습니다. 그것은 비전문가가 이해하지 못하는 것은 전문가도
이해하지 못한다, 라는 진리입니다.

《여성학 연보》의 사물화?

또 하나, 최근의 예를 들어보겠습니다. 아카자키 씨가 소개했던 '편집위
원회는 《여성학 연보》를 사물화하고 있다'라는 비판 글에 관한 것입니
다. 이런 비판을 받고 편집위원은 모두 혀를 내둘렀다고 합니다. 자신
들은 모두를 위해 헌신해왔는데 왜 이런 소리를 들어야 하는가, 하는
마음이었을까요. 아니면 원래부터 자신들을 위한 잡지인 것을, '세상을
위해, 타인을 위해, 학문의 공공성을 위해' 존재해야 한다고 믿는 듯한
투고자의 황당한 비판에 어이가 없었던 것일까요(사실 이런 사람들이야말
로 《여성학 연보》는 '자신을 위해' 존재한다고 믿고 있으며, 편집에 전혀 참여하
지 않으면서 그저 무임승차하는 것을 당연하게 여깁니다).

편집위원이 《여성학 연보》를 사물화한다고 해서 뭐가 나쁜가요? '편

집위원회는 《여성학 연보》를 사물화하고 있다'라는 비판을 받고 왜 속 상해해야 하나요? 일본여성학연구회의 원칙은 '말을 꺼낸 사람이 직접 한다'가 아니었던가요? 《여성학 연보》는 논문을 내고 싶은 사람이 직접 편집위원을 하는 것이 원칙입니다. 제 기억으로는, 논문 채택 우선순 위에 '회원의 논문을 우선한다', '편집위원의 논문을 우선한다'라는 것이 있었습니다. 자조 단체로서 당연한 것 아닙니까? 우리는 그래서 이렇게 말해왔던 겁니다. "논문을 싣고 싶으면 우선 회원이 되어주세요." 이것을 배타적이라고 말하는 사람에게는 이렇게 대답해주면 됩니다. "먼저 편집위원이 되십시오. 그러면 최우선으로 채택하겠습니다." 회원이든 편집위원이든 마음만 있으면 누구나 될 수 있습니다. 엄밀하게 말하면, 자신의 논문을 《여성학 연보》에 실어보자고 마음먹은 사람이 편집위원을 하겠다고 나서는 형태가 가장 좋습니다.

저는 최근 원거리 회원이 돼버려서 직접 참여하기 어려운 만큼 말참견도 하지 않고 있습니다. 《여성학 연보》의 만듦새에 대해서도 왈가왈부하지 않습니다. 대신에 묵묵히 '행상'을 하고 있습니다(하하). 《여성학 연보》가 다른 사람들에게도 읽혔으면 좋겠다고 생각하는 한은 판매 촉진에 기여해야겠지요. 그런 생각이 들지 않게 되면 그때는 외면할지도 모릅니다. 저는 다른 매체와의 접촉이 많은 편이므로 특별히 《여성학 연보》를 선택할 필요가 없습니다.

다른 매체와의 접촉이 없고, 거기다 원거리에 살아서 직접 참여하기 어려운 사람은 어떻게 하면 좋으냐고요? 음, 고민이군요. 통신 수단을 이용해 코멘테이터를 하는 방법도 생각해볼 수 있지만, 그렇게 해서는 잡지를 만들기가 어렵습니다. 그런 소수를 위한 우대 정책은 어느 정도는 있어도 되지만, 게재 논문의 대부분이 직접 참여할 수 없는 원거리 회원에게 점유되는 것은 심사숙고해볼 일이라고 생각합니다. 그런 사람에게는 미안하지만, "당신이 직접 참여할 수 있는 곳에서 이런 모임을 만들어 활동해주세요. 우리도 그렇게 해서 여기까지 온 겁니다"라고 말해줄 수밖에 없습니다. 우리가 《여성학 연보》를 만드는 것은 자선 사업이나 학문의 공공성을 위해서가 아니니까요. 우리는 민간단체이지, 공인된 학술단체가 아닙니다(아아, 이렇게 말할 수 있다는 것은 참으로 홀가분한 일입니다).

그런데 그게 얼마 전부터, 편집장은 물론이고 편집위원까지 너무 바빠서 자신의 논문을 싣지 못하는 상황이 돼버렸습니다. 그렇게 되면 편집위원은 '타인을 위한' 자원봉사자가 됩니다. 거기다 '사물화하고 있다' 같은 비난까지 받으면 못 해 먹겠다는 마음이 드는 건 인지상정이지요. 여기서도 역시 우리는, 《여성학 연보》의 원점으로 돌아가야 하지 않을까요? 자신을 위해 한다, 라는.

편집위원이라는 자리

그래도 편집이라는 일은 집필과는 또 다른 재미가 있습니다. 그저 논문 접수계가 아니라 자신에게 주도권이 쥐어져 있다면 말이죠. 수년 전에 어느 편집장이 '마이너리티' 특집을 기획했을 때 독단전행이라고 비판을 받았는데, 결과적으로는 갈등까지 포함해 재미있는 경험이 되었다고 생각합니다. 그녀는 기존의 '논문 모집' 방식을 '집필 의뢰'로 대체해 특집을 기획한다는 주도권을 발휘했습니다. 좋지 않습니까? 누가 뭐라고 하든, 그걸 위해 다른 누구보다 그녀 자신이 시간과 에너지를 쓴 것이니까요. 게다가 집필을 의뢰받은 사람들이 '특집을 비판한다'라는 피드백을 원고에 포함시킴으로써, 마이너리티란 누구인가, 누가 마이너리티를 정의하는가, 라는 근원적인 문제에 이론적으로도 실천적으로도 접근할 수 있었던 귀중한 경험을 우리 모두가 공유했던 것이니까요.

또 하나, '섹슈얼리티' 특집호에는 권두에 '학술지답지 않은' 좌담회가 실렸습니다. 기존의 틀에서 벗어나 모험적으로 시도한 이 좌담회는 당시 편집장의 '영단'으로 결정된 것이라고 들었습니다. "나쁘지 않잖아?" "모험이지만 일단 해보자." 그런 아이디어가 살아나는 곳이 편집위원의 자리라고 한다면, 집필과는 또 다른 재미가 있지 않겠습니까?

여성의 시각에서

집필자와의 갈등 중 하나인 게재 거절에 대해서도 이야기해볼까요. 《여성학 연보》가 지향하는 것에 '여성의 시각에서 쓴 것'이라는 기준이 있습니다. 특히 남성 집필자의 원고를 거절한 적이 몇 번인가 있었습니다. 결정을 받아들일 수 없다, 공평하지 않다, 라고 집필자는 항변합니다. 그런데 '여성의 시각에서'라는 표현은 애매모호합니다. 대체 누가 그것을 판단하는 걸까요?

여기서도 대답은 간단합니다. 편집위원이, 주관적으로 판단하는 겁니다. 달리 어떤 방법이 있을까요? 게재를 거절하기까지의 과정을 쓸데없는 수고라고 생각할 필요는 없습니다. 이때야말로 '여성의 시각에서'란 것이 어떤 것인지, 실전에서 편집위원으로서의 판단을 시험할 수 있는 절호의 기회인 겁니다. 무엇이 여성학이고 무엇이 여성학이 아니라고 생각하는지가 구체적인 테스트 케이스로 명확해집니다. 그리고 그것을 상대가 이해하도록 설명해야만 합니다.

편집위원의 주관적인 판단이 못마땅하다면 본인이 편집위원이 되는 수밖에 없습니다. 편집위원 구성에 따라 이 판단 기준은 유동적입니다. 어느 해는 엄격했다가, 어느 해는 느슨했다가. 그걸로 좋습니다. 편집위원회는 사람이 구성합니다. 그 해 담당자의 개성이 묻어나는 것은 당연하지 않습니까? 그리고 총회까지 폐지한 이 과격한 직접민주주의 모임에서는, 입도 손도 잘 움직이는 무서운 인재에게 설득당하지 않으려면 (하하) 이 방식 외에는 없습니다. 마음에 들지 않으면 말하고, 말했으면 직접 한다. 이 원칙도 역시 우리의 '초심'이었습니다.

래디컬함을 유지한다는 것

또 하나, 《여성학 연보》의 위기를 구성하고 있는 외부 환경의 변화를 언급해보겠습니다. 이것은 여성학의 제도화와 관련이 있습니다. 《여성학 연보》가 생긴 지 약 20년. "여성학? 그게 뭐야?" 하고 묻던 시대는 끝났습니다. 대학에서는 여성학 강좌가 늘고, 여성학을 가르치기 위해 대학 교단에 서는, 과거에는 상상할 수 없었던 일이 현실이 되었습니다. 일본 여성학회가 일본학술회의의 정식 멤버가 되고, 정기 학술지를 발행하게 되었습니다. 대학에 자리를 얻은 여성들은 학술지나 전문지에 논문을 발표하고, 발표하지 않으면 오히려 살아남을 수 없다는 압박을 받고 있습니다. 남성 매체였던 종합지까지 젠더 관련 논문을 실어주고 있습니다. 이제 《여성학 연보》가 희귀한 매체였던 시대는 끝난 것입니다.

이 변화에는 여성학의 양적 변화와 질적 변화 두 가지 측면이 있습니다. 양적 변화의 측면에서 보면, 논문이나 매체가 많아졌으므로 이제 무보수에 품이 많이 들고 팔리지도 않는 잡지를 계속 만들 필요가 있을까,《여성학 연보》는 여성학의 역사적 사명을 마쳤다, 라는 생각도 듭니다. 그렇다면 '종간'이라는 '명예로운 철수'를 택하면 좋을 것입니다. 어떤 일이든 시작이 있으면 끝이 있습니다. '어떻게 끝낼까'는 '어떻게 시작할까'만큼 중요합니다. 희생이 따르고, 불만이 많고, 심지어 결과물의 질까지 나쁘면 그것은 누구에게도 도움이 되지 않습니다.

그리고 질적 변화. 지난 2, 30년 사이에 여성학의 연구 성과는 엄청나게 축적되어 하나의 장르를 형성하는 데 이르렀습니다. 그 결과, 전문적인 이론이나 개념 따위를 모르는 비전문가에게는 접근하기 어려운 학문이 돼버렸습니다. "자, 자신의 경험을 이야기해봅시다"라는 의식 고양 모임Consciousness-Raising Groups, 1960년대 후반 우먼리브 운동에 수반해 나타난 여성들의 모임으로, 소수의 인원이 매주 한 번 정도 모여 다양한 주제로 각자의 경험과 생각을 공유함으로써 여성 문제의 본질을 찾고자 했다만으로는 가르치는 사람도 배우는 사람도 전진할 수 없는 상황이 된 것입니다. 다른 말로 표현하자면, 여성학에 프로와 아마추어가 생긴 것입니다.

《여성학 연보》에는 '여성학은 여성이라면 누구나 할 수 있는 학문'이라고 쓰여 있지만, 그게 그렇게 간단하게 말할 수 없게 되었습니다. 저는 제 교육 현장에서는 투철하게 프로 연구자를 육성하는 일에 매달립니다. 그러나 이런 방식을 모든 사람에게 요구할 필요는 없습니다.《여성학 연보》의 수준이 높아지고 코멘트가 까다로워진 것은 여성학의 이런 질적 변화가 어느 정도 반영된 결과가 아닐까요.《여성학 연보》가 난해해졌다, 문장이 어려워졌다, 집필자가 대학원생이나 연구자에 치우쳐 있다, 라는 불만이 나오고 있습니다.

그런데 말입니다, 《여성학 연보》가 굳이 '학술 연구' 수준에 맞출 필요가 있을까요? 《여성학 연보》를 만드는 사람들 중에는 일본 최초의 여성학 연구지라는 자긍심 때문에, 수준을 떨어뜨리고 싶지 않다, 최첨단을 걷고 싶다, 라는 마음이 있는 이도 있을지 모릅니다. 그런데 '최첨단'이란 무엇일까요? '최첨단'은, 문제가 생존할 수 있는 현장입니다. 모든 학문은 그 '현장'에서 개념을 이해하고, 이론을 다듬어갑니다. 그 현장은 시시각각 변합니다. 10년 전의 '현장'은 오늘의 '현장'이 아닙니다. 여성이 안고 있는 문제는 계속해서 변하고 있는 겁니다.

여성학의 제도화는 세대 간 격차를 야기하고 있습니다. 우리 세대가 여성학을 시작했을 때 우리 앞에 여성학이라는 분야는 존재하지 않았습니다. 폼 나게 말하면, '내가 걸으면 길이 되는' 시절이었죠. 여성학 선구 세대는 저마다 페미니즘의 세례를 받으면서 운동과 함께 걸어왔지만, 젊은 세대에게는 여성학은 배우거나, 비판하거나, 거리를 두거나 하는 대상으로서 존재하고 있습니다. 특히 대학 교육 안에서는 생활 경험이 적고 운동과 무연한 젊은 여성이 지적 흥미에서 여성학을 배우고 연구자를 꿈꿉니다. 난감합니다. 여성학은 페미니즘과 떼려야 뗄 수 없는 '투쟁의 학문'입니다. '여성학은 페미니즘 운동의 이론적 무기다'라는 초기 여성학의 정의는 지금도 유효합니다.

여성학을 이끌어가는 역군이 전문가와 비전문가로 분화했다고 해서 《여성학 연보》를 '초심자용'으로 만들라고 말하고 있는 것이 아닙니다. 여성의 자기표현의 '현장'으로부터 가장 가까운 곳에 있으면서 거기서 자생한 표현에 어떤 억압도 가하지 않음으로써 우리는 가장 '첨단적인radical' 위치에 있을 수 있다고 확신하고 있는 겁니다. '초심'으로 돌아갑시다. 《여성학 연보》를 창간할 당시, 우리는 어디로도 옮겨갈 수 없는 표현의 장을 원하지 않았습니까? 그것이 마침 '학문'의 옷을 걸치게 된 것은 '타인과 공유한 지知'에 대한 신뢰가 있었기 때문이 아닐까요?

그 예를 한번 볼까요. 가케후다 히로코 씨의 최신 에세이「말소(말살) 되는 것」河合隼雄, 大庭みな子編, 『現代日本文化論2 家族と性』, 岩波書店, 1997은 그런 생존 '현장'에서의 목소리로, 표현이 압도적으로 래디컬radical했습니다. 여기서 '래디컬'은 얼얼할 만큼 과격하다는 뜻입니다. 그녀가 커밍아웃했을 때와 비교하면, 『'레즈비언'이라는 것「レズビアン」である、ということ』河出書房新社, 1992을 둘러싼 '현장'은 많이 변했습니다. 가케후다 씨는 그것을 조바심에 사로잡히게 하는 독특한 문체로 표현하고 있습니다. 그 격렬함에 저는 놀랐습니다.

가케후다 씨의 문체는 시도, 에세이도, 논문도 아닙니다. 어떤 장르에도 속하지 않지만, 그녀가 자신을 표현하기 위해서는 절실하게 필요했던 문체였습니다. 그리고 그것은 1990년대 오늘 '최첨단'의 '현장'에 그녀가 서 있음을 적시하는 문체였습니다. 그 글은 가와이 하야오와 오오바 미나코라는 이성애와 가족의 가치를 의심하지 않는 두 사람의 글 사이에 끼워져 있었습니다. 어울리지 않는 자리입니다. 가케후다 씨, 여기는 당신이 있을 곳이 아닙니다, 하고 말하고 싶을 정도입니다. 그런 자리에 있으면 그 글에 공감할 많은 독자에게 그녀의 목소리가 닿지 않을 텐데, 하는 걱정이 들었습니다. '가족과 성'—'가족'과 '성'을 하나의 주제로 취급하는 것 자체가 나로서는 이해하기 어렵지만—이라는 제목의 책에 가케후다 씨를 기용한 그 자체가 편집자의 식견이겠지만 말이지요.

제가 《여성학 연보》에 바라는 것은 이런 '래디컬함'입니다. 여성의 목소리에 귀를 기울이고, 표현되지 않은 생각을 언어화함으로써 싱장해가는 《여성학 연보》. 언제든 '권위'로 변할 수 있는 것을 거부하고 타파하는 모험심. 너무 큰 기대일까요?

어차피 맨땅에서 시작했습니다. 잃을 것이 뭐가 있겠습니까? 창피당하는 것을 두려워하지 마십시오. 《여성학 연보》로 놀아보자. 그렇게 생각하면 편집위원의 일이 꽤나 즐거워지지 않을까요? 저는 솔직히 여성학 매체가 이만큼 늘어난 오늘날에도 《여성학 연보》의 존재 가치는 아직 있다고 믿고 있습니다.

요즘 현장에서 멀찌감치 있는 저로서는 들리는 소문에 근거해 판단할 수밖에 없습니다. 잘못된 사실이 있었다면, 미안합니다. 그리고 원거리 회원인 제가 할 수 있는 일이 있다면 언제든지 말해주십시오.

편안해지고 싶어서

—— 1982

근무처인 여자전문대학에서 여성학 세미나를 하고 있다. 거기서 한 학생이 던진 질문이 가시처럼 박혀서 빠지지 않는다. 수업이 끝날 즈음 질문이 있느냐고 물었을 때, 그녀는 천천히 무거운 입을 열었다. "여성학을 하는 것이 저희에게 무슨 도움이 됩니까?"

여성학을 하면 할수록 욕구 불만이 쌓인다. 자신이 당한 일에 분노가 치밀어 오른다. 하지만 타개책이 보이지 않는다. 이 세상에서 페미니스트로 살아가려면 얻어맞을 각오를 해야 한다. 하면 할수록 지칠 뿐이다. 그녀는 그렇게 말하고 있었던 것이다.

어차피 맞을 거면 먼저 맞는 편이 낫다, 라고 멋지게 말할 생각은 없다. 나는 그 순간 머리를 한 대 얻어맞은 것처럼 멍해져서 횡설수설했다. 내 대답은 이런 것이었다. "여성학을 하는 것은, 나 자신이 편안해지고 싶어서입니다."

편안해지고 싶다, 편안해지고 싶다, 라고 계속 생각하다 보면 오히려 반대로 고난에 매몰되는 일이 간혹 있다. 그러나 처음부터 고난을 바랐을 리도 없고, 고난 속에서 히로이즘heroism에 심취할 마음은 더더욱 없다. 나는 진심으로 편안해지고 싶어서 여성학을 하는 것이라고 말하고 싶었지만, 그것이 그녀에게 전해졌는지는 잘 모르겠다.

편안해지는 데에도 전략이라는 것이 있다. 타인에게 맞춤으로써 얻을 수 있는 편안함이 있는가 하면, 자신에게 솔직해짐으로써 느낄 수 있는 편안함도 있다. 어느 쪽이 진정으로 편안할까, 라는 질문은 너무 뻔해서 천박하기까지 하다. 당신과 나, 그 사이가 편안해졌으면 좋겠는데, 그 사이의 거리가 너무 멀다.

답답할 때면 잠깐 휴식을 취해본다. 편안해지는 방법은 너무 많아서 오히려 곤란하다. 현장에서 한 발짝 물러나 자신과 타인과 세계와 화해해본다. 이런 방법을 나는 '해탈'이라고 부르고 있다. 사람마다 자신의 분수에 맞는 편안해지는 방법이 있다. 보고 있자면, 나는 안타까움과 분함으로 가슴이 아프다. 그대들, 그렇게 빨리 편안해져서야 되겠는가. 그럴 때는 뺨을 때려 일으켜주는 것이 상냥함일 것이다.

여자들은, 아니, 일본 사람들은 너무 급하고 간단하게 편안해지는 길을 택하는 것 같다. 분수에 맞는 행복과 너무 쉽게 화해하는 것 같다. 쉽게 손에 넣은 것은 딱 그만한 수준밖에 되지 않는다는 것을 나중에 깨달을 것이다.

나의 자매들이여, 편안해지고 싶은 일념으로 이 고난을 견디고 있는 것이라고 생각하지 않는가? 여성학 역시 자기 자신을 구하는 '먼 길' 중 하나인 것이다.

여성학은 취미
—— 1980

10여 년 전 학생 운동이 한창이던 무렵, '취미적 학생 운동론'을 설파했던 친구가 있었다. 그때는 모두가 목숨을 내던지고 — 실제로 부상을 입거나 생명을 잃은 사람도 있었다 — 투쟁하던 시절이었으므로 "내게 학생 운동은 취미다"라고 말하는 것은 다른 의미에서 용기가 필요한 행동이었다. 우리는 소부르주아 가정 출신의 학생들로 '억압된 노동 계급'도 '학생 사회의 낙오자'도 아니었다. 내 친구 중 한 명은 자기 안에서 문제를 발견할 수 없어서 문제를 찾아 오키나와며 가마가사키로 떠나거나 했다. 나는 그의 우스꽝스러운 '성실함'을 곁에서 지켜보았다. 그런 우리에게 투쟁은 타인이 아닌 자신을 위한 싸움이었고, 또 일종의 자기표현이었다. '취미'라는 말로 그것을 표현했던 친구에게는, 우리 자신을 냉정하게 들여다보는 당돌함과 유연함이 있었다.

지금의 여성 운동은 그때와는 비교도 안 될 만큼 평화롭다. 국제여성의 해 등으로 국가의 보증까지 받은 마당에, '취미적 여성학 연구론'을 주창한늘 무슨 충격이 있을까. 오히려 '여성학이나 요리 교실이나 다를

게 없다'라고 말하는 꼴이 된다. 그렇지 않아도 여성학은 인텔리(라고 믿고 있는) 여성의 지적 액세서리에 지나지 않는다며 비꼬는 사람들도 있을 정도니, 여성학은 취미라는 따위의 말을 하면 세상 사람들의 빈축을 살 것이다.

얼마 전에 내가 속한 일본여성학연구회라는 모임에, 학교에서 여성문제연구회를 막 결성했다고 하는 씩씩한 대학생이 찾아와서 이런 말을 했다.

"여기에 나오는 회원들은 모두 안정된 생활을 하고 있는 사람들뿐인 것 같아요."

나는 빙긋 웃고 그녀의 의견에 동의했다.

'안정된 생활'이란 무엇일까? 회원 중에는 '일하지 않아도 되는 행복한 주부'나 '직장 생활을 하는 행운의 여성' 등 경제적으로 안정된 생활을 하는 사람들이 많다. 물론 돈이 '행복'의 전부는 아니므로 가정 내에서의 인간관계도 봐야겠지만, 일요일 한낮에 주부가 혼자 이런 모임에 나와 있다는 것에서 가정도 안정되어 있음을 짐작할 수 있다. 여성 운동이 억압과 차별의 경험으로부터만 출발한다면, '학대받는 아내'도 '차별받는 여성 노동자'도 아닌 그녀들은 자신의 환경을 부정하든지, 잠재적인 억압을 알아채지 못하는 자신의 미련함을 탓하는 수밖에 참여할 길이 없다는 얘기가 된다.

'불쌍한 타인'을 구해준다는 것이 운동의 위선임은 이미 분명해졌지만, 그렇다고 해서 반대로 '불쌍한 나'를 만들어낼 것까지는 없다. 자신의 상황을 정확하게 인식한 상태에서, 나아가 자신을 움직이게 하는 것이 있을 때, 그것을 일단 '취미'라고 부르도록 하자.

회원 N씨는 자원봉사 분과회에서 활동하고 있다. 에피큐리언epicurean 인 그녀에게 자원봉사는 참으로 어울리지 않는 일이지만, 그녀는 "취미 로 하는 거야"라고 담백하게 말한다. 나도 사실은 '여성학은 도락이야' 하고 말하고 싶다.

취미니까 정중하게, 취미니까 대충 하지 않고, 쭉 같이 가고 싶다고 생각한다. 여성학 연구가 요리 교실보다 급이 높다고 뻐길 것은 없다. 요리 교실에서 생활의 지혜를 서로 공유하는 여성들 사이에는 힘찬 기 운과 다정함이 있다. 나는 여성학 연구가 적어도 취미의 영역에 도달해 주면 좋겠다고 생각하고 있다.

여성학이란 무엇인가?
—— 1981

『여성학을 만든다女性学をつくる』女性学研究会編, 勁草書房, 1981라는 책이 나왔다. 이 책을 읽고 여성학이 무엇인지 알 수 있다고 생각하면 오산이다. 오히려 여성학을 둘러싼 복잡한 현상이 점점 더 뚜렷하게 떠오를 뿐이다.

이노우에 데루코 씨는 여성학을 '여성의, 여성에 의한, 여성을 위한 학문'이라고 정의했는데, 먼저 이해하기 쉽게 논점을 정리하자면, 문제는 다음 네 항목을 중심으로 논의될 수 있을 것이다.

① 여성학의 대상
② 여성학의 방법
③ 여성학의 역군
④ 여성학의 목적

이노우에 씨의 정의를 위 항목에 적용시키면, 여성학이란 '①여성을 대상으로 한, ②여성의 시각(방법)에 기초한, ③여성 역군에 의한, ④여성을 위한(목적) 학문'이 될 것이다.

그런데 토론 참가자들은 이 정의에 대해 다음과 같은 이의를 제기하고 있다.

① 대상: 여성 차별만이 대상인가?

② 방법: 여성학 고유의 방법은 있는가?

③ 역군: 여성만이 역군인가?

④ 목적: 여성해방만이 목적인가?

어느 물음도 '왜 여자만인가?'로 집약된다. 논자의 의견이 일치한 것처럼 보이는 부분은 ④목적으로, 여성학은 여성의 이익을 위한 것이므로 가치중립적이지 않다, 라는 것인데, 국익을 위해서 군확론도 군축론도 동시에 버젓이 통용되는 시대이므로 목적이 공유되었다고 해서 전략이 일치한다고는 볼 수 없다. 그러면 ①~③의 논점에 대해 얽힌 것을 풀어보자.

❶ 대상

'여성 차별만이 대상인가'라고 말하는 사람들은, 여성 차별은 계급 차별이나 인종 차별, 부락 차별 등에 연동한다고 생각한다. 그에 대해서는, 여성 차별은 다른 차별과 공통된 점도 있고 다른 점도 있다고 대답할 수밖에 없다.

그러나 '따라서 여성학은 모든 차별을 대상으로 해야 한다'라고 여성 차별을 차별 일반으로 묶어버리는 것에는 제동을 걸지 않으면 안 된다.

물론 실천적 전략으로서는, 여성해방운동이 제3세계의 해방이나 공해나 원전 반대 운동과 통일 전선을 결성하는 것은 플러스임에 틀림없다. 하지만 일찍이 정확한 자타 인식이 부족한 인민 전선은 성공한 전례가 없다.

여성 차별이 다른 차별들과 다른 것은 범주 내 상보성(다른 성(性) 없이는 성립하지 않음)에 따른다. 하나의 사회문화체계는 인종 차별이나 계급 차별을 내재하지 않아도 존속할 수 있다. 그것들은 시스템으로서는 이차적이다. 그에 비하면 성차별은 상보성 면에서 부락 차별과 닮았다. 피차별 부락의 역사 연구에 의하면, 부락민이란 특정 시스템의 통합을 유지하기 위해 불가피하게 만들어진 경계 기호이기 때문이다. 부락민이 아니면 다른 누군가가 경계 기호가 될 것이다. 평민은 평민이기 위해 상보적으로 부락민을 필요로 한다.

그러나 성차별은 부락 차별과도 다르다. 부락민은 집단으로서 분리되지만 성차별은 한 쌍의 남녀 안에 상보적으로 나타난다. 사회가 존속하려면 한 쌍의 남녀의 상보성이 불가결하다. 그만큼 성별의 상보성은 문화와 개인의 아이덴티티 중심에 깊숙이 내재해 있다고 할 수 있다.

여성학은 성차별의 이 고유성을 대상으로 한다. 이러한 고유성을 간과하고 다른 차별과 정의의 연합 전선을 꾀하려고 하는 자는 아이덴티티를 문제 삼는 것을 피하기 위해 자기기만을 하는 것이라고 비난받아도 어쩔 수 없다.

❷ 방법

'여성학 고유의 방법은 있는가'라고 묻는 사람들은, 여성학은 노년학,

인종 연구, 지역 연구와 같은 학제적 연구 중 하나에 지나지 않는다고 생각한다. 시각이 대상을 만든다고 한다면, 여성학의 시각은 이미 여성학 고유의 방법과 대상을 찾았다고 말해도 좋다. 여성학의 시각이 가진 내재적인 상보성은 기존의 방법을 근원적으로 상대화하기에 충분한 것이기 때문이다. 그 점에서는 오합지졸로 학제 간 연구가 이뤄진 노년학도 고유의 방법을 가질 가능성이 있다. 노년학은 객체로서의 노인을 어떻게 다룰지에 대한 연구에서, 주체로서의 개인이나 사회가 노화aging나 죽음을 어떻게 수용할지에 대한 연구로 주제를 옮겨가고 있다. 그것은 기성 학문을 독점하고 있는 '청년의 시각'을 '노인의 시각'에서 근본적으로 상대화하는 기능을 완수한다. 노화라는 새로운 개념이 새로운 문제군을 발견했을 때, 노년학에는 고유의 방법과 대상이 생겼다고 말해도 좋을 것이다.

여성학은 고유의 개념 장치를 만들어낼 수 있고 또 계속 만들어내고 있다. 철학에 고유의 방법이 있느냐고 한번 물어보라. 철학의 도구란 것은 사색자가 맨주먹으로 짜낸 몇 개 안 되는 인식의 도구의 집합에 지나지 않는다. 그렇게 시각은 방법을 낳는다. 또 도구의 재료를 인접 분야에서 차용해오는 것은 인식자의 재량이다. 언어학을 모델로 했다고 해서 인류학에 고유의 방법이 없다고 말하는 사람은 아무도 없다. 고유의 방법이 없다고 해도 마찬가지다. 대답을 기다리고 있는 고유의 문제군이 있다. 그것이 중요하다. 그것을 눈앞에 두고도 여성학에 고유의 방법이 없다고 말하는 사람들은 확립된 학문에 교리 콤플렉스를 가지고 있는 것이라고 의심해볼 수밖에 없다.

❸ 역군

'여성만이 역군인가'라고 묻는 사람들은, 물론 남성을 연구에 참여시키는 것을 염두에 두고 있다. 그것은 남성을 배제하지 않는 관대함이나 남성을 포함시킴으로써 시야를 넓힐 수 있다는 이론적 관심보다는, 사회적 강자인 남성을 연구에서 배제하는 것은 여성학의 발전을 저해하며 여성학의 사회적 평가를 높이려면 남성도 여성학을 해야 한다는 실천적 관심에서 출발한 것으로 보인다.

실천적 배려를 떠나면, 남는 문제는 '남성이 여성학을 할 수 있는가'라는 것이 된다. 이것은 '백인이 흑인 해방에 관여할 수 있는가'라는 물음과 닮았다. 여성학에 참여하는 남성은 이문화를 연구하는 인류학자와 비슷하다. 인류학자는 어떻게 자신이 속하지 않은 문화를 기술할 수 있을지를 고민한다. 원주민인 정보 제공자informant에게 해당 문화를 설명하게 하면 그것으로 충분하지 않은가? 충분하지 않은 것에 인류학자의 존재 의의가 있다. 인류학자가 기술하는 것은 결국 타자를 거울삼은 자문화, 즉 자타의 문화의 거리다. 인류학자가 이문화 기술을 통해 밝히는 것은 결국 자신을 속박하는 자문화의 테두리다. 반대로 말하면, 원주민 역시 타자를 거울삼는 것 외에는 자문화를 기술할 방법이 없다고 해야 할 것이다.

같은 맥락에서 여성학을 연구하는 남성에게는 여자를 거울삼은 자기 인식, 즉 남성학을 해달라고 말할 수밖에 없다. 여자들은 지금까지 충분히 남자라는 거울에 비친 자기상을 보아왔다. 그것은 자신들의 본래 모습—그런 것이 있다고 치고—을 망각할 정도로 왜곡된 거울이었다. 이제 겨우 스스로 거울을 만들려고 하고 있다. 여자라는 거울에 비친 자신을 보고 남자들은 놀랄 것인가.

다만 여성학은 단순한 이문화 이해와도 다르다. 그것은 이문화가 상보적으로 분리한 방패의 뒷면이기 때문이다. 이제까지 남성이 만들어온 인간학Anthropologie은 문자 그대로의 인간학과 남성학을 포함하고 있다. 여성학은 여성의 시각에서, 인간학 내에서 남성학을 분리시키는 효과를 가진다. 여성학과 남성학은 인간의 상보적인 '아이덴티티＝섹슈얼리티'에 관한 연구임을 명확하게 밝혀둔다. 고바야시 히데오문예비평가는『X에의 편지』Xへの手紙, 新潮社, 1962 안에서 "여자는 나에게 그저 남자(인간이 아닌-인용자)로 있으라고 요구한다, 나는 그 요구에 가슴이 철렁 내려앉는다"라고 쓰고 있다. 이제 와서 이런 요구에 '철렁'해서는 곤란하다. 여성학에 남성 연구자가 관여하는 것은 바람직하다. 단, 타자로서 여성을 연구하는 것이 아니라, 타자의 거울에 비친 자기 자신을 인식하기 위해서. 카이사르의 것은 카이사르에게. 남성에게는 여성학보다 남성학을 권하고 싶다. 전후의 혁명 운동 속에서, 해방이란 곧 자기 해방을 가리키며, 타자의 해방 운동에 연대하는 길은 자기 해방밖에 없음을 우리는 배우지 않았던가. 남자들에게 말하자. 당신 자신을 구하라고.

이런 까닭에 여성학에는 고유의 대상도 방법도 역군도 목적도 있다. 이 정도는 호언해도 좋다. 자신을 문제로부터 놓아주지 않으려면 말이다. 본질을 직시하지 않는 사람들이 논의를 애매하게 만든다. 여성학을 과도하게 축소하는 것도, 반대로 과도하게 확대하는 것도―양쪽 모두 여성학을 다른 것 안에서 해체, 환원하는 길이다―그만두길 바란다. 이 정도의 합의가 여성학 연구자들 사이에서 형성되지 않는 것이 안타까울 따름이다.

여성의 조직론
—— 1980

여성학을 함에 피라미드형 조직은 어울리지 않는다. '무엇을 하고 싶은가'라는 활동의 내용(WHAT)은 '어떻게 할 것인가'라는 활동의 방법(HOW)과 뗄 수 없는 관계에 있다. 새 술은 새 부대에 담는 법이다. 여성학에 뜻을 둔 집단이 기존의 남성 사회가 만들어온 권위적인 조직 원리로 운영된다면 그 집단은 조금도 '여성학적'이지 않은 집단이 돼버린다.

그럼 어떤 조직이 '여성학적'인가, 하고 물으면 이미지는 막연하기만 하다. '피라미드형이 아닌 조직'이라고 소거법으로 표현해봐도 이미지는 잡히지 않는다. Y씨는 난처한 나머지 '아메바형'이라는 표현을 끌어냈다. 과연 '아메바'는 '피라미드'와 대극적인 이미지이지만 구체적인 실체를 설명하려고 들면 다시 눈앞이 가물가물해진다.

기존 개념을 거부하는 전혀 새로운 스타일의 운동이, 그에 걸맞은 전혀 새로운 스타일의 조직론을 구축해온 것은 우리가 처음은 아니다. 기존 권위에 반대하는 반체제 운동은 대부분 조직론에 있어서도 시행착오를 거듭해왔다. '지금 여기서 어떤 집단을 조직할 것인가' 하는 문제는 다가올 미래에 '어떤 사회를 원하는가' 하는 질문과 맞닿아 있다. 따라서 조직론을 따져 묻지 않는 집단의 반권위주의는 진짜라고 할 수 없으며, 또 기성의 조직 원리를 그대로 끌어온 집단이 상상하는 미래 역시 지금 있는 권위가 다른 권위로 대체되는 것일 뿐이므로 안 봐도 뻔한 것이다. 지금의 혁신 정당들은 민주집중제라는 명분으로 미니 관료제를 만들어냄으로써 스스로를 천황제 국가의 미니어처로 전락시켜버렸다.

많은 선례로부터 보고 배운 우리는 '롤링스톤형' 조직론이라는 것을 전개했다. 피라미드가 고정된 것이라면, 롤링스톤형은 말 그대로 구르는 돌이다. 과제에 따라 그때그때 집단을 조직하고, 그 안에서 가장 열의와 능력 있는 자가 리더십을 발휘한다. 그리고 리더와 팔로어는 매 과제마다 교체된다.

그로부터 다시 10년, 지금도 '여성학적' 조직론의 이미지는 그 연장선 위에 있다. 우리가 바라는 것은 '남성의 권력'을 대신할 '여성의 권력'을 확립하는 것이 아니다. 여성을 포함한 모든 무권리 상태에 놓인 사람들이 동등한 인간으로서 존중받는 사회를 우리는 원한다. 그리고 그것을 위해 행동하는 사람은 누구라도 우리의 동료라고 할 수 있다.

일단 여성학적인 조직의 모습에 대해 몇 가지 적어보겠다.

① 회원, 비회원 구별 없이 자유롭게 드나들 수 있는 조직일 것.

② 자주적인 소그룹이 중층적으로 쌓여 모임의 실체를 형성할 것.

③ 각각의 소그룹은 '열심히 하고 싶은 사람'부터 '조금만 하고 싶은 사람'까지 폭넓게 수용할 것.

④ 하고 싶은 사람은 하고 싶지 않은 사람을 차별하거나, 강압하거나, 멸시

하지 않을 것.

⑤ 하고 싶시 않은 사람은 하고 싶은 사람을 배제하거나, 방해하거나, 억치 별하지 않을 것.

⑥ 누구도 다른 누구를 대변하거나 대표하지 않을 것. 자신의 행동에는 자 신이 책임지고, 뭔가를 할 때는 하고 싶은 사람이 자신이 책임질 수 있는 범위 안에서 합의하에 결정할 것.

⑦ 자유로운 의견 교환이나 비판에 대한 응수가 보장될 것.

그 외에 어떤 원칙이 있을지 여러분도 생각해보길 바란다.

행상 세트
—— 2003

강연을 갈 때면 연구실 직원에게 말한다.

"행상 세트 부탁해,"

이렇게만 말해도 뜻이 통한다. 늘 그래왔으니까.

행상 세트란, 일본여성학연구회 잡지《여성학 연보》와 일본여성학회 학회지《여성학》이 두 권에 각각의 구독 신청서를 얹은 것이다. 강연 시작 전에 나는 이 두 권을 꺼낸다. 간단하게 여성학을 소개하고, 홍보를 시작한다. 그러고서 견본을 돌린다.

"펼쳐서 봐주세요. 그리고 흥미가 있으면 신청해주세요. 견본이니까 깨끗하게 봐주세요."

그리고 이렇게 덧붙인다.

"뻔뻔한 인간이라고 생각하시겠지만, 이것을 '행상'이라고 말하겠습니다. 일본의 여성학은 대학 안이 아니라 바깥에서, 풀뿌리 여성들의 손에 의해 자랐습니다. 무보수로 잡지를 만들고, 그것을 짊어지고 팔러 다녔습니다. 각지에 뿌린 씨가 크게 자랐습니다. 그런 사실을 기억해주세요."

예전에는 바리바리 싸들고 다녔다. 물건이 눈앞에 있어야 살 마음이 들기 때문이다. 나중에, 하는 순간 타이밍을 놓친다. 하지만 나이를 먹으니 책의 무게가 어깨에 사무친다. 그리고 몇 권을 들고 나가야 할지 가늠하기도 쉽지 않고, 못 팔고 남았을 때는 도로 싸들고 돌아오는 것이 고달프다. 그게 싫어서 팔고 남은 것을 그쪽 담당자에게 선물하고 오는 상황이 반복되다 보니 사비 부담도 만만찮다. 그래서 한때는 전단지를 만들어 들고 다녔지만, 역시 현물의 임팩트와는 비교가 안 된다. 그렇게 이리저리 궁리한 결과, 현재의 방식에 안착되었다. 이러면 가지고 다니기에도 가뿐하고, 매입 부담도 줄어든다. 최근에는 편집위원회의 배려로 구독 신청서에 수신인 주소 라벨과 우표를 동봉하게 되었다.

또 다른 여성학 관련 학술 단체인 일본여성학회의 《여성학》은, 내가 그곳 간사로 임명되면서 더불어 그 판매 촉진에도 신경 쓰라는 명을 받게 되었다. 뭐 그런 일이라면 《여성학 연보》의 경험도 있고, 한 권이나 두 권이나 별 차이도 없고 해서 두 권 다 들고 나가게 되었다. 그렇게 해서 '행상 세트' 완성.

한번은 서부 쪽 사람에게 이런 말을 들었다. "우에노 씨, 요즘 《여성학 연보》에 너무 무관심한 거 아냐? 편집위원도 안 하고." 말도 안 된다. 이렇게 열심히 팔러 다니고 있는데. 《여성학 연보》를 구독하는 사람이 북부 홋카이도에서 남부 오키나와까지 분포해 있다고 한다면 그것은 어느 정도는 내 공로다. 나는 《여성학 연보》의 영업부장을 자처하고 있는 것이다.

잡지를 만드는 사람들이 잊기 쉬운 것은, 잡지는 제작되어 나온 단계가 완성이 아니라는 것이다. 팔려야 의미가 있고, 읽어주는 사람이 있어야 비로소 가치를 발한다. 특히 《여성학 연보》처럼 처음부터 여성학연구회 회계와는 별개로 독립채산제로 시작한 잡지는 점잖게 있어서는 회원에게 닿지 않는다. 보통의 학회비처럼 회비 안에 잡지비가 포함되어 있는 것이 아니므로 회원 한 사람 한 사람이 비용을 부담해서 사주지 않으면 안 된다(《여성학 연보》 비용을 포함시키면 연회비가 너무 올라간다는 이유로 회비와 《여성학 연보》 비용을 독립시킨 것으로 기억한다). 따라서 잡지 제작은 판매 노력과 표리일체를 이룬다. 자신이 만든 책을 시장에 내놓을 상품이라고 생각하면 책을 유통하는 사람들은 누구보다 중요한 존재다. 가치 있는 물건이면 가만히 있어도 팔린다는 안이한 생각은 버리길 바란다.

강연이 끝나면 돌렸던 잡지를 회수하다. 안에 끼워진 구독 신청서를 펼칠 때는 괜스레 두근거린다. 빼곡히 글자가 적혀 있으면 입가에 미소가 번지고 가져온 보람을 느낀다. 지면이 부족해서 뒤쪽까지 기입돼 있는 날도 있다. 때로는 바람잡이처럼 이전 강연장에서의 신청서를 그대로 돌려서 마중물을 붓기도 한다. 보세요, 당신 말고도 흥미를 보이는 사람이 이렇게 많아요, 하고. 강연이 끝난 뒤에 "제 자리까지 안 왔어요, 보여주세요" 하고 직접 내게 오는 사람도 있다. 반대로 공란인 채로 돌아올 때도 있다. 그럴 때는 너무 낙심한 나머지 청중을 저주하고 싶어진다.

재미있는 것은 두 잡지의 매상. 이것이 강연장에 따라 다르다. 《여성학 연보》와 《여성학》 신청서를 비교해서 《여성학 연보》 쪽이 많으면 솔직히 말해서 기쁘다. 그 반대면 조금 아쉬움이 남는데, 두 잡지에 대한 내 애정이 다른 것은 어쩔 수 없다. 나는 《여성학 연보》 쪽에 애정이 더 있으므로 《여성학 연보》가 더 팔렸으면 좋겠다. 그래서 홍보할 때도

《여성학 연보》의 매력을 좀 더 어필하는 편이다. 일본에서 '여성학'을 내걸고 나온 최초의 잡지, 20년을 이어온 전통, 그리고 풀뿌리 여성들의 정성으로 태어난 핸드메이드 잡지, 라고.

일본여성학회의 《여성학》은 심사가 있는 학회지로 논문이 실리면 업적이 인정되는 잡지다. 따라서 점수를 따야 하는 대학원생이나 새내기 연구자에게는 《여성학》 쪽이 메리트가 있다. 이런 청중이 모인 자리에서는 《여성학 연보》는 찬밥이고 오로지 《여성학》 쪽에 신청이 몰린다. 그러면 나는 기분이 안 좋아진다. 청중에게 '이 권위주의자들' 하고 말하고 싶어진다. 두 잡지 모두 잘 팔리기를 바라지만, 그래도 《여성학 연보》가 조금 더 팔렸으면 하는 마음은 어쩔 수가 없다.

19호에서 '와타나베 가즈코 추모 특집'을 다뤘을 때의 일이다. 동료 추모호는 관계가 없는 사람들에게는 팔기가 어렵다. 그래서 나는 이런 식으로 홍보했다.

"만난 적도 없고 잘 알지도 못하는 사람의 추모 특집을 왜 읽나 싶겠지만, 이 특집을 읽으면 일본의 여성학을 누가 이끌어왔고, 누구와 연대했으며, 어떻게 운동으로 발전했는지, 그 역사를 생생하게 접할 수 있을 겁니다." 이 19호는 실제로 많이 팔렸다.

매호 도전하는 마음으로 《여성학 연보》를 만들고 있는 편집위원들에게 고개 숙여 고마움을 전한다. 당신들이 만드는 《여성학 연보》가 다른 여성들에게 읽힐 가치가 있다고 느끼는 한은, 나는 '행상 세트'를 가지고 전국을 돌아다닐 것이다.

그런데 이렇게 '행상'을 하고 다니는 사람이 나 말고 또 있을까?

그녀의 이야기

—— 2001

와타나베 가즈코를 통해 보는 페미니즘

페미니스트는 '해방된 여성'일까?

만약 그렇다면 그 사람은 더 이상 페미니스트일 필요가 없다.

가즈코 씨는 모순덩어리였다. 가즈코 씨는 혼란스러워했다. 하지만 누구도 억누를 수 없는 에너지를 품고 있었다. 그것만으로 그녀가 페미니스트인 이유는 충분했다고 생각한다.

처음 만났을 때, 그녀는 미국에서 귀국한 사업가의 아내였다. 그 후 그녀는 대학에 자리를 얻었다. 아이들에게 '세쿠하라'— 당시에는 아직 '세쿠하라'라는 말은 없었지만—가 난무하는 이런 애니메이션을 보여 줘서는 안 된다고 하며 『마잇칭구 마치코 선생』에비하라 다케시의 만화 작품으로, 1980년 초반에 애니메이션으로 제작되어 인기리에 방영되었다. 중학교 교사인 '마치코 선생'이 학생들에게 짓궂은 희롱을 당하는 것이 일상적으로 그려져 있다. 반대 운동에 정력적으로 달라붙었다. 그리고 "실은 말이야……" 하고 남편의 폭력을 고백하고, 이혼했다. 그 후 '캠퍼스 섹슈얼 해러스먼트 전국 네트워크'를 설립하고, 그 안에서 열정적으로 활동했다. 그녀의 기관차 같은 추진력에 사람들은 투덜거리면서도 이끌렸고, 그러다 보면 무언가가 일어나고 있었다. 그녀는 생각한 것은 실행했다. 보기 드문 파워였다고 생각한다.

그러는 동안에도 그녀는 가정적인 문제로 고민했다. 걱정하고, 망설이고, 혼란스러워하고, 아파하고, 상처 입었다. 그런데도 멈춰 서지 않았다. 그리고 밝았다. 아름다운 사람이었다. 가즈코 씨의 활짝 핀 꽃 같은 미소를 우리는 모두 기억한다.

가즈코 씨는 흠이 많은 사람이었지만 많은 이에게 사랑받고 인정받고 있었다. 생각해보면 우리도 그녀에게 용서받고 인정받고 있었던 것 같다. 그녀는 모순된 삶을 살아가고 있었지만 우리 누구나가 그랬다. 페미니즘은 모순되지 않고서는 이 세상을 살아갈 수 없는 여자들의 사상이었다.

'그녀'의 장소에 우리는 누구나 들어갈 수 있다. 이윽고 모든 것이 과거형이 되고, '그녀의 이야기'가 만들어지고, 정착한다. 이야기 속의 그녀는 더 이상 변하지 않고, 더 이상 나이도 먹지 않는다. 자신의 이야기를 망가뜨리지도 않고, 더 이상 모순과 혼란으로 우리를 불안하게 하지도 않는다.

가즈코 씨.

당신은 타인의 기억 속에 얌전히 들어앉는 것을 조금도 바라지 않겠지요. 당신이 응답하지 않을 때가 왔을 때, 우리가 고인의 목소리를 영유하게 되었을 때, 그때 당신이 영원히 잠든 줄로 알겠습니다.

서른 살의 선물
—— 2007

일본여성학연구회가 서른 살이라니, 흐음, 믿기지 않는다.

0살이었던 갓난아이가 30대 청년기에 접어들어 프리터가 되는 연령이다. 20대였던 마쓰모토 스미코 씨가 50대가 되었고, 30대였던 나카니시 도요코 씨가 환갑을 맞았다. 그사이에 이혼하거나, 사별하거나, 암으로 죽은 사람도 있었다. 돌아보면 꽤 멀리까지 왔다.

여성학은 그동안 사회적 사명을 다하면 없어질 것으로 생각되어왔지만, 계속 이어지고 있는 것을 보면 아직 역사적 사명을 끝마치지 못한 것일지도 모르겠다. 처음에는 맞바람, 머지않아 순풍, 갈팡질팡하는 사이에 역풍까지 맞았다. 손 놓고 있을 수만은 없다.

각지의 대학에서 여성학이 제도화된 지금, 저널리즘으로서의 여성학이 의미가 있는가, 라고 묻는다면, 있다, 라고 단언하겠다.《여성학 연보》를 보면 다행히 세대교체도 이뤄지고 있는 것 같다. 입장을 불문하고 여성의 경험을 언어화한다는 여성학의 초심은 사라지지 않았다.

30주년을 맞아 일본여성학연구회에 거는 내 기대는 이런 것이다.

하나는, NPO 법인화가 이뤄지기를.

또 하나는, 기금을 만들어 공동으로 운용해주기를.

앞으로 고령 회원이 하나둘 떠나면 자산이 남는다. 나 같은 '폐자' 회원이면 더더욱. 개인이 관리하기보다 모두 모아서 여성학 장학금이나 사업 지원금 등 이곳저곳에 유용하게 쓸 수 있지 않을까. 무일푼으로 출발한 이 연구회에도 자본 형성이 가능한 시기가 온 것일지도. 서른 살을 맞이하는 연구회에 생일 선물이 안겨지면 좋겠다.

나가며

이 책은 내가 페미니즘에 대해 이따금 발표했던 '시국 발언'을 수록한 것이다. 기간은 1980년부터 2009년에 이른다. 매체는 소수 집단 대상의 출판물부터 사외보, 홍보지, 신문, 잡지 등 여러 방면에 걸친다. 실시간으로 쓴 것도 있고, 회고나 회상 형식으로 쓴 것도 있다. 학술 논문이 아니라, 동료나 일반 청중을 대상으로 쓴 편안한 문체의 글을 주로 골랐다.

이런 저작집은 보통 발표순으로 수록하지만, 여기서는 기본적으로 주제별 구성을 따랐다. 따라서 발표 연도에 순서부동이 있다.

서문에서는 불혹이 된 '페미니즘의 40년'을 회고하고, 초심으로 돌아가자는 뜻의 에세이를 두 편 실었다. 2000년대에 쓴 첫 번째 에세이에서, 페미니즘을 '20세기 후반을 뒤흔든 사상'이라고 한 것은 과장이 아니다. 그런 역사적 자리매김을 한 페미니즘이 어떻게 출발했는지를 알기 위해 바로 이어서 1980년대에 쓴 에세이를 수록했다. 회고와 증언으로 이뤄진 서문은 페미니즘의 과거의 초심과 현재의 도달점을 보여줄 것이다.

1~3장은 1980년대, 1990년대, 2000년대의 저작을 수록했다. 1970년대의 글이 없는 것은 그때는 내가 아직 페미니스트로서 언론에 등장하지 않았기 때문이다. 발표한 시점의 현장감을 유지하기 위해 가필이나 정정은 최소화했고, 단어와 용어의 불일치도 그대로 두었다. 오늘날 공유되지 않는다고 생각되는 사건이나 용어에는 [ ]로 주석을 달았다.

***

1장의 '끓어오르는 마그마에 형태를'은 이 장에 수록된 1986년 에세이의 제목을 차용한 것이다. 1980년대, 성장기의 페미니즘과 그 안에서 생겨난 여성학이 저항과 몰이해를 겪으면서 어떻게 성장했는지를 생생하게 느낄 수 있을 것이다. 특히 1982년부터 84년에 걸쳐 나는 미국에 체류했는데, 그때 접했던 미국의 여성 운동이나 여성학에서 받은 신선한 충격이 묘사되어 있다. 이 시기에 무명이었던 내게 글 쓸 기회를 준 곳이 지금은 없는 《아사히 저널》이었다.

귀국 후 나는 곧 논쟁에 휘말렸다. 하나는, 이반 일리치의 '젠더' 개념을 둘러싼 이른바 '에코페미니즘' 논쟁이다. 자세한 것은 『여자는 세계를 구할 수 있을까 女は世界を救えるか』勁草書房, 1986를 참조하길 바란다.

또 하나는, '아그네스 논쟁'이다. 청탁도 받지 않았는데 《아사히신문》에 투고(일하는 엄마가 잃어온 것 - 1988)해서까지 내가 이 논쟁에 참가한 것은, 이 논쟁이 단지 예능계의 식자에 의한 아그네스 때리기로 끝나서는 안 된다고 생각했기 때문이다. 나중에 '아이 동반 출근' 논쟁으로서 알려지게 된 이 논쟁이 연예면에서 사회면으로 옮겨갈 수 있는 전철기 역할을 내 투고는 완수했다.

언론에서의 발언이 주목을 받으면서, 여러 방면에서 비판의 소리도 들려왔다. 부당하다고 생각되는 것에는 일일이 반론을 폈다. 《아사히신문》 연재 칼럼 '미드나이트 콜ミッドナイト·コール'朝日新聞社, 1990을 문단의 대가 소노 아야코 씨가 비판한 것에 대해 반론한 에세이(여자에 의한 여자 때리기가 시작되었다 - 1989)를 본서에 수록했다.

그 외에도 페미니즘 논쟁에는 거의 빠지지 않고 개입해왔다. 성차 극대파와 성차 극소파의 논쟁, 여성 원리파와의 논쟁, 문화파와 유물파의 논쟁 등등. 1990년대에는 '위안부' 논쟁이 있는데, 이에 대해서는 『내셔널리즘과 젠더ナショナリズムとジェンダー』青土社, 1999, 『살아남기 위한 사상生き延びるための思想』岩波書店, 2006, 『우에노 지즈코에게 도전한다上野千鶴子に挑む』勁草書房, 2011를 참조해주길 바란다.

내가 논쟁을 좋아하고 싸움을 잘한다는 딱지가 붙은 것이 이 무렵부터였을 것이다. 그 이미지 때문에 『도쿄대에서 우에노 지즈코에게 싸움을 배우다東大で上野千鶴子にケンカを学ぶ』遙洋子, 筑摩書房, 2000라는 책까지 나오게 되었다. 『우에노 지즈코 따위 무섭지 않다上野千鶴子なんかこわくない』上原隆, 毎日新聞, 1992라는 책도 나오고, 정말로 '무서운 여자'라는 낙인이 찍혀버렸다.

나는 분명히 논쟁적인 사람이지만 싸움을 좋아하지는 않는다. 날아온 불똥을 피하지 않을 뿐이다. 우에노의 위험한 처세훈이라고 말들 하는 '①도발에는 응한다 ②걸어온 싸움은 피하지 않는다 ③올라탄 배에서는 내리지 않는다'라는 3원칙은 읽어보면 알겠지만 모두 낙법이다. 내가 싸움을 건 것이 아니다. 불필요한 갈등이나 트러블로 에너지를 허비하고 싶지 않은데, 그게 뜻대로 되지 않는다.

그렇다고는 하나, 페미니즘은 논쟁을 무서워하지 않는 사상이었다. 그만큼 다양하고 다채로웠기 때문이다. 다양한 해석을 허용하고 반석같은 단결을 중시하지 않는 것은 페미니즘 사상의 활력이자 성장 기반이었다. 따라서 페미니즘에는 고정된 교리도 없고, 정통도 이단도 없으며, 제명이나 배제도 없다. 일본뿐만이 아니다. 외국에서도 페미니즘은 온갖 논쟁과 대립에 휘말리며 발전해왔다. 지금까지도 그것은 계속되고 있다. 조화를 중시하고 조신함을 미덕이라고 여기는 일본에서 페미니즘이 논쟁을 두려워하지 않는 사상으로 자리매김할 수 있었던 것은 자랑할 만한 일이라고 생각한다.

* * *

2장에는 1990년대의 저작을 수록했다. '젠더 평등의 지각 변동'이라는 제목은 과한 것이 아니다. 많은 이들이 1991년을 세계사적 전환점으로 보는데, 일본은 이 해를 다음의 3종 세트와 함께 맞이했다. 첫째는 소련 붕괴에 의한 동서 냉전 체제 종식, 둘째는 세계화 물결, 셋째는 버블 붕괴다. 일본형 경영 신화나 일본형 근대 가족 등 전후 일본 사회를 안정적으로 유지해온 젠더 분업 체제가 더 이상 유지될 수 없음이 명백해졌다. 이 시기에 세계화에 발맞춰 도입된 신자유주의 정책 아래서 '남녀공동참여'가 국책 과제가 되었다. 기묘한 순풍의 시대였다.

1991년 버블 붕괴 후의 '잃어버린 10년'은, 아이러니하게도 젠더 평등 정책에 있어서는 '획득한 10년'이었다. 1991년의 육아휴업법, 1997년의 섹슈얼 해러스먼트 방지 조치를 사용자에게 요구한 개정 남녀고용기회균등법, 그리고 그 대단원인 1999년의 남녀공동참여사회기본법까지. 1997년에는 개호보험법이 제정됨으로써 여성의 무임금 노동이었던 가정 내 개호介護가 사회로의 일보를 내딛었다. 2001년에는 설마 했던 '가정폭력방지법'이 제정되면서 '세쿠하라'나 가정 내 폭력 등 남녀 사이의 일로 치부되던 폭력에 정치가 개입한다는 변화가 일어났다. '개인적인 것이 정치적인 것'이라는 페미니즘의 구호에 국민적 합의가 이뤄졌던 것이다. 30년 전에는 생각할 수 없는 일이었다.

중앙 정부뿐만 아니라 지자체 단위에서도 '지방공공단체의 책무'에 준해 조례를 제정하거나, 행동계획을 수립하거나, 여성회관을 건립하는 등의 노력이 이어졌다. 각종 남녀공동참여심의회에 여성학 연구자나 활동가들이 등용되고, 여성회관은 민간 학습 동호회에서 육성된 인재의 새로운 고용 창출원이 되었다. 참고로 '남녀공동참여'는 '남녀평등'이라는 표현을 꺼리는 당시 보수 정권을 배려해서 일본 공무원이 만들어낸 행정 용어다. 영어로는 'gender equality'라고 번역되는 이 용어를 대조 반역反譯해도 '남녀공동참여'는 되지 않는다. 어디에도 대응하는 역어가 없는 이 일본 특유의 용어를 적어도 나는 사용하지 않는다.

1990년대에 페미니즘의 순풍이 절정에 달한 것은 1995년의 베이징 세계여성회의였다고 생각한다. 특히 NGO 포럼에 참석한 참가자 3만 명 중 6천 명이 일본인이었다고 보고되고 있다. 이 6천 명의 일본 여성 참가자를 지자체는 공모부터 교통비 지원까지 다양한 방법으로 후원했다. 이때까지는 행정과 풀뿌리 페미니즘의 밀월 시대는 이어지고 있었던 것이다.

국제회의에서 그 수에 비해 존재감이 약하다고 셈하되던 일본인 참가자들이 이 베이징 NGO 포럼에서는 적극적으로 정보를 발신하고 존재감을 어필했다. 서로 배우고 나누는 것이 중요하다는 것을 체감하고 돌아온 6천 명의 여성들이 그 후 각지에 흩어져 풀뿌리 운동의 원동력이 된 것은 특필할 만하다. 이 일본인 참가자들이 없었다면 같은 해 미군 강간 사건을 고발한 오키나와 10만 현민대회도 없었을 테고, 이후의 '위안부' 문제를 포함한 '전시 성노예제'에 세계의 이목이 집중되지도 않았을 것이다. 그때의 흥분은 본서 '베이징 세계여성회의 리포트—1995'에 생생하게 묘사되어 있다.

1993년에 나는 도쿄대학 교수가 되었다. 여성학·젠더 연구를 내걸고 교단에 선 것은 실은 이때가 처음이다. 그 이전에는 일반교양 수업에서 사회학이나 사회조사법을 가르쳤다. 젠더 연구가 주목을 받고 학생들 사이에서도 관심이 높아지면서, 나는 차세대 연구자를 양성하는 과정에 들어가게 되었다. 권위주의의 아성인 도쿄대학의 교수가 되자, 일부에서는 내가 변했다거나 보수화될 것이라는 이야기도 있었다. 실제로 그 후 내가 보수화됐는지 어떤지는 내 발언으로 검증받고 싶다.

***

그즈음부터 페미니즘에 대한 백래시가 시작되었다. 베이징 회의 이듬해인 1996년에 '새 역사 교과서를 만드는 모임'이 만들어진 것은 우연이 아니다. 국제 여성 NGO가 제기한 '위안부' 문제가 백래시의 사냥감이 되면서 내셔널리즘과 우경화의 물결을 불러 일으켰기 때문이다.

2000년대는 페미니즘에 역풍이 불어닥친 시대다. 내 판단 착오는, 역풍은 페미니즘이 강해졌다는 증거이며 궁지에 몰린 보수 세력의 발악이라고 가볍게 생각했던 점이다. 패배 의식이 팽배해진 보수 세력의 발악이라는 것은 틀리지 않았지만, 풀뿌리 보수의 영향력은 얕잡아 볼 것이 아니었다. 3장에 수록된 백래시의 기록이 너무 상세하다고 생각될 수도 있지만, 언론이 거의 보도하지 않았던 백래시의 실상을 당사자로서 남겨두기 위해서라도 그대로 수록했다. 백래시의 움직임은 각지에서 조직적으로 일어났다. 강연 취소, 도서 배제, 심의회 위원 교체, 조례안 부결, 여성회관 예산 동결, 여성재단 해산 명령 등 실질적인 손해가 줄줄이 이어졌다. 개미구멍 하나가 큰 방죽을 무너뜨린다, 라는 생각에 우리는 전국을 돌아다니며 감시하지 않으면 안 되었다. 백래시파의 우두머리라고도 할 수 있는 아베 신조가 정권을 잡았을 때 우리의 위기감은 절정에 달했다. 개헌을 위해 교육기본법을 개악하고, 남녀공동참여 담당 대신에 부부 별성 선택에 반대하는 보수파 여성 정치가를 기용한 민족주의자 아베는, 여성국제전범법정'위안부' 강제 동원에 대한 전범 행위를 단죄하기 열린 국제민간법정. 2000년 12월에 도쿄에서 열렸다.을 소재로 한 NHK 방송에 외압을 가한 위험한 정치가이기도 했다.

2009년, 생각지도 못했던 정권 교체가 이뤄졌다. 자민당에서 민주당으로 정권이 바뀌어도 남녀평등 정책에 신통한 변화는 보이지 않는다. 현재의 내각은 동일본 대지진을 수습하는 것만으로도 빠듯하여 다른 일을 돌볼 여력이 전혀 없어 보인다.

변화는 직선으로 진행되지 않는다. 역사에 일보전진과 이보후퇴가 있음을 기억하고 늘 경계하는 자세로 있어야 할 것이다.

*　*　*

4장에는 주로 동인지에 투고했던 글들을 실었다. 일본여성학연구회에 처음 참가했던 것이 1978년. 그로부터 약 30년간의 기록과 회상인 셈이다. 여성학이 아직 이 세상에 없던 시절, 우리는 대학 밖에서 서로 협력하고 독자적으로 모색하면서 여성학을 만들어왔다. 나는 '여성학의 권위자'라고 불리는 것은 좋아하지 않지만, '여성학의 개척자'인 것에는 자부심이 있다. 4장에 수록된 글들을 읽어보면, 여성학을 만드는 것 자체가 하나의 운동이었음을 이해할 수 있을 것이다. 나는 연락회 소식지 《Voice of Women》의 첫 편집장을 맡아 기본 포맷과 스타일을 만들었고, 일본 최초로 여성학이라는 제목을 내건 연구지 《여성학 연보》의 초대 편집장이 되어 편집장 교체제와 코멘테이터 방식을 도입했다. 《여성학 연보》는 올해(2011)로 서른한 살이 되었다. 그동안 여러 학회지와 연구지들이 잇따라 생겨나는 속에서도 독자적인 포지션을 지켜왔다. 내 초기 논문은 이 《여성학 연보》에 게재된 것이 많다. 아무도 실어주지 않는 논문을 싣기 위해 우리 손으로 직접 매체를 만들었던 것이다. 그 과정에서 많은 인재가 길러졌고, 나 자신도 성장했다.

이 장에서 여러 번 되풀이해서 말하고 있는 것은 '초심으로 돌아가자'는 것이다. 무엇을 위한, 누구를 위한 학문이고 연구인가. 나는 페미니즘을 '여성해방의 사상과 실천'이라고 정의했다. 타인의 해방이 아닌 나의 해방, 그리고 무엇이 해방인지는 내가 정한다. 타인에게 맡길 수 없고, 맡겨서도 안 된다. 그리고 혼자서는 불가능하므로 반드시 협력할 동료가 필요하다. 여성학이란, 여자가 자신이 누구인지를 알기 위한, 후에 '당사자 연구'라고 불리게 된 분야의 개척자였던 것이다.

그 집적이 불혹을 맞은 오늘, 『일본의 페미니즘日本のフェミニズム』전 12권(1. 리브와 페미니즘 / 2. 페미니즘 이론 / 3. 성역할 / 4. 권력과 노동 / 5. 모성 / 6. 섹슈얼리티 / 7. 표현과 미디어 / 8. 젠더와 교육 / 9. 세계화 / 10. 여성사·젠더사 / 11. 페미니즘 문학비평 / 12. 남성학, 井上輝子·江原由美子·上野千鶴子編, 岩波書店, 2009-2011)이 간행되었다. 이 책의 제목인 '불혹의 페미니즘'은 제4권 『권력과 노동』을 담당했던 오사와 마리 씨의 해설 제목에서 따온 것이다. 그녀의 센스에 감탄하며 신간 제목에 쓰고 싶다고 부탁한바 흔쾌히 승낙을 받았다.

페미니즘 운동은 일본여성학연구회만이 아니라 많은 민간 풀뿌리 단체에 의해 지탱되어왔다. 처음에는 등사기로, 그 후 청사진과 문서 작성기를 거쳐, 퍼스널 컴퓨터로. 정보 유통도 입소문에서 전단지로, 복사한 소식지로. IT 혁명 이전의 일이다. 운동에서 정보의 공유는 중요하다. 백래시에 대항하기 위해 우리는 전국을 연결하는 메일링리스트에 이어, 여성을 위한 포털 사이트(http://wan.or.jp/)를 만들었다.

여성이 연대하는 것은 연대가 필요해서다. 여성이 약자이기 때문에. 우리는 페미니즘이 필요 없어지는 사회를 목표로 해왔지만, 그것은 당분간 어려울 것 같다. 페미니즘이 필요 없어지는 사회란 여자가 남자와 동등하게 강자가 되는 사회가 아니다. 거듭 말하지만, 약자가 약자인 채로 존중받는 사회, 그런 사회를 우리는 바라는 것이다.

여성이 직면하는 과제는 변하고, 여성을 둘러싼 환경도 변한다. 더불어 여성이 연대하는 방법도, 학문과 운동 스타일도 변한다.

　나만, 기억하길 바란다. 이렇게 달려온 선세대가 있었다는 사실을. 우리도 우리 앞에 있었던 여성들의 뒷모습을 보며 달려왔던 것이니까.

* * *

이 책을 이와나미 현대문고의 '우에노 지즈코의 일' 시리즈로 내게 된 것은 기쁜 일이다. 저명한 연구자나 작가가 두툼한 전집이나 저작집을 내는 것을 나는 별로 좋아하지 않는다. 하지만 페미니즘의 40년은 역사가 되기에 충분한 시간이고, 새로운 세대의 독자가 성장하고 있는 시대에 과거의 일을 역사의 증언으로서 남기는 것은 의미가 있을 것이다. 그것을 독자가 읽기 편한 문고 형태로 만들자고 제안한 것은 나였고, 편집자 오야마 미사코 씨는 그 제안에 흔쾌히 응해주었다. 장정은 가쓰라가와 준 씨가 계속해서 맡아주었다. 책의 목차를 보고 있자니, 그때마다 내게 발언의 기회를 제공해준 여러 매체의 담당자분들도 떠오른다. 여러모로 은혜를 입었다. 이 책은 많은 분들의 도움과 지지로 세상에 나올 수 있었다. 글로 감사의 마음을 전한다.

재난 후 각별한 봄에

우에노 지즈코

2019년 도쿄대학교 입학식 축사

입학을 축하합니다. 여러분은 치열한 경쟁을 뚫고 이 자리에 왔습니다.

여학생이 놓인 현실

그 과정이 공정하다고 여러분은 믿어 의심치 않을 것입니다. 만약 공정하지 않다면 여러분은 분노하겠지요. 그런데 지난해, 도쿄의과대 입시 부정행위가 적발되었고, 여학생과 재수생이 불이익을 받은 사실이 드러났습니다. 문부과학성이 전국 81개 의과대·의학부를 대상으로 전수 조사를 실시한 결과, 여학생이 합격하기 어려운 정도, 즉 여학생의 합격률에 대한 남학생의 합격률은 평균 1.2배였습니다. 문제가 되었던 도쿄의과대는 1.29, 준텐도대는 1.67로 가장 높았고, 쇼와대, 니혼대, 게이오대 등 사학들이 줄줄이 상위를 차지하고 있었습니다. 1.0보다 낮은, 즉 여학생이 들어가기 쉬운 대학에는 돗토리대, 시마네대, 도쿠시마대, 히로사키대 등 지방 국립대 의학부가 나란히 올라 있었습니다. 참고로 도쿄대 의학부는 1.03이었습니다. 평균보다는 낮지만 1.0보다는 높은 이 수치를 어떻게 해석해야 할까요? 통계는 중요합니다. 이것을 바탕으로 고찰이 이루어지니까요.

여학생이 남학생보다 합격하기 어려운 이유가 남학생들 성적이 우수해서일까요? 전국 의학부 조사 결과를 발표한 문부과학성 담당자가 이런 말을 했습니다. "남학생의 성적이 우위를 점하는 학부나 학과는 거의 찾아볼 수 없다. 이공계도 인문계도 여학생이 우수한 경우가 많다." 이것은 의학부를 제외한 타 학부는 여학생의 합격 난도가 1.0 이하라는 것, 그리고 의학부가 1.0을 넘는 것에는 어떠한 설명이 필요함을 의미합니다.

사실 여러 데이터가 여학생의 편차치가 남학생보다 높다는 것을 증명하고 있습니다. 우선 여학생은 재수를 기피해서 하향 안정 지원하는 경향이 있습니다. 둘째로 도쿄대 입학생 여성 비율은 오랫동안 '2할의 벽'을 넘지 못했습니다. 심지어 올해는 18.1%로 작년보다도 낮습니다. 통계적으로는 편차치 정규 분포에 남녀의 차이가 없으므로 남학생 이상으로 우수한 여학생이 도쿄대에 지원하고 있다는 얘기가 됩니다. 셋째로 4년제 대학 진학률 자체에 남녀 갭이 있습니다. 2016년 학교 기본 조사에 따르면, 4년제 대학 진학률은 남자 55.6%, 여자 48.2%로 약 7%포인트 차이가 있습니다. 이 차이는 성적 차이가 아닙니다. 아들은 4년제, 딸은 전문대, 라고 생각하는 부모들의 성차별 결과입니다.

최근에 노벨 평화상 수상자인 말랄라 유사프자이 씨가 일본을 방문해서 '여성 교육'의 필요성을 주장했습니다. 그것이 비단 파키스탄만의 문제일까요? 과연 일본은 어떨까요. "어차피 여자니까", "여자가 해봤

자"라고 찬물을 끼얹고 발목을 잡는 것을 애스퍼레이션aspiration의 쿨링
다운cooling down, 즉 의욕의 냉각 효과라고 부릅니다. 말랄라 씨의 아버
지는 딸을 어떻게 키웠느냐는 질문에, "딸의 날개를 꺾지 않으려고 노력
했다"라고 대답했습니다. 말마따나 세상의 많은 딸들은 어린이라면 누
구나 가지고 있는 날개를 꺾인 채 살아왔습니다.

그렇게 열심히 공부해서 도쿄대에 진학한 여러분들 앞에는 어떤 환
경이 기다리고 있을까요? 타 대학 학생들과의 단체 미팅에서 도쿄대
남학생은 인기가 많습니다. 그런데 도쿄대 여학생은 이런 이야기를
하더군요. "어느 대학 다녀?" 하고 상대가 물으면 "도쿄, 에 있는, 대
학……"이라고 대답한답니다. 도쿄대라고 하면 달가워하지 않는다네
요. 왜 남학생은 도쿄대생이라는 사실에 자부심을 가지는데 여학생은
말하기를 주저하는 걸까요? 이유는 남성의 가치와 우수한 성적은 일
치하는 반면에 여성의 가치와 우수한 성적 사이에는 괴리가 있기 때문
입니다. 여자는 어릴 때부터 예쁘기를 강요당합니다. 그런데 '예쁘다'는
것은 어떤 가치인가요? 사랑받고, 선택받고, 보호받는다는 것의 가치
에는 상대를 절대로 위협하지 않는다는 믿음이 전제되어 있습니다. 그
래서 여학생들은 공부를 잘하는 것이나 도쿄대생인 사실을 숨기려고
하는 것입니다.

도쿄대 공학부 남학생 5명이 사립대에 다니는 여학생을 집단으로 강
간한 사건이 있었습니다. 가해자 중 3명은 퇴학, 2명은 정학 처분을 받
았습니다. 이 사건을 바탕으로 히메노 가오루코라는 작가가 『그녀는
머리가 나쁘니까彼女は頭が悪いから』文藝春秋, 2018라는 소설을 썼고, 같은 주
제로 작년에 교내에서 토론회가 열렸습니다. '그녀는 머리가 나쁘니까'

라는 말은 조사 과정에서 실제로 가해 남학생이 한 말이라고 합니다. 이 작품을 읽어보면 도쿄대 남학생을 바라보는 사회의 시선이 어떠한지를 알 수 있습니다.

도쿄대에는 지금도 타 대학 여학생은 가입이 되고, 도쿄대 여학생은 가입이 안 되는 남학생 동아리가 있다고 들었습니다. 제가 학생이었던 반세기 전에도 비슷한 동아리가 있었습니다. 그것이 반세기가 지난 지금까지도 이어지고 있다니 놀라움을 금치 못하겠습니다. 올 3월에 도쿄대 남녀공동참여 담당 이사·부학장 명으로, 여학생을 배제하는 행위는 '도쿄대 헌장'이 주창하는 평등 이념에 반한다고 경고했습니다.

지금까지 여러분이 다녔던 학교는 허울뿐인 평등 사회였습니다. 편차치 경쟁에 남녀 구분은 없습니다. 하지만 대학 문턱을 밟는 순간 도사리고 있던 성차별이 시작됩니다. 사회에 나가면 더 노골적인 성차별이 횡행합니다. 도쿄대 역시, 유감스럽지만 그 중 하나입니다.

대략 20%인 학부의 여학생 비율은 대학원 석사 과정에서 25%, 박사 과정에서 30.7%로 상승합니다. 이후에 연구직을 보면 조교의 여성 비율은 18.2%, 부교수 11.6%, 교수 7.8%로 낮아집니다. 이것은 국회의원 여성 비율보다 낮은 수치입니다. 여성학 부장·연구과장은 15명 중 1명, 역대 총장 중 여성은 없습니다.

여성학 선구자로서

이런 것을 연구하는 학문이 40년 전에 생겨났습니다. 여성학이라는 학문입니다. 지금은 젠더 연구라고도 하지요. 제가 학생이던 시절, 여성학이라는 학문은 이 세상에 없었습니다. 없었기 때문에, 만들었습니다. 여성학은 대학 밖에서 생겨나 대학 안으로 들어왔습니다. 사반세기 전 제가 도쿄대에 부임해 왔을 당시에 문학부 여성 교수는 저까지 3명이었습니다. 저는 여성학을 가르치는 입장이 되었습니다. 여성학을 시작해보니 세상은 풀리지 않은 수수께끼투성이였습니다. 왜 남자는 일, 여자는 가사인가? 주부란 무엇이고, 무엇을 하는 사람인가? 과거에는 생리대와 탐폰 대신 무엇을 썼을까? 일본 역사에 동성애자는 있었는가? 조사한 적이 없으니 당연히 선행 연구가 없습니다. 그래서 뭘 하든 그 분야의 개척자, 일인자가 될 수 있었습니다. 지금은 대학에서 주부 연구로도 소녀만화 연구로도 섹슈얼리티로도 학위를 딸 수 있지만, 그게 가능한 까닭은 과거 저를 포함한 여성들이 새로운 분야에 뛰어들어 싸워왔기 때문입니다. 그리고 저를 이끌어온 그 원동력은 끊임없는 호기심과 불공정한 사회에 대한 분노였습니다.

학문에도 벤처가 있습니다. 쇠퇴하는 학문이 있으면 새롭게 피어나는 학문이 있습니다. 여성학은 벤처였습니다. 여성학뿐만 아니라 환경학, 정보학, 장애학 등 다양한 분야의 학문이 새롭게 생겨났습니다. 시대의 변화가 그것을 요구했기 때문입니다.

변화와 다양성에 열려 있는 대학

도쿄대는 변화와 다양성에 열려 있는 대학입니다. 저 같은 사람을 채용하고 이 자리에 세운 것이 그 증거입니다. 도쿄대에는 재일 한국인인 강상중 교수도 있었고, 고졸인 안도 다다오 교수도 있었습니다. 또 시청각 장애가 있는 후쿠시마 사토시 교수도 계십니다.

여러분은 선택되어 이곳에 왔습니다. 도쿄대생 한 명에게 들어가는 국비가 연간 500만 엔이라고 들었습니다. 앞으로 4년 동안 훌륭한 교육 환경이 여러분을 기다리고 있습니다. 그 훌륭함은 이곳에서 가르친 경험이 있는 제가 보증합니다.

여러분은 노력한 만큼 대가가 돌아온다는 생각으로 여기까지 왔을 것입니다. 하지만 앞에서 언급한 입시 부정 사건처럼 노력해도 공정하게 보상받을 수 없는 사회가 여러분을 기다리고 있습니다. 그리고 노력하면 대가가 돌아온다고 여러분이 생각할 수 있는 것 자체가, 여러분이 노력한 성과 때문이 아니라 환경 덕분이었다는 사실을 잊지 마십시오. 노력하면 반드시 대가가 돌아온다는 생각을 가질 수 있었던 것은 지금까지 여러분 주위의 환경이 여러분을 격려하고, 등을 밀어주고, 손을 잡아 끌어주고, 성과를 평가하고 인정해주었기 때문입니다. 세상에는 노력해도 보상받지 못하는 사람, 노력하려고 애써도 그럴 수 없는 사람, 지나치게 노력해서 몸과 마음이 망가진 사람들이 있습니다. 노력을 해보기도 전에 "어차피 너는 안 돼", "나 같은 건" 하고 의욕을 빼앗겨버리는 사람들도 있습니다.

여러분의 노력을 부디 자신의 성공만을 위해 쓰지 마십시오. 혜택 받은 환경과 혜택 받은 능력을, 혜택 받지 못한 사람들을 무시하기 위해서가 아니라 돕기 위해 쓰십시오. 강한 척하지 말고, 자신의 나약함을 인정하고 서로 의지하며 살아가십시오. 여성학을 낳은 것은 페미니즘이라는 여성 운동입니다. 페미니즘은 결코 여자도 남자처럼 행동하고 싶다거나 약자가 강자가 되기를 바라는 사상이 아닙니다. 페미니즘은 약자가 약자인 채로 존중받기를 원하고 바라는 사상입니다.

도쿄대에서 배우는 가치

여러분을 기다리고 있는 것은 지금까지의 이론이 들어맞지 않는 예측 불가능한 미지의 세계입니다. 지금까지 여러분은 정답이 있는 지식을 추구해왔습니다. 앞으로 여러분을 기다리고 있는 것은 정답이 없는 물음으로 가득 찬 세계입니다. 새로운 가치는 시스템과 시스템 사이, 이문화가 마찰하는 곳에서 생겨납니다. 이것이 대학 안에 다양성이 필요한 까닭입니다. 대학 안에 머무를 필요는 없습니다. 도쿄대에는 해외 유학이나 국제 교류, 지역 과제 해결 관련 활동을 지원하는 프로그램이 있습니다. 도전하는 마음으로 미지의 세계에 뛰어드십시오. 이문화를 두려워하지 마십시오. 사람이 사는 곳이라면 어디서든 살아갈 수 있습니다. 도쿄대생이라는 가치가 전혀 통용되지 않는 세계에서도, 어떤 환경에서도, 설령 난민이 되더라도 살아갈 수 있는 지식을 체득하길 바랍니다. 대학에서 배우는 가치는 이미 있는 지식을 습득하는 것이 아니라, 이제까지 아무도 경험하지 못한 지식을 만들어내기 위한 지식을 익히는 것이라고 저는 확신하고 있습니다. 지식을 낳는 지식을 메타 지식이라고 말합니다. 그 메타 지식을 쌓도록 학생들을 이끄는 것이 바로 대학의 사명입니다. 환영합니다, 도쿄대학교에 오신 것을.

2019년 4월 12일

인정 NPO 법인 WAN 이사장

우에노 지즈코

서문 _ 페미니즘 40년

페미니즘: 成田龍一他編,『20世紀日本の思想』, 作品社, 2002.

여자의 운동론: 上野千鶴子,『女遊び』, 学陽書房, 1988.

1장 _ 끓어오르는 마그마에 형태를 — 1980년대

성차별을 둘러싼 부질없는 응수:『朝日ジャーナル』1983. 7. 22.

페미니즘의 이모저모:『Voice of Women』No.48, 1984. 3.

낳고 낳지 않음은 여성의 권리:『Voice of Women』No.35, 1983. 1.

전미여성학회에 참가하고서:『朝日新聞』1984. 7. 25 夕刊.

이런 여성들과 함께라면 21세기도 나쁘지 않다:『Dear W』1985. 11.

'파이의 내용'을 다시 만들 때:『サンケイ新聞』1987. 7. 20.

수상의 '미혼모' 장려와 페미니스트의 딜레마:『AWRAN JAPAN NEWSLETTER』No.3,
　　1987.

지금은 여자들의 수다가 최고로 재미있다:『教養の広場』 10号, 京都新聞社, 1987.

차별철폐협약이 주부를 실직자로 만든다?:『月刊ベターホーム』1985. 5.

석기시대와 현대 사이:『Dear W』1985. 9-10.

끓어오르는 마그마에 형태를!:『朝日ジャーナル』1986. 1. 3-10

일하는 어머니가 잃어온 것:『朝日新聞』1988. 5. 16.

여자들이여, '오싱'은 이제 그만두자:『西日本新聞』1988. 11. 23.

헤이안의 아그네스: 『京都新聞』1988. 8. 30.

신화를 깬 후에: 『ザ・トレンド』UPU, 1988.

'루저남'과 '위너녀'의 위험한 관계: 育児連編, 『男と女で「半分こ」イズム』, 学陽書房, 1989.

여자에 의한 여자 때리기가 시작되었다: 『月刊 Asahi』1989. 11.

2장 젠더 평등의 지각 변동—1990년대

여자와 남자의 역사적 시차: 『さっぽろの女性』15号, 札幌市市民局青少年婦人部, 1990.

우먼리브 르네상스: 『北海道新聞』1994. 10. 21.

'낙태'라는 여성의 권리가 세계적으로 위협받고 있다: 『毎日新聞』1992. 9. 8.

기업 사회라는 게임의 룰: 『毎日新聞』1993. 3. 30.

지금도 계속되는 '군대와 성범죄': 『朝日新聞』1993. 1. 13.

'진보와 개발'이라는 이름의 폭력: 『世界』1994. 10.

베이징 세계여성회의 리포트: 『中日新聞』1995. 9. 12-14.

캠퍼스 성차별 실태: 『三省堂ぶっくれっと』, 三省堂, 1997.

캠퍼스 섹슈얼 해러스먼트: 『現代思想』, 2000. 2.

말을 바꾸면 세상이 바뀐다: 『人権 NEWS』, 電通東京本社人事局人権啓発部, 1997.

지금을 살아가는 딸들에게: 『あごら』209号, 1995. 7.

역풍 속에서: 『あごら』238号, 1998. 4.

남녀공동참여법의 의의: 『長崎新聞』他, 1999. 7. 28.

농촌의 남녀공동참여: 『AFCフォーラム』, 農村漁業金融公庫, 2008. 8.

심각해지는 여성 취업: 『南日本新聞』, 1999. 9. 30.

젠더 평등의 종착지는?: 『コーヒー入れて!』19号, 三鷹市, 1999. 12.

3장 백래시에 맞서—2000년대

신자유주의 아래서 심해지고 있는 여여 격차: 『毎日新聞』2005. 10. 31 夕刊.

페미니즘은 수확기: 『ことし読む本いち押しガイド2002』, メタローグ, 2001.

활기 넘치는 한국의 페미니즘: 『信濃毎日新聞』2005. 6. 7.

젠더프리를 둘러싸고: 『信濃毎日新聞』 2006. 1. 23.

논란의 중심에 서다: 若桑みどり他編, 『「ジェンダー」の危機を超える!』, 青弓社, 2006.

공무원의 자리: 『女も男も』 107号, 労働教育センター, 2006. 『む・しの音通信』 55号, 2006.

백래시에 맞서: 『む・しの音通信』 56号, 2006.

'젠더'에의 개입: 『信濃毎日新聞』 2006. 9. 4.

백래시파의 공격 대상은 '젠더': 『創』 2006. 11.

쓰쿠바미라이 시 강연 취소와 젠더 공격: 『創』 2008. 5.

사카이 시립도서관, 동성애물 도서 배제 소동의 전말: 『創』 2009. 5.

폭력에 대처하는 지자체의 자세: 『信濃毎日新聞』 2008. 3. 10.

젠더론 풍년: 『山梨日日新聞』 2006. 12. 23.

싸워서 쟁취한 것은 싸워서 지켜야 한다: 『女性情報』 247号, 2006. 10. 『新編日本のフェ
　　ミニズム』 1, 岩波書店, 2009.

원점으로 돌아간다: 『Cutting-Edge』 36号, 北九州市立男女共同参画センタームーヴ,
　　2009.

4장 여성학을 만든다, 여성학을 넘겨준다

연락회 소식지 발간 시절: 『Voice of Women』 No.85, 1987. 10.

초심으로 돌아가자: 『Voice of Women』 No.136, 1992. 11.

『여성학 연보』 창간호 편집장이던 시절: 『女性学年報』 30号, 2009.

편집위원이라는 일: 『女性学年報』 18号, 1997.

편안해지고 싶어서: 『Voice of Women』 No.31, 1982. 9.

여성학은 취미: 『Voice of Women』 No.7, 1980. 4.

여성학이란 무엇인가?: 『Voice of Women』 No.19, 1981. 7.

여성의 조직론: 『Voice of Women』 No.12, 1980. 12.

행상 세트: 『Voice of Women』 No.242, 2003. 6.

그녀의 이야기: 『女性学年報』 22号, 2001.

서른 살의 선물: 『女性学年報』 28号, 2007.

불혹의 페미니즘

1판 1쇄 인쇄 | 2020년 5월 4일
1판 1쇄 발행 | 2020년 5월 11일

지은이 우에노 지즈코
옮긴이 정경진
펴낸이 최한중

디자인 황제펭귄
인쇄·제본 (주)민언프린텍

펴낸곳 도서출판 스핑크스
주소 (10378) 경기도 고양시 일산서구 대산로 183
전화 0505-350-6700 | **팩스** 0505-350-6789 | **이메일** sphinx@sphinxbook.co.kr
출판신고번호 제2017-000187호 | **신고일자** 2017년 10월 31일

ISBN 979-11-962517-9-6 03330